Vom richtigen Umgang mit den „Anderen“

Herausgegeben von
Eric Hilgendorf und Enis Tiz

Vom richtigen Umgang mit den „Anderen“

Diskriminierung, Rassismus und Recht heute

Herausgegeben von
Eric Hilgendorf und Enis Tiz

ERGON VERLAG

Nomos

Bibliografische Information der Deutschen Nationalbibliothek:
Die Deutsche Nationalbibliothek verzeichnet diese Publikation in der Deutschen Nationalbibliografie; detaillierte bibliografische Daten sind im Internet über http://dnb.d-nb.de abrufbar.

Gedruckt auf alterungsbeständigem Papier.
Gesamtverantwortung für Druck und Herstellung
bei der Nomos Verlagsgesellschaft mbH & Co. KG.
Umschlaggestaltung: Jan von Hugo

www.ergon-verlag.de

ISBN 978-3-95650-933-9 (Print)
ISBN 978-3-95650-934-6 (ePDF)

Inhalt

Einleitung

Unsere Gesellschaft steht vor großen sozialen und interkulturellen Herausforderungen, die zunehmend ein gedeihliches Miteinander beeinträchtigen. Es gehört zu den Aufgaben der Universitäten, Diskursräume zur Verfügung zu stellen, in denen derartige Fragen frei und ohne geistige Scheuklappen diskutiert werden können. Vor diesem Hintergrund fand im digitalen Wintersemester 2020/2021 eine interdisziplinäre Ringvorlesung der Juristen Alumni Würzburg statt. Unter dem Titel „Vom richtigen Umgang mit den „Anderen" – Diskriminierung, Rassismus und Recht heute" referierten Expertinnen und Experten aus ganz Deutschland zu hochaktuellen und kontroversen Themen wie Rassismus in der Polizei, Antisemitismus im Deutschland der Gegenwart, Hate-Speech im Netz, Diskriminierung durch und von Künstlicher Intelligenz, Grenzen von Satire und Ausgrenzung am Lebensende.

Für den vorliegenden Sammelband wurden die Beiträge ausgearbeitet; zudem wurden einige weitere Texte aufgenommen, um das Themenfeld aus möglichst vielen Perspektiven zu behandeln. Der Sammelband will Probleme aufzeigen und Denkanstöße geben; die Herausgeber möchten deutlich machen, dass sich die Frage nach dem „richtigen Umgang mit dem Anderen" in einer Vielzahl von Zusammenhängen stellt.

In öffentlichen Diskussionen und Berichterstattungen wird mit zunehmender Tendenz die Einhaltung von „politischer Korrektheit" gefordert. Nach den Vorträgen wurde deshalb mehrfach die Frage diskutiert, ob der Gebrauch „diskriminierender Begriffe" nicht gänzlich unterbunden werden sollte. Problematisch hieran ist allerdings schon, dass in vielen Fällen kaum Einigkeit darüber zu bestehen scheint, ob ein Begriff als „diskriminierend" zu gelten hat. Nicht wenige Teilnehmerinnen und Teilnehmer empfanden schon die Forderung nach einer „politisch korrekten" Sprache als Belastung, da eine Nichtbeachtung der Sprachvorgaben leicht zu dem Vorwurf führen kann, „rassistisch" oder „sexistisch" zu argumentieren.

Eine zu eilfertige Rassismus-Markierung von Aussagen und Fragen kann in der Tat dazu führen, dass bestimmte Themen bzw. gesellschaftliche Probleme tabuisiert und dadurch wichtige Diskussionen unterbunden werden. Andererseits ist die Verwendung bestimmter Bezeichnungen durchaus eher dazu geeignet, Betroffene zu diskriminieren, als auf relevante Unterschiede aufmerksam zu machen. Zu einem rationalen Diskurs gehört auch die Freiheit von Diskriminierungen. In einer dynamischen Gesellschaft ist die Grenze zwischen dem, was „gesagt werden darf" und dem, was zur Ausgrenzung führt, allerdings nicht immer eindeutig bestimmbar. Es ist deshalb wichtig, die Maßstäbe für den „richtigen Umgang mit den Anderen" immer wieder neu auszuhandeln.

Im ersten Beitrag beschäftigt sich Frau *PD Dr. Heike Raphael-Hernandez* unter dem Titel „Sklaverei und Rassismus in den USA" mit der Genese des modernen Rassismus. Sie erläutert insbesondere das in den USA verbreitete „Lagerdenken", welches dazu führt, dass Personen oft allein nach äußerlichen Attributen wie der „Hautfarbe" kategorisiert werden.

Vor dem Hintergrund kontinuierlich steigender Nutzung sozialer Netzwerke beleuchtet *Prof. Dr. Elke Wagner* das Thema „Hate Speech im Netz" aus sozialwissenschaftlicher Perspektive. Dabei geht sie umfassend auf die Entscheidungsfindung von „Community-Managerinnen und -managern" auf sozialen Plattformen ein, welche situationsbedingt zu beurteilen haben, ob Kommentare unsichtbar geschaltet oder ggf. gelöscht werden müssen.

In seinem Beitrag „Türkischstämmige als Menschen zweiter Klasse" erörtert Dr. Enis Tiz Stereotype und Benachteiligungen Türkischstämmiger auf verschiedenen Ebenen, etwa dem Arbeitsmarkt oder bei der Wohnungssuche. Als homogene Gruppe wahrgenommen, gelten Türkischstämmige vielen als Repräsentantinnen und Repräsentanten für Menschen mit Migrationsgeschichte sowie Angehörige muslimischen Glaubens. Bei der Frage nach der Herkunft zeigt sich oft ein Spannungsverhältnis zwischen Selbstwahrnehmung und gesellschaftlicher Zuschreibung. Wichtig ist, so Tiz, eine dialogische Gesprächskultur zu entwickeln, bei der auch eine gewisse Frustrationstoleranz obligatorisch sei.

Dr. Justin Monsenepwo befasst sich mit dem dekolonialen Rechtsvergleich und dem Rechtstransfer nach Afrika. Kritisch analysiert er die Aufnahme der europäischen Rechtstradition als „modernes" Rechtsmodell in Afrika und die daran anschließende Bevorzugung der europäischen Rechtsinstitutionen zum Nachteil des vorkolonialen Gewohnheitsrechts.

Zur Frage „Sexueller Identität und Ausgrenzung" gibt *Prof. Dr. Franz-Josef Wetz* zunächst einen historischen Abriss sexueller Ausgrenzung bis hin zur Entkriminalisierung sexueller Handlungen zwischen Männern in Deutschland im Jahre 1994. Auch heute noch werde Homosexualität oft als „verfehlte Heterosexualität" betrachtet. Der Autor vertritt, dass jedes stigmatisierende Wertesystem, welches sozialverträgliche homosexuelle Veranlagungen diskriminiert, als „eine Art von Rassismus" einzustufen sei.

Prof. Dr. Mark S. Weiner stellt in seinem Beitrag „Zwischen Frankreich und Indien: Amerika und „rassenbasierte" affirmative action" das Merkmal der „Rassenbeziehungen" in den Vereinigten Staaten vor. Für ihn bedeutet „affirmative action", dass die Regierung (oder von der Regierung unterstützte Institutionen) die Ethnie als Kriterium für die Zuteilung von Vor- und Nachteilen verwenden, um historisch benachteiligte ethnische Minderheitengruppen zu unterstützen.

„Racial Profiling" definiert *Prof. Dr. Tobias Reinbacher* in seinem Beitrag als grund- und menschenrechtswidriges Anknüpfen polizeilicher Maßnahmen (nur) an die Hautfarbe. Differenziert erörtert er den rechtlichen Rahmen, wobei er solche Fälle, in denen allein auf die Hautfarbe abgestellt wird, von solchen Fällen unterscheidet, in denen etwa vor dem Hintergrund erhöhter Delinquenz bestimmter Gruppen auf die Hautfarbe als Kriterium innerhalb eines Motiv- und Kriterienbündels rekurriert wird. Weiterhin hebt er die Problematik anlassloser Kontrollen hervor, welche rassistische Auswahlstrukturen begünstigen.

In dem Beitrag „Diskriminierung durch und von KI" beleuchtet *Adrian Lobe* zunächst Diskriminierung durch KI. Die Reproduktion gesellschaftlicher Stereotypen und Diskriminierung durch selbstlernende Algorithmen kann sich etwa darin zeigen, dass Sensoren autonomer Fahrzeuge Fußgänger mit einer helleren Hautfarbe besser erkennen als solche mit einer dunkleren Hautfarbe. Auf der anderen Seite lenkt er den Blick auf Diskriminierung von KI und die Frage, ob Algorithmen einem Diskriminierungsverbot unterworfen werden sollten.

Prof. Dr. Pfahl-Traughber hebt in seinem Beitrag „Antisemitismus im Deutschland der Gegenwart - Einstellungen, Extremismus, Straftaten" hervor, dass zwar ein öffentlicher anti-antisemitischer Grundkonsens besteht, Judenfeindschaft dennoch sowohl in latenter als auch manifester Form anwächst. Im Ländervergleich zeigt sich Antisemitismus als kein rein deutsches, sondern europäisches Phänomen. Der Autor fordert mehr staatliche und zivilgesellschaftliche Anstrengungen bei der Bekämpfung des Antisemitismus, um dem damit einhergehenden Gefahrenpotential nicht nur für Juden, sondern für die ganze Gesellschaft entgegenzuwirken.

Prof. Dr. Rissing-van Saan, ehem. Vorsitzende Richterin am BGH, beschreibt in ihrem Beitrag über „Ausgrenzung am Lebensende? Unser Umgang mit Sterbenden" Phänomene wie die Isolierung von Sterbenden oder die „Behandlungsfalle", bei der es zu einer rein machbarkeitsmotivierten Übertherapie kommen kann. Zudem beschäftigt sich die Autorin mit juristisch so komplexen Themen wie der Patientenautonomie am Lebensende, dem Behandlungsabbruch, der Beihilfe zum Suizid und den Triage-Situationen in der Corona-Pandemie.

Der Bayerische Polizeipräsident *Prof. Dr. Wilhelm Schmidbauer* erläutert in seinem mit „Rassismus bei der Bayerischen Polizei?" betitelten Beitrag die Maßnahmen, die gegen demokratiefeindliche Bewegungen in der Polizei während des Bewerbungsverfahrens (z.B. Social-Media-Recherche), der Ausbildung (u.a. Seminare, Besuch von ausländischen Kulturzentren) und im Rahmen der polizeilichen Fortbildung (Wissensvermittlung, Früherkennung durch Dienstaufsicht etc.) eingesetzt werden.

Unter der Überschrift „Biologische und psychologische Grundlagen unseres Verhaltens gegenüber anderen" erläutert *Prof. Dr. Roland Deutsch* verschiedene kognitive Prozesse und Strukturen, welche unsere Reaktionen auf „andere" beeinflussen. So zeigen Studien, dass Menschen auf vertraute Reize in der Regel positiver reagieren und das ihnen Bekannte bevorzugen. Zudem besteht wohl bei allen Menschen eine Tendenz zur kategorialen Vereinfachung sowie die Neigung, gegenüber Angehörigen fremden Gruppen stärker zu stereotypisieren. Schließlich zeigt der Autor Interventionsansätze auf, um diese Prozesse bewusst zu nutzen und so wie gewünscht zu verändern.

Ohne zahlreiche Helferinnen und Helfer hätte die Ringvorlesung nicht so erfolgreich durchgeführt werden können. Vom Team der Juristen Alumni Würzburg hat *Lea Belz* die Vielzahl an Anmeldungen verwaltet und organisiert. *Justus Alain Köhn* hat die Ringvorlesung von Beginn an technisch unterstützt. Unser besonderer Dank gilt schließlich Frau *Antonia Zierz*, die die einzelnen Vorträge zusammengefasst und die Beiträge sowie die Veröffentlichung des Bandes redaktionell betreut hat.

Würzburg, im Februar 2022 — Die Herausgeber

Der Zusammenhang von historischer Sklaverei mit dem heutigen Rassismus in den USA

PD Dr. Heike Raphael-Hernandez, Universität Würzburg

1. Einleitung

Der vorliegende Band beschäftigt sich mit unserer heutigen Gesellschaft und ihrem Umgang mit Menschengruppen, die zu unserer Gesellschaft dazugehören, aber leider oft als die „Anderen" gesehen und behandelt werden. Der Band möchte hierbei aufzeigen, wo es Probleme gibt und wie wir als Gesamtgesellschaft diesen Umgang miteinander in respektvoller Weise leben sollten und auch können. Dabei ist oft in den momentanen Diskursen zu beobachten, dass wir teilweise Ideen aus den USA übernehmen oder zumindest Inspirationen von dort erhalten. Es ist tatsächlich so, dass dieser Diskurs über den Umgang mit Gruppen, die manche als die „Anderen" sehen, schon sehr viel früher in den USA angefangen hat. Viele Menschen in Deutschland kommen mit diesem Diskurs in den USA bereits im regulären Schulunterricht in Kontakt, wenn sie zunächst über die Sklaverei in den USA und später von der *Civil Rights* Bewegung in den 1950er und 1960er Jahren und Martin Luther King, Jr. hören. In der unmittelbaren Gegenwart sind viele Menschen, nicht nur in Deutschland, sondern weltweit, über die Proteste der *Black Lives Matter* Bewegung darauf aufmerksam geworden. Diese Proteste gegen Polizeigewalt an schwarzen Mitbürger*innen und gegen die damit zusammenhängenden juristischen Entscheidungen gibt es schon länger in den USA, aber international wurde diesen erst mehr Aufmerksamkeit geschenkt durch z.B. den Tod von Trayvon Martin am 26. Februar 2012 in Sanford, Florida, und dann zwei Jahre später von Eric Garner am 17. Juli 2014 in New York City und Michael Brown am 9. August 2014 in Ferguson im Bundesstaat Missouri.[1] Auch die

1 In den frühen 1990er Jahren wurde in Deutschland auch der Fall des Afro-Amerikaners Rodney King für eine kurze Zeit bekannt. Für die internationalen Medien wurde dieser Fall aber erst bedeutend durch die gewalttätigen Unruhen, die nach dem Freispruch der beteiligten Polizisten im April 1992 in Los Angeles ausbrachen. Über die Proteste der afro-amerikanischen Sportler, die mit dem NFL-Spieler Colin Kaepernick im August 2016 anfingen, ist ebenfalls in den deutschen Medien

deutschen Medien zeigten die Bilder von den Konfrontationen zwischen den Demonstrationen und der gegen sie eingesetzten Nationalgarde. Jedoch standen diese afro-amerikanischen Namen in Deutschland eher für so etwas wie Medienmitteilungen über USA-typische Ereignisse und Missstände. Trotz vieler weiterer Fälle seit diesen war es erst der Tod des Afro-Amerikaners George Floyd am 25. Mai 2020 in Minneapolis, der zu einer globalen solidarischen Protestbewegung, auch in Deutschland, geführt hat. Dabei ging es zum einen um den internationalen Ausdruck der Solidarität mit den Afro-Amerikaner*innen in den USA, zum anderen aber auch um die Hoffnung, im eigenen Land ebenfalls auf Missstände gegenüber People of Color aufmerksam zu machen.

Während in jedem Land die eigenen spezifischen Umstände zu betrachten sind, wenn eine nationale Bewegung wie die *Black Lives Matter* Bewegung und die Proteste gegen Polizeigewalt zu einer internationalen Bewegung werden, ist es doch auch möglich, sich die Ursachen für diese gesellschaftlichen Gegebenheiten anzusehen und zu fragen, ob es auch Ähnlichkeiten geben könne. Solche Fragen und Vergleiche sind wichtig, wenn es darum geht, eine sich stets verändernde Gesellschaft gemeinsam zu gestalten, in der alle Menschen ein Recht haben, gleich behandelt zu werden und gleichen Respekt sowohl auf der persönlichen als auch auf der staatlich-institutionellen Ebene zu erhalten. Viele Menschen beobachten auch in Deutschland einen Rassismus, der manchmal sehr offen und manchmal eher versteckt, und der manchmal auf der persönlichen und manchmal auf der institutionell staatlich-systemischen Ebene stattfindet. Und für viele Menschen in Deutschland ist das nicht nur eine beobachtende Erfahrung, sondern persönlich erlebter und oft ein sich wiederholender Alltag. Dieser Aufsatz widmet sich den Ursachen und dem immer noch vorhandenen Rassismus in der heutigen Gesellschaft der USA. Mit diesem transatlantischen Vergleich verknüpft sich die Hoffnung, zu einem Dialog über Veränderungen und gegenseitigem Respekt in unserer eigenen Gesellschaft beizutragen.

2. *Persönlicher vs. institutioneller und systemischer Rassismus*

Manchmal wird Rassismus mit Diskriminierung verwechselt oder gleichgesetzt. Das ist jedoch nicht das gleiche; Rassismus ist eine Geisteshaltung,

---

berichtet worden, allerdings sind diese Proteste eher einem jüngeren, sportinteressierten Publikum in Deutschland bekannt.

während Diskriminierung Handlungen sind, die auf Grund dieser bestimmten Geisteshaltung ausgeübt werden, d.h. also auch, dass Menschen nicht nur durch Rassismus, sondern auch durch andere Geisteshaltungen diskriminiert werden können. Es wird zwischen persönlichem Rassismus und institutionellem oder systemischem Rassismus unterschieden. Diese Unterscheidung ist wichtig, da viele Menschen heutzutage annehmen, dass es nur noch persönlichen, also durch Handlungen oder geäußerte Meinungen einzelner Menschen verursachten Rassismus gäbe. Diese Annahme, dass es keinen oder so gut wie keinen institutionellen Rassismus mehr gäbe, beruht oft auf der Idee, dass ja legale Formen von rassistischer Diskriminierung durch Gesetze abgeschafft wurden. Für die USA z. B. bedeutet es, dass die meisten Menschen gar nicht abstreiten, dass es in der Geschichte Amerikas institutionellen Rassismus durch Institutionen wie die der Sklaverei oder den *Jim Crow* Gesetzen in den Südstaaten gegeben hätte, jedoch nehmen sie an, dass diese Formen von staatlich sanktioniertem Rassismus zunächst mit dem Ende des Bürgerkrieges 1865 und schließlich mit der Unterzeichnung des *Civil Rights Acts* im Jahr 1964 endgültig abgeschafft wurden. Damit einhergehend seien nun alle Gesetze seit 1964 in den USA so gestaltet, dass es Diskriminierung auf Grund von institutionellem Rassismus gar nicht mehr geben könne. Während dieses Argument im Großen und Ganzen tatsächlich richtig ist, gibt es trotz alledem weiterhin den systemischen (manchmal auch „strukturell“ genannt) Rassismus. Es handelt sich hier um Formen von rassistischer Diskriminierung, welche, wenn als einzelner Umstand betrachtet, keine bestimmte Gruppe auf Grund ihrer Hautfarbe oder einer ethnischen Zugehörigkeit benachteiligen; es ist aber die Kombination von scheinbar nicht so unmittelbar im Zusammenhang stehenden legalen und anderen Gegebenheiten, die einzeln betrachtet zwar keine Diskriminierung einer bestimmten Gruppe beinhalten, aber in Kombination diese Möglichkeit doch einschließt. Solche Kombinationen können z.B. im Zusammenhang mit Bildung, dem Gesundheitssystem oder dem Strafrecht beobachtet werden. Das Vorhandensein von diesem systemischen Rassismus im Alltag ist jedoch sehr schwer zu erkennen und wird daher oft abgestritten.

3. *Rassismus in den USA und seine Geschichte*

Gerade in Wahljahren, besonders seit der Normierung Barack Obamas im Jahr 2008 und seiner anschließenden erfolgreichen Wahl zum ersten schwarzen Präsidenten der USA, werden die Stimmen vieler Amerikaner*innen immer lauter, die auf den ihrer Ansicht nach europäischen (sprich: weißen) Hintergrund des Landes verweisen und diesen wieder gestärkt haben wollen oder zum Teil auch vehement gewalttätig zurückfordern. Die jüngsten Ereignisse am 6. Januar 2021 im Zusammenhang mit der Erstürmung des Kapitols in Washington, D.C. unter dem Motto „Save America" sind nur ein Beispiel für diese schon viel früher begonnene Entwicklung in den USA.[2] Obwohl sich viele U.S. Amerikaner*innen von den radikalen „white supremacist" Gruppen distanzieren, gibt es doch eine immer größer werdende Gruppe, die die historisch gewachsene ethnische und multikulturelle Vielfalt der USA sogar bejahen, aber die historische Grundlage und daraus basierend auch die weiterhin bestimmende Rolle dieser Gesellschaft, sei es kulturell oder politisch, durch eine weiße, europäisch-geprägte Mehrheit sehen. Diese Ideologie der „weiß-europäischen" Überlegenheit gegenüber ethnischen Minderheiten und daher auch die Berechtigung der Vorherrschaft über diese Gruppen ist eine Geisteshaltung, die sich leider durch die gesamte Geschichte der USA bis heute durchzieht; viele Kritiker*innen argumentieren, dass diese Geisteshaltung nicht irgendein geschichtliches oder temporäres Phänomen sei, sondern untrennbar mit der nationalen Identität der USA verbunden sei.

Die Idee, dass die USA ein kulturell europäisch-geprägtes Land seien, ist von Anfang an durch die sogenannten Gründungsväter in der frühen Republik propagiert worden und spiegelt sich auch in deren Gesetzen und politischen Schriften wider. Ihre Ideologie, ein „neues", leeres Land entdeckt zu haben, stand nicht im Widerspruch zu der Tatsache, dass dieses Land bereits besiedelt und ganz und gar nicht leer war. Dieses „waste land", das nun darauf wartete, besiedelt und geordnet fruchtbar gemacht zu werden, wurde nicht als leer von Menschen gesehen, sondern als ein Land — und daher auch seine Bewohner — betrachtet, welches

---

2 Es spielt für diese These keine Rolle, dass manchmal aufgeführt wird, dass bei dieser Erstürmung auch ein paar schwarze Demonstranten zu sehen waren. Auch unter Trump-Wählern und Unterstützern gibt es Afro-Amerikaner*innen; oft sehen diese sich als Teil einer größeren konservativen Bewegung, denen viele Entwicklungen in den USA in Bezug auf z.B. Gender Rechte, politischer Korrektheit, freier Rede, oder den angenommenen Rechten für Migranten ohne legale Einwanderungspapiere zu weit gehen. Ebenso wichtig ist es zu betonen, dass viele Amerikaner*innen, die im Zensus zu „weiß" gezählt werden und sich auch selbst so einordnen, dieser Geisteshaltung der „white supremacy" überhaupt nicht zustimmen. Leider gibt es auch einen immer stärker werdenden polemischen Diskurs in den USA der letzten Jahre, der grundsätzlich allen sogenannten „biologisch weißen" Menschen mehr oder weniger rassistische Grundeinstellungen unterstellt; „white privilege" ist ein Begriff, der oft sehr undifferenziert und als indiskutabel eingesetzt wird.

entweder gänzlich unzivilisiert war oder eine zwar vorhandene, aber minderwertige Zivilisation hatte. Auch die versklavten Menschen aus den unterschiedlichsten afrikanischen Regionen wurden nicht als Widerspruch zur eigenen Ideologie, welche feierte, dass die USA die erste Demokratie der Neuzeit sei, in der alle Menschen, ungeachtet ihrer Herkunft oder ihres ökonomischen Standes, gleich seien, gesehen, da diese ja ebenfalls aus Regionen mit minderwertigen Zivilisationen gekommen wären. Hier sehen wir bereits den Ursprung des Rassismus gegenüber Afro-Amerikaner*innen.

In diesem Zusammenhang ist es wichtig zu betonen, dass diese Geisteshaltung gegenüber den versklavten Menschen aus Afrika, wie sie zunächst durch das System der transatlantischen Sklaverei entstand, dann über einen langen Zeitraum hinweg weiter verfestigt und schließlich bis heute in den Köpfen der Menschen anzutreffen ist, nicht ein Alleinstellungsmerkmal der USA ist. Die heutige Rassismusforschung geht hier von einer historischen Beteiligung *aller* europäischen Mächte aus, welche sehr schnell die immensen Möglichkeiten von Profit und Kapital, verknüpft mit dem transatlantischen Sklavenhandel und der Sklaverei in der sogenannten Neuen Welt, die sowohl Nord- als auch Südamerika umfasst, erkannt haben. Manchmal wird angeführt, dass es doch nur bestimmte europäische Mächte waren, also z.B. Portugal, Spanien, England, Frankreich und die Niederlande, die sowohl an dem Handel als auch an Überseeplantagen beteiligt waren. In der neueren Forschung ist diese These widerlegt, da zum einen viele wirtschaftliche Zweige auch außerhalb dieser Länder mit der Sklaverei verbunden waren. Zum anderen gibt es gerade für die These, dass Rassismus eine allgemeine Geisteshaltung gegenüber Menschen, auch ohne diese jemals getroffen zu haben, sei, viele neuere Forschungsansätze, die z.B. auch die Rolle der Reisenden oder Missionare untersuchen.[3]

Es gibt öfter die Frage, warum denn die transatlantische Sklaverei als eines der Verbrechen an der Menschheit so hervorgehoben wird, da es doch Sklaverei zu allen Zeiten gegen hätte. Die Institution der transatlantischen Sklaverei an sich wäre ja nur ein ökonomisches System gewesen; daher gibt es öfter, auch heute noch, das Argument, dass es doch auch sehr viele gute „Master" gab, welche z.B. die Kinder der Versklavten nicht von den Eltern trennten oder diese nicht für irgendwelche Vergehen bru-

3 Für weitere Informationen, siehe z. B.: Raphael-Hernandez/Wiegmink, Special Issue Atlantic Studies Journal 14.4. 2017, 419-435; Brahm/Rosenhaft (Hrsg.), Slavery Hinterland: Transatlantic Slavery and Continental Europe, 1680–1850.

tal bestraften oder diese sogar mit dem Christentum vertraut machten und manchmal bei ihrem eigenen Ableben den Versklavten die Freiheit schenkten. Es ist jedoch tatsächlich so, dass die Institution der transatlantischen Sklaverei sich von allen anderen bis jetzt bekannten Systemen unterscheidet. Während ein System, welches Menschen ihrer Freiheit beraubt und diese zu Versklavten macht, an sich selbst schon niemals gerechtfertigt ist, beinhaltet die transatlantische Sklaverei zwei ganz neue und auch bis jetzt beispiellose Aspekte, die in allen europäischen transatlantischen Kolonien praktiziert wurden. Zunächst ist es das erste Mal in der Geschichte der Menschheit, dass in einem so immens riesigen Ausmaß, sowohl geographisch als auch zeitlich gesehen, der legale Status der „Unfreiheit" vererbbar wurde, also ein Kind, welches während der Sklaverei geboren wurde, automatisch dem sogenannten „Besitzer" oder der „Besitzerin" der Mutter gehörte und sie selbst kein natürliches und daher auch kein legales Recht auf dieses Kind hatte. Zum zweiten war es auf Grund dieses legalen „Besitzanspruches" zu allen Zeiten und in allen geographischen Gegebenheiten möglich und in tragischer Weise leider auch gängige Praxis, diese Kinder als Ware zu sehen und zu verkaufen. Das natürliche Recht einer Mutter oder eines Vaters auf ihr oder sein Kind wurde aus reiner Profitgier heraus in einem riesigen Maßstab legal umgangen.

Wenn wir uns nun den Anfängen der USA als „neues Land" zuwenden, sehen wir, dass diese menschenverachtende Behandlung z.B. nicht gegenüber den Ureinwohner*innen stattfand. Diese Feststellung soll nicht die Tatsache des Genozids an diesen schmälern, und diese Gruppe ist bis heute in den USA Formen des sowohl persönlichem als auch institutionellem Rassismus massiv ausgesetzt. Jedoch sehen wir auch hier im Vergleich mit dieser Gruppe ein Ausmaß von menschenverachtendem Rassismus als Geisteshaltung, die so nur den afrikanischen versklavten Menschen entgegengebracht wurde, und die sich leider als Geisteshaltung durch die Geschichte bis heute durchzieht. Hier können wir bereits etwas erkennen, was wir in der Rassismusforschung für die USA „color hierarchy" nennen.

Auf dieser Skala wird „schwarz" unten eingeordnet und „weiß" ganz oben. Diese beiden Einteilungen sind feste Punkte, also nicht verschiebbar. Dazwischen gibt es Gruppen, die sowohl höher als auch tiefer rutschen können. Hier finden sich z.B. die asiatischen oder die irischen Einwanderer wieder:

„weiß"

– „in-between people" oder „not-yet-white" oder „our temporary negroes"* (betrifft nur europäische Gruppen, z.B. süditalienisch, aber nicht norditalienisch, irisch, ost-europäisch-jüdisch, portugiesisch, syrisch, griechisch, serbisch, kroatisch)

– asiatische Gruppen

„schwarz"

* Für diese in der Realität des 19. und frühen 20. Jahrhunderts tatsächlich verwendeten Begriffe, siehe: *Roediger*, Working toward Whiteness: How America's Immigrants Became White.

Die Graphik dieser Einteilung gab es so nicht in der Realität, ist jedoch eine Möglichkeit, durch die Rassismusforschung die Gesellschaft der USA hinsichtlich ihrer eigenen Einwanderungsgeschichte und den damit verknüpften Formen von temporären und permanenten rassistischen Diskriminierungen zu erklären. Für dieses Konzept sind besonders die Gruppen zwischen „weiß" und „schwarz" wichtig. So war es gesetzlich im 19. Jahrhundert für eine ganze Reihe von Einwanderungsgruppen nicht gestattet, legal die gleichen Rechte und Möglichkeiten, wie z.B. den Besitz von Land oder der Erlangung der Staatsbürgerschaft, zu haben. Dies traf z.B. auf die Gruppe der chinesischen Gastarbeiter zu, welche im 19. Jahrhundert in die USA kamen, um das transkontinentale Eisenbahnnetz aufzubauen. Für sie gab es sogar mehrere Gesetze, wie z.B. den *Chinese Exclusion Act* (1882), die sicherstellten, dass diese Arbeiter nicht hoffen konnten, sich ebenfalls am sogenannten *American Dream* beteiligen zu können. Andere Gruppen, die aus Europa kamen, wurden in manchen Fällen auf dieser Skala sogar noch tiefer gestellt. So wurden z.B. Süditaliener und Syrer zum Teil eher als zu den „Schwarzen" dazugehörend angesehen und waren oft einem Rassismus ausgesetzt, den andere europäische Gruppen, wie z.B. Deutsche oder Schweden, so nicht erleben mussten. Hier ist es jetzt sehr wichtig zu sehen, dass diese Gruppen nur temporär diese Stellung einnahmen, daher die Bezeichnungen „in-between people", „not-yet-white" oder „our temporary negroes". Manche dieser „in-between people" waren temporär tatsächlich den teilweise brutalen Formen des Rassismus, der für Afro-Amerikaner*innen bitterer Alltag war, ausgesetzt. So wurden z.B. 1891 elf Italiener bei rassistisch-motivierten Unruhen in Louisiana gelyncht; bis 1912 wurden griechische und italienische Arbeiter in den Kupferminen in Utah den schwarzen Arbeitern gleichgesetzt; in den Südstaaten mit ihren *Jim Crow* Gesetzen trafen die Verbote im öffentlichen Leben, welche durch „Whites only" Hinweise reguliert waren, auch auf die griechischen und süditalienischen Gruppen zu; die italienischen und griechischen Kinder wurden den afro-amerikanischen Schulen zugeteilt.[4] Es ist die Tragik der U.S.-amerikanischen Einwanderungsgeschichte, dass sich diese Gruppen nicht etwa durch ihre eigenen Erfahrungen in Protest oder Solidarität mit den afro-amerikanischen Menschen verbündet, sondern ihre Rechte des „Weißseins" durch zahlreiche Gerichtsverfahren nach und nach eingeklagt haben. Daher kommt auch der Begriff der „queue" für diese Gruppen; es bedeutet, dass diese zwar für eine temporäre Zeit nicht die vollen, weißen Einwanderungsrechte erhielten, aber sich als ethnische Gesamtgruppe „in einer Warteschlange anstellen" konnten.[5] Für die unterste Gruppe „schwarz" wurde diese rassistische Stellung erst 1964 legal verboten. Während sich die Gesellschaft seit dieser Zeit in zahlreichen Aspekten für viele Afro-Amerikaner*innen wirklich zum Guten geändert hat und viele das auch so bezeugen würden, gibt es auch in der Gegenwart immer noch Erfahrungen von sowohl persönlichem als auch systemischem Rassismus, denen manche mehr, manche weniger, aber im Großen und Ganzen alle Afro-Amerikaner*innen ausgesetzt sind.

4. Formen von systemischem Rassismus in der Gegenwart in den USA

Wie ich oben bereits erläutert habe, ist ein offen ersichtlicher institutioneller Rassismus seit den 1960er Jahren per Gesetz nicht mehr erlaubt. Das bedeutet jedoch nicht, dass es keine Gesetze mehr gibt, welche rassistische Diskriminierung verursachen können. Es gibt legale Gegebenheiten, welche, wenn allein betrachtet, zwar keine rassistische Diskriminierung im Kern enthalten, jedoch in Kombination mit anderen Gesetzen, Verordnungen oder Umständen rassistische Diskriminierung beinhalten. Diese Zusammenhänge aufzudecken ist oft nicht leicht. Da es aber leider eine Tatsache ist, dass auch in der Gegenwart Afro-Amerikaner*innen immer noch zur größten Gruppe der Menschen, die unterhalb der Armutsgrenze leben, gehören, oder disproportional öfter für kleinere Vergehen in

---

4 Für diese und weitere Beispiele, siehe Roediger, Working toward Whiteness: How America's Immigrants Became White.

5 Asiatische Gruppen versuchten ebenfalls, über zahlreiche Gerichtsverfahren sich von den Afro-Amerikaner*innen zu unterscheiden, um dadurch legal besser gestellt zu werden. Im Gegensatz zu den europäischen „in-between" Gruppen bekamen sie jedoch erst die vollen Rechte durch die Gesetzesänderungen in den 1960er Jahren. Für mehr Details über diese legalen Versuche, siehe Mayzaw Lwin, in: Raphael-Hernandez/Stehen (Hrsg.), AfroAsian Encounters: Culture, History, Politics , S. 17-33.

Gefängnissen landen oder in der gegenwärtigen Covid-19 Pandemie disproportional häufiger schwer erkranken, ist es wichtig, solche Zusammenhänge aufzudecken. Ich werde die Idee eines systemischen Rassismus an einigen ausgewählten Beispielen erläutern.

Bezüglich der disproportional großen Gruppe der Afro-Amerikaner*innen, welche immer noch in extremen Armutsverhältnissen leben, wird oft angeführt, dass es doch auch andere Gruppen in den USA gäbe, die sich aus solchen ökonomischen Gegebenheiten herausgearbeitet hätten; teilweise hätten sie dafür zwar zwei oder drei Generationen benötigt, es schließlich jedoch durch harte Arbeit geschafft. Und für Afro-Amerikaner*innen ständen doch auch seit dem *Civil Rights Act* von 1964 alle Möglichkeiten offen, daher wäre es nicht einleuchtend, warum denn nun schon fast drei oder vier Generationen später immer noch so viele von ihnen unterhalb der Armutsgrenze leben würden. Oft wird hier die Gruppe der asiatischen Einwanderer als Beispiel hinzugenommen. Diese stellt seit den 1960er Jahren eine der großen Gruppen der legalen Einwanderer. Oft wird, etwas salopp, über diese gesagt, dass, kaum vom Boot runter („fresh off the boat“), sie einen kleinen Lebensmittelladen oder eine chemische Reinigung pachten, die ganze Familie mitarbeitet, alle im Hinterzimmer dieses Ladens wohnen, und bereits ein Kind der nächsten Generation ein Doktorand in Biochemie an der UCLA und ein anderes eine Medizinstudentin an einer der anderen Elite-Universitäten sind. Und warum geht so etwas nicht bei Afro-Amerikaner*innen?

Um das zu verstehen, ist eine andere Graphik der Politikwissenschaftlerin Claire Jean Kim notwendig. Anhand ihrer Untersuchungen von verschiedenen koreanischen Einwanderer-Generationen in New York City seit den 1970er Jahren zeigt sie auf, wie diese bei sehr vielen staatlichen und privaten Institutionen zwar automatisch durch sogenannte positive Stereotypen einen höheren Status als Afro-Amerikaner*innen erhalten, dieser Umstand aber oft auch dazu genutzt wird, Afro-Amerikaner*innen in den gleichen Situationen auf Grund von negativen Stereotypen zu diskriminieren. Kim zeigt durch ihre Forschung, dass dadurch beide Gruppen zum einen gegeneinander ausgespielt werden und zum anderen in ein Abhängigkeitsverhältnis zu der dominierenden Gruppe „weiß“ gestellt werden, welche es nicht zulassen wird, dass eine von ihnen auf die Höhe von „weiß“ kommen wird.[6]

---

6 Für mehr Details, siehe: Raphael-Hernandez/Steen (Hrsg), AfroAsian Encounters: Culture, History, Politics.

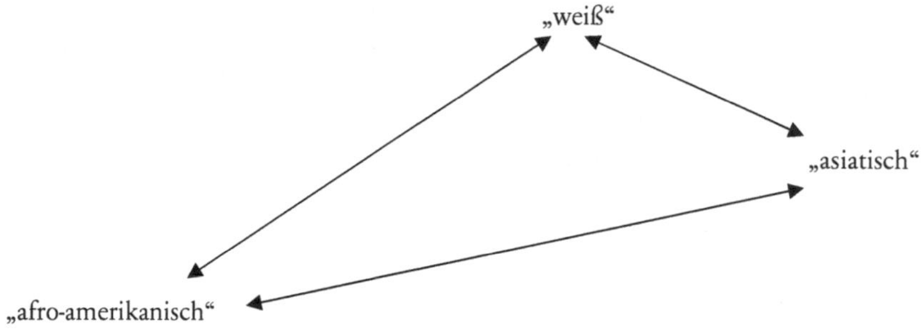

Kim weist nach, dass z.B. Banken Kreditanträge für kleinere Firmengründungen regelmäßig für asiatische bzw. asiatisch-amerikanische Kunden genehmigen und die gleichen Anträge für afro-amerikanische Kunden ablehnen. Als Gründe für diese Entscheidungen werden nicht etwa die Kreditwürdigkeit der einzelnen Person herangezogen, sondern es werden Vermutungen über die ethnische Gruppenzugehörigkeit der Antragsteller*innen und die wirtschaftlichen Erfolge der gesamten Gruppe bei solchen Kleinunternehmen über längere Zeiträume hinweg aufgestellt.[7] Diese Praxis der Kreditvergabe für Unternehmensgründungen wird seit langem von Afro-Amerikaner*innen kritisiert. Wenn es nicht genug Kreditgenehmigungen über einen längeren Zeitraum hinweg gibt, kann diese „Gruppenhaftung“ ja auch nicht genug Gruppen-Kreditwürdigkeit aufbauen. Es ist hier wichtig zu erwähnen, dass Banken diese Gruppenzugehörigkeit bei weißen Antragsteller*innen nicht anwenden.

Dabei gab es in der Geschichte der USA sogar ein Gesetz, das vorsah, dass Afro-Amerikaner*innen unmittelbar nach dem Ende der Sklaverei 1865 auch eine ökonomische Chance erhalten sollten, um sich aus der immensen Armut, der sich die meisten ehemaligen versklavten und nun freien Menschen gegenübersahen, herauszuarbeiten. Das Gesetz, manchmal auch „forty acres and a mule“ genannt, sollte den nun freien Menschen durch etwas Landbesitz und das Leihen eines Maultiers dazu verhelfen. Allerdings wurde diese legale Initiative durch ganz unterschiedliche Maßnahmen sehr schnell boykottiert. Zum einen wollte der Norden, der zwar gewonnen hatte, den weißen Süden nicht in einer permanenten Opferrolle halten, da dies ja zu künftigen, erneuten kriegerischen Auseinandersetzungen und Trennungsversuchen führen könnte, daher wurde laut

7 Siehe: Kim, Bitter Fruit: The Politics of Black-Korean Conflicts in New York City; Kim, in: Chang (Hrsg.), Asian Americans and Politics: Perspectives, Experiences, Politics.

Bundesgesetz alles bereits an ehemals versklavte Menschen verteiltes Land diesen wieder weggenommen und an die weißen, ehemaligen Plantagenbesitzer*innen zurückgegeben. Zum anderen entstanden in den Südstaaten die *Jim Crow* Gesetze, welche keine echten Gesetze, sondern eher so etwas wie „Benimmregeln" für schwarze Menschen, aufgestellt von weißen Menschen, für den öffentlichen Raum in den Südstaaten waren. Obwohl diese „Benimmregeln" und die Überwachung dieser oft eindeutig gegen echte, bestehende Gesetze verstießen, ließ der Norden und die Bundesgesetzgebung dies zu und täuschte vor, von diesen nichts mitzubekommen. Durch diese *Jim Crow* Gesetze wurden die meisten Afro-Amerikaner*innen in das *sharecropper* System gezwungen, welches durch seine Anleih- und Schuldnerpraxis die eh schon vorhandene Armut in dieser Gruppe in einem extremen Ausmaß verschlimmerte. Manchmal gelang es jedoch einer afro-amerikanischen Familie, durch z. B. ein kleines Geschäft etwas zu besitzen und dadurch ökonomisch ein klein wenig die Lage zu verbessern, aber in vielen Fällen, die alle historisch dokumentiert und heute noch nachweisbar sind, wurde dieser Erfolg mit dem Niederbrennen des Ladens und teilweise sogar durch den Lynchmord an den Afro-Amerikaner*innen zunichtegemacht. Diese Praxis, immer wieder Wege zu finden, um Afro-Amerikaner*innen im großen und oft sehr brutalen Stil in bitterster Armut zu halten, war bereits zu dieser Zeit in ganz USA bekannt, jedoch nicht ernsthaft als ein gesamtgesellschaftliches Problem gesehen, für das eine Bundesregierung zuständig wäre.

Diese Verknüpfung von persönlichem Rassismus mit einem legal abgesegneten institutionellen Rassismus zog sich seitdem durch alle Bereiche und machte es für die meisten der Afro-Amerikaner*innen extrem schwer und teilweise unmöglich, aus diesen ökonomischen Benachteiligungen und daher auch aus dieser bitteren Armut herauszuwachsen. Die legale rassistische Diskriminierung wurde zwar 1964 verboten, aber viele Wissenschaftler*innen weisen in ihrer Forschung immer wieder darauf hin, dass so eine, über einen langen Zeitraum hinweg gesamtgesellschaftlich gewachsene Einstellung wie die des persönlichen Rassismus gepaart mit stereotypen negativen Annahmen unbedingt auch in den gegenwärtigen Diskurs über die immer noch extrem disproportionale Armut in der afroamerikanischen Community einfließen muss, da z.B. nicht nur die Genehmigung von Kleinkrediten, sondern viele andere Bereiche wie auch die Vergabe von Arbeitsplätzen nachweisbar immer noch dadurch beeinflusst wird.

Ein weiteres Beispiel für systemischen Rassismus können wir in der Bildungspolitik und dem allgemeinen Schulsystem finden. Wie in Deutschland ist es auch in den USA üblich, dass die meisten Grundschüler*innen zunächst in eine Schule in ihrer Nachbarschaft gehen. Während es in Deutschland mehr oder weniger gleiche Standards hinsichtlich der Ausstattungen dieser Grundschulen gibt, ist in den USA zu beobachten, dass es erhebliche Unterschiede bei der Qualität der Gebäude, der Lehrer*innen-Schüler*innen Ratio, der Verfügbarkeit von Lehrmaterialien, der Ausstattung der Schulbibliotheken, das Vorhandensein von Hausaufgabenbetreuungsmöglichkeiten, oder dem Angebot von extra-curricularen Arbeitsgruppen gibt.

Während meiner Gastprofessur an der UC Berkeley 2009 habe ich diese Beispiele selbst erlebt, da meine Söhne dort sowohl in eine der Grundschulen als auch in eine der Mittelschulen in der Stadt Berkeley gingen. Während es in der Grundschule in Berkeley nicht notwendig war, dass die Schüler*innen Stifte oder Hefte mitbrachten, da ihnen dieses Material von der Schule zu 100% gestellt wurde, gab es in Grundschulen in East Oakland noch nicht mal genug Lehrbücher, um Rechnen oder Lesen zu lernen; diese Bücher mussten sich die Schüler*innen dort öfter während des Unterrichts teilen. Das Problem ist, dass öffentliche Schulen in den USA zwar auch durch die jeweiligen Bundesstaaten, aber zu einem erheblichen Teil auch durch die „local property tax", der städtischen Grundsteuer, finanziert werden. Wenn aber ein großer Teil der allgemeinen Bevölkerung in einer Stadt nicht zur Mittel- oder sogar Oberschicht gehört, kann auch diese Stadt nicht viel städtische Grundsteuer einnehmen.

Am Beispiel von East Oakland ist es möglich zu verstehen, wie systemischer Rassismus durch die Kombination mehrerer Umstände und Gegebenheiten noch heute auftreten kann. Während der letzten Jahre sind gerade in die Bay Area, welche den Großraum San Francisco mit u.a. Berkeley und Oakland und auch ganz kleine Städte wie Emeryville z.B. einschließt, viele gut ausgebildete und gutverdienende Menschen zugezogen. West Oakland selbst wird heute als eine der Städte mit dem höchsten Medianeinkommen gelistet; dabei war es für lange Zeit eine eher ärmliche Stadt, in welcher aber eine enorme Gentrifikation in den letzten Jahren stattgefunden hat. In East Oakland dagegen sieht diese Situation anders aus; dort gibt es eine überproportional große Gruppe an armen Menschen, die unter der definierten Armutsgrenze leben. Für das Jahr 2013 hat die *Roots Clinic* für diesen Distrikt eine Übersicht zusammengestellt, die einen deutlichen Zusammenhang zwischen bitterer Armut, schlechter Gesundheit und ethnischer Zugehörigkeit aufzeigt.[8] Laut diesem Bericht sind dort

8 ROOTS Community Health Alliance, Realities of Medical Practices. Serving African Americans in East Oakland 2013.

in East Oakland im allgemeinen 63% der Bevölkerung afro-amerikanisch, mit dem Stadtteil Fruitvale und seinem 54% mit dem niedrigsten Anteil auf der einen Seite und dem Stadtteil Foothill Square und seinem 75.4% mit dem höchsten Anteil auf der anderen Seite. In diesen einzelnen Stadtteilen haben 40-70% der Afro-Amerikaner*innen keinen Schulabschluss. Wie dieser Bericht der *Roots Clinic* weiterhin aufzeigt, hat East Oakland eine weitaus höhere Rate an Gesundheitsproblemen. So sind dort 32% übergewichtig im Vergleich zu 21% in Gesamt-Kalifornien. Ungefähr 32% sind in ernsthaft schlechter Gesundheit, im Vergleich dazu sind das nur 15% im unmittelbar benachbarten Alameda County. Bei den Kindern im Alter zwischen 0-17 Jahren sind in East Oakland 48% übergewichtig im Vergleich zu 29% in Gesamt-Kalifornien.

Auf ein weiteres Beispiel von systemischem Rassismus wird in den letzten Jahren immer wieder im Zusammenhang mit einer immer grösser werdenden Zahl an Inhaftierungen und an deutlich gestiegenen längeren Verurteilungen für kleinere Vergehen auf der einen Seite und dem Anstieg von Gefängnisbauten auf der anderen Seite, hingewiesen. Dieses Phänomen wird sehr oft im Zusammenhang mit Korporationen, die mit der privaten Gefängnisindustrie zusammenarbeiten, beobachtet. Die Juristin Michelle Alexander hat bereits vor Jahren diesen Missstand durch ihre großangelegten Untersuchungen offengelegt. In ihrem Buch *The New Jim Crow: Mass Incarceration in the Age of Colorblindness*[9] hat sie auf diese extrem anwachsenden Zahlen für alle Gruppen der U.S.-Bevölkerung hingewiesen; sie prangert jedoch auch an, dass in den Gefängnissen eine disproportional größere Gruppe an Afro-Amerikaner*innen, besonders Männer aus verarmten Nachbarschaften, dort mit unverhältnismäßig längeren Haftstrafen für ihre Vergehen als sonst üblich eingesperrt sind.

Dieser Fakt ist zum einen bedingt durch eine immer noch vorherrschende Praxis der Polizei, besonders afro-amerikanische Männer und Frauen auch für kleinere Vergehen sehr schnell zu verhaften. Oft wird den Polizist*innen dabei ein eigener persönlicher Rassismus in der Amtsausübung vorgeworfen. Durch das seit einigen Jahren Vorhandensein von Videos, welche sowohl auf Handys von Danebenstehenden als auch von den Body-Cams der Polizist*innen aufgenommen wurden, ist es immer öfter tatsächlich auch möglich, solche Fälle von willkürlicher Polizeigewalt, die auf den persönlichen Rassismus der einzelnen Polizist*innen schließen lassen, aufzudecken. Der bekannteste Fall ist der des Polizisten Derek Chauvin, welcher im Mai 2020 in Minneapolis mehr als neun Minuten auf

9 Alexander, The New Jim Crow: Mass Incarceration in the Age of Colorblindness.

George Floyd, einem Afro-Amerikaner, kniete, obwohl dieser flehentlich rief, dass er keine Luft mehr bekäme. Während nicht alle Fälle, in denen Menschen von Polizist*innen angeschossen oder sogar erschossen werden, auf so einen persönlichen Rassismus zurückzuführen sind, ist es durch den Einsatz dieser Handy-Aufnahmen von Zeugen und den Body-Cams der Polizist*innen in den letzten Jahren doch öfter möglich, auf solche immer wiederkehrenden Fälle hinzuweisen, die immer noch zu häufig im Alltag der USA passieren.

Die Strafrechtsprofessorin Alexandra Natapoff zeigt in ihren Untersuchungen einen weiteren Zusammenhang zwischen den oft unverhältnismäßig hohen Strafen für kleinere Vergehen und bestimmten verarmten Nachbarschaften, welche disproportional von Afro-Amerikaner*innen bewohnt sind, auf. Für ihre jahrelange Forschung, welche sie in dem Buch *Punishment without Crime: How Our Massive Misdemeanor System Traps the Innocent and Makes America More Unequal*[10]veröffentlicht, hat sie Material aus allen Staaten der USA zusammengetragen. Sie argumentiert, dass das gesamte System der Ordnungswidrigkeiten im allgemeinen Strafrecht der USA neugestaltet werden muss, da es durch die häufige Praxis im Alltag, solche Ordnungswidrigkeiten durch unverhältnismäßig hohe Gebühren zu bestrafen, dazu kommt, dass viele arme Menschen diese Gelder nicht zahlen können und daher automatisch eine kriminelle Akte bekommen. So ist es z.B. in den USA eine Ordnungswidrigkeit, eine Straße via „jaywalking" zu überqueren; das bedeutet, dass diese nur über eine Ampelanlage, auch wenn diese weiter weg ist, zu überqueren sei. Natapoff erklärt, dass sie nicht die Bestrafungen für Ordnungswidrigkeiten, die für eine funktionierende Gesellschaft nötig sind, abschaffen möchte. Für sie ist es nach wie vor wichtig, Verkehrsverstöße, wie z.B. das Überqueren einer Straße bei Rot, ein zu schnelles Fahren oder falsch zu parken, als Ordnungswidrigkeiten bestraft werden. Allerdings hat sie durch ihre Forschung zwei wichtige Dinge festgestellt, die, wie sie argumentiert, dringend im Strafgesetz geändert werden müssten. So erklärt sie die „broken window" Theorie vieler Polizeistationen. Hier wird davon ausgegangen, dass in bestimmten Nachbarschaften, welche z. B. durch Armut gekennzeichnet sind, nicht nur mehr Verbrechen, sondern auch mehr Ordnungswidrigkeiten, sowohl kleinere als auch größere, verübt werden. In diesen Nachbarschaften sei die Armut durch z.B. kaputte Häuser oder Bürgersteige bereits auffallend sichtbar, daher die „broken window" Theorie für diese Stadtteile. Teil

10 Natapoff, Punishment without Crime: How Our Massive Misdemeanor System Traps the Innocent and Makes America More Unequal.

dieser Theorie ist es, dass angenommen wird, dass durch eine verstärkte Präsenz der Polizei in diesen armen Nachbarschaften das hütende Auge des Gesetzes signalisiert wird und daher wohl auch weniger Ordnungswidrigkeiten und kriminelle Handlungen passieren als ohne diese ständige Präsenz. Es ist jedoch ebenso eine logische Folge, dass auch mehr Ordnungswidrigkeiten gesehen und angezeigt werden. Allerdings, so argumentiert Natapoff in ihrer Forschung, hat dieses System der ständigen Polizeipräsenz auch zu einem anderen Phänomen geführt, welches sich nicht nur positiv auf das Einhalten der Gesetze, die jede zivile Gesellschaft braucht, bezieht, sondern sogar für einen Missbrauch dieser Gesetze von einigen staatlichen Stellen für ein finanzielles System, das schon einem Raubrittertum gleicht, eingesetzt wird. So gibt es Richter, die unverhältnismäßig hohe finanzielle Strafen für eher kleinere Ordnungswidrigkeiten bestimmen, da sie daran prozentual mitverdienen. Außerdem gibt es sehr viele Städte und Landkreise, die mit diesen Einnahmen ihr Budget finanzieren und daher finanzielle Belohnungen für die Polizei für jede Anzeige miteinbauen. Nachgewiesenermaßen sind das aber oft Summen, die gerade arme Menschen nicht bezahlen können. Da setzen dann private Kreditunternehmen mit ein, welche für hohe Zinsen die Gelder für die Ordnungswidrigkeiten vorstrecken. Allerdings ist durch diese Zinspolitik eine Schuldentilgung oft erst recht nicht möglich, und die auf diese Art und Weise Verschuldeten müssen nun mit einer Anzeige rechnen.

Die Folgen sind für die einzelne Person enorm. Mit schlechten Kreditwertungen verlieren sie ihre Kreditwürdigkeit, und mit einer kriminellen Akte können sie keine staatlichen Unterstützungen wie z.B. für Miete oder für Bildung bekommen.

5. *Fazit*

Die Verurteilung des Polizisten Derek Chauvin, welchen eine Geschworenenjury für den Mord an George Floyd am 25. Mai 2021 schuldig gesprochen hat, lässt hoffen, dass es auch hier eine weitaus größere Veränderung im Alltag der USA und eine grundsätzliche Reform in der Polizei geben wird—etwas, was oft in den vergangenen Jahren eher halbherzig oder oft überhaupt nicht angekündigt wurde.

Grundsätzlich muss jedoch eine weitaus größere Veränderung in den USA passieren. Die Gesamtgesellschaft muss bereit sein, sich ihrer eigenen Geschichte zu stellen. Das ist ein Prozess, der nicht in einer kurzen Zeit einfach abgearbeitet werden kann. Für den Moment scheint es so, dass es diese größere Bereitschaft zum Dialog und zu Veränderungen in einer größeren Gruppe gibt. Es bleibt den USA zu wünschen, diesen Moment nicht zu verschwenden, sondern weise zu nutzen.

Literaturverzeichnis

Alexander, Michelle
The New Jim Crow: Mass Incarceration in the Age of Colorblindness, New York 2010.

Brahm, Felix / Rosenhaft, Eve (Hrsg.)
Slavery Hinterland: Transatlantic Slavery and Continental Europe, 1680–1850, Woodbridge 2016.

Kim, Claire Jean
The Racial Triangulations of Asian Americans, in: Chang, Gordon H. (Hrsg.), Asian Americans and Politics: Perspectives, Experiences, Politics, Stanford 2001, S. 39-78.

Kim, Claire Jean
Bitter Fruit: The Politics of Black-Korean Conflicts in New York City, New Haven 2000.

Mayzaw Lwin, Sanda
'A Race So Different from Our Own': Segregation, Exclusion, and the Myth of Mobility, in: Raphael-Hernandez, Heike / Steen, Shannon (Hrsg.), AfroAsian Encounters: Culture, History, Politics, New York 2006, S. 17-33.

Natapoff, Alexandra
Punishment without Crime: How Our Massive Misdemeanor System Traps the Innocent and Makes America More Unequal, New York 2018.

Raphael-Hernandez, Heike / Steen, Shannon (Hrsg.)
AfroAsian Encounters: Culture, History, Politics, New York 2006.

Raphael-Hernandez, Heike / *Wiegmink*, Pia
German Entanglements in Transatlantic Slavery, Special Issue Atlantic Studies Journal 14.4. 2017, 419-435.

Roediger, David
Working toward Whiteness: How America's Immigrants Became White, New York 2005.

ROOTS Community Health Alliance
Realities of Medical Practices. Serving African Americans in East Oakland 2013, abrufbar unter: https://rootsclinic.org/wp-content/uploads/2014/06/Realities-of-Medical-Practices-Serving-African-Americans-in-East-Oakland.pdf.

Fundamentale Definitionsprobleme. Eine soziologische Perspektive auf Hass-Kommunikation im Netz

Prof. Dr. Elke Wagner, Universität Würzburg

In der Frühphase des Internets sind digitale Öffentlichkeiten noch als Möglichkeit von mehr Partizipation und Demokratisierung eingestuft worden – im Medium des Computers könnten sich verstreute Teilöffentlichkeiten vernetzen und gebündelt werden, lautete die Versprechung des Feuilleton-Diskurses und der Internet-Soziologie. Heute hingegen wird Netzkommunikation eher düster als irrationales Wüten eines digitalen Pöbels wahrgenommen. Hass und ungehemmte Leidenschaften würden sich hier Bahn brechen.

Tatsächlich hat sich der Ton im Netz heute radikalisiert und polarisiert. Die Debatte um digitale Öffentlichkeiten ist schließlich auch auf dem Radar des Politischen aufgetaucht: Bereits im Dezember 2016 wurde die Einführung von Bußgeldern vorgeschlagen, um gegen Hass-Kommunikation, Beleidigungen und Fake-News im Netz vorzugehen, was wiederum eine breite politische Debatte ausgelöst hat. Sie mündete im sogenannten Netzwerkdurchsetzungsgesetz, mit dessen Hilfe Hass im Netz entgegengetreten werden soll. Das Netzwerkdurchsetzungsgesetz verweist auf die Aktualität eines Wandels in der Öffentlichkeitsbildung im Netz. Die Frage ist: wie kann konkret Hass im Netz begegnet werden?

Diese Frage betrifft dann gar nicht so sehr jene Bereiche, die etwa durch den Volksverhetzungsparagraphen § 130 StGB bereits eingestuft und strafrechtlich verhandelt werden können. Die Frage zielt eher darauf ab, sozusagen Graubereiche der Hass-Kommunikation in den Griff zu bekommen: ab wann lässt sich überhaupt von Hass-Kommunikation sprechen? Innerhalb von Online-Redaktionen werden Entscheidungen über die Definition von Hass-Kommunikation vorwiegend von Community Managerinnen getroffen. Die Praxis dieser Entscheidungsfindung ist kaum verrechtlicht; redaktionelle Netiquetten und Schulungsmaßnahmen regeln das redaktionsinterne Entscheidungsverhalten so lange es nicht durch rechtliche Vorgaben, wie etwa dem Volksverhetzungsparagraphen aufgefangen wird. Auch der Einsatz von technischen Hilfsmitteln (Algorithmen) zur Identifizierung und Eindämmung von Hass-Kommunikationen alleine scheint dem

Problem nicht beikommen zu können – derzeit lässt sich der Umgang mit Hatern im Netz durch professionelle Verwalter nicht vollständig automatisieren (siehe etwa das bekannte Versagen von Algorithmen am Beispiel des tags „MartiansAreDisgustingAndShouldBeKilled love"). Umso interessanter wird der praktische Umgang von professionellen Entscheidern mit rechtlichen Bestimmungen, organisatorischen Rahmungen und algorithmischen Hilfsmitteln.

Die einerseits politisch andererseits medien- und kommunikationswissenschaftlich diskutierte Frage nach der Definition von Hass im Netz muss auch durch eine soziologische Perspektive ergänzt werden. Die Soziologie kann dann nicht nur die empirische Frage nach dem Auftreten von Hass in den Mittelpunkt der Aufmerksamkeit rücken, sondern sich auch die Frage stellen, wie dieses Phänomen gesellschaftstheoretisch zu verorten ist: wie lässt sich Hass im Netz soziologisch fassen? Der vorliegende Beitrag möchte einen Teil dazu beitragen, diese Fragestellung zu beantworten. Er geht dabei folgendermaßen vor: Zunächst wird anhand der Darlegung des Forschungsstandes ein fundamentales Definitionsproblem herausgearbeitet, wenn es um die sozialwissenschaftliche Beschreibung von Hass-Kommunikation im Netz geht (2): Welche Kommunikation im Netz wird überhaupt als Hass-Kommunikation identifiziert und behandelt? In einem weiteren Schritt wird der Beitrag eine theoretische Erklärung dieses Definitionsproblems liefern und diese wiederum gesellschaftstheoretisch verorten (3).

1. Stand der Forschung: Definitionsprobleme

Wenn es um das Thema der empirischen Beforschung von Hass im Netz geht, adressiert der Forschungsstand zunächst ein fundamentales Definitionsproblem auf Seiten der wissenschaftlichen Beobachtung.[1] Die Komplexität des Unternehmens, Hass-Kommunikation definitorisch zu fassen, hat unterschiedliche Disziplinen auf den Plan gerufen, wie etwa die Kom-

1 Siehe etwa für die Soziologie *Sponholz*, Hate Speech in den Massenmedien; *Keipi* et al., Online Hate and Harmful Content. Cross-national perspectives; oder bereits *Duffy*, Journal of Communication Inquiry 27/3 2003, 291-312.

munikationswissenschaft[2], die Politikwissenschaft[3], die Geschichtswissenschaft[4], die Philosophie[5] und die Anthropologie[6]. Meibauer formuliert etwa für die Linguistik: „Es ist deutlich geworden, dass selbst die genaue Erfassung der Bedeutung von Hate Speech-Nomen keineswegs trivial ist.“[7]. Dies zeigt sich nicht nur theoretisch, wie Meibauer dies unternimmt, sondern auch empirisch-praktisch[8] innerhalb der Linguistik.

An prominenter Stelle hat Judith Butler auf das fundamentale Problem der Definition von Hass-Kommunikation sprachanalytisch verwiesen: „Um die Frage zu entscheiden, was eine Drohung ist oder was ein verwundendes Wort, reicht es nicht, die Wörter einfach zu prüfen.“[9]. Wörtern jenseits ihres Gebrauchs und jenseits ihrer Geschichte wohnt aus Butlers Perspektive keine inhärente Eigenschaft inne, die ihre verletzende Kraft erklären könnte. Aber auch die Ausweitung auf die Kontexte der Beleidigung allein reichen nicht aus, um das Phänomen angemessen in den Griff zu bekommen, so Butler: „Doch auch die Umstände állein bewirken nicht, daß Worte verwunden.“[10]. Ungeklärt bleibe dabei, warum manche Ausdrücke leichter von ihrer Macht der Verletzung zu lösen seien als andere. So schließt Butler: „Tatsächlich scheitern neuere Versuche, die unbestreitbar verwundende Macht bestimmter Wörter zu begründen, offenbar an der Frage, wer diese Interpretation vornimmt, was diese Worte bedeuten und welche Sprechakte sie vollziehen.“[11] Für Butler ist entsprechend zentral: eine intendierte Beleidigung muss nicht als solche aufgefasst, weiterverarbeitet und rückadressiert werden. Sie kann auch uminterpretiert

2 *Keller/Askanius*, Communication and Media 9/4 2021, 540-572; *Paz* et al., Sage Open October-December 2020, 1-12; *Frischlich* et al., Journalism Studies 20/14 2019, 2014-2033; *Klein*, Fanaticism, racism, and rage online: corrupting the digital sphere; *Boromisza-Habashi*, in: The International Encyclopedia of Language and Social Interaction, S. 1-11.

3 *Brown*, Ethnicities 18/3 2018, 1-30; *Cohen-Almagor*, Profesional de la Informacion 27/3 2018, 671-681; *Bonotti*, Ethnicities 17/2 2017, 259-274.

4 *Goldberg*, Law, Culture and the Humanities 00/0 2017, 1-22.

5 *Hull*, Philosophy & Social Criticism 29/5 2003, 517-535.

6 *Pohjonen/Udupa*, International Journal of Communication 11 2017, 1173-1191.

7 Meibauer (Hrsg.), Hassrede / Hate Speech. Interdisziplinäre Beiträge zu einer aktuellen Diskussion, S. 7; siehe auch *Baider*, Pragmatics and Society 11/2 2020, 196-218; *Cervone* et al., Journal of Language and Social Psychology 40/1 2020, 80-101; *Chetty/Alathur*, Aggression and Violent Behavior 40 2018, 108-118.

8 *Huck*, Stacheldrahtsprache. Sprachliche Grenzziehungen der extremen Rechten im Internet.

9 *Butler*, Haß spricht. Zur Politik des Performativen, S. 27.

10 *Butler*, Haß spricht. Zur Politik des Performativen, S. 27.

11 *Butler*, Haß spricht. Zur Politik des Performativen, S. 27.

werden und neuartige Verwendung finden, wie etwa an dem Beispiel von „queer“ deutlich wird.

Nimmt man den aktuellen und sehr breiten sozialwissenschaftlichen Diskurs zu Hass-Kommunikation im Internet in den Blick, so lassen sich – entsprechend zur Frage nach der Definition von Hass-Kommunikation – überblicksartig mindestens vier verschiedene Diskursstränge ausmachen.[12] Darunter finden sich sowohl empirische[13] als auch systematisch-theoretische[14] oder normative[15] Beiträge. Je nachdem, wie Hass-Kommunikation definitorisch gefasst ist, geraten dabei unterschiedliche Phänomene in den Blick.

Eine eher intentionalistische Auffassung von Hass-Kommunikation fragt nach den Täter*innen, ihren Motiven und Strategien. Diese Fragestellung gerät sowohl aus populärwissenschaftlicher[16], theoretischer[17], aus methodisch quantitativer[18] als auch aus methodisch qualitativer Perspekti-

12 Siehe aber hierzu auch die Systematic Reviews von Paz et al., SAGE Open 2020, 1-12; Matamoros-Fernández/Farkas, Television & New Media 22/2, 205-224; Bliuc et al., Computers in Human Behavior 87, 75-86; Poletto et al., Language Resources and Evaluation 55, 477-523, Yin/Zubiaga, PeerJ Computer Science 7/2021; Windisch et al. Campbell Systematic Reviews 17/1 2021 1, 1-17; Castaño-Pulgarín et al., Agression and Violent Behavior 58/2021, 1-7.

13 *Firschlich* et al., Journalism Studies 20/14 2019, 2014-2033; *Sponholz*, Hate Speech in den Massenmedien; *Stegbauer*, Shitstorms; *Laux/Schmitt*, Berliner Journal für Soziologie 27/3-4 2017, 485-520; *Näsi* et al., Criminology & Criminal Justice 17/4 2017, 418–432; *Hawdon* et al., Deviant Behavior 38/3 2017, 254-266; *Felmlee/Faris*, Social Psychology Quarterly 79/3 2016, 243-262; *Kettrey*, Social Currents Vol. 1/3 2014, 257-274.

14 Limbourg/Grätz (Hrsg.), Meinungsmache im Netz. Fake News, Bots und Hate Speech; Kaspar/Gräßer/Riffi (Hrsg.), Online Hate Speech. Perspektiven auf eine neue Form des Hasses; *Eickelmann*, ‚Hate Speech‘ und Verletzbarkeit im digitalen Zeitalter; *Egger de Campo*, Leviathan 42/1 2014, 7-28; *Butler*, Haß spricht. Zur Politik des Performativen.

15 Etwa *Weichert*, Communicatio Socialis 47/2 2014, 203-213.

16 *Nagle*, Die digitale Gegenrevolution.

17 *Douglas*, Ethics and Information Technology 18/3 2016, 199-210.

18 *Ozalp*, Social Media + Society. April-June 2020, 1-20; *Mathew* et al., Spread of Hate Speech in Online Social Media; *Borgeson/Valeri*, Journal of Applied Sociology / Sociological Practice 21/2 2004, 99-111; *Artime*, Social Sciences 5/4 2016, 1-11.

ve[19] in den Blick. Untersucht wird etwa, mit wem man es in Online-Foren vorwiegend zu tun hat.[20]

Eine eher prozesshaft-interaktionistische Auffassung von Hass-Kommunikation fragt nach den Opfern und den sozialen Folgen von Hass-Kommunikation. In den Blick geraten dabei Kinder und Jugendliche[21], Frauen[22], Homosexuelle[23], Angehörige verschiedener Ethnien[24], Angehörige verschiedener Religionen[25] und Menschen mit besonderen Herausforderungen[26].

Weitere Studien fragen ausgehend von normativen Definitionen des Politischen nach den Konsequenzen von Hass-Kommunikation im Netz und deren Regulierung – und zwar innerhalb der Sozialwissenschaften

---

19 *Marwick/Caplan*, Feminist Media Studies 18/4 2018, 1-17; *Lumsden*, Feminist Media Studies Vol. 17/6 2017, 926-940; *Erjavec/Poler Kovacic*, Mass Communication and Society 15/6 2012, 899-920; *Cammaerts*, International Journal of Cultural Studies 12/6 2009, 555-575; *Meddaugh/Kay*, Journal of Mass Media Ethics 24/4 2009, 251-268; *Herring* et al., The Information Society 18/5 2002, 371-384.

20 *Artime*, Social Sciences 5/4 2016, 1-11.

21 *Wiederer*, Sozialwissenschaften und Berufspraxis 26/2 2003, 181-197.

22 *Sobieraj*, Information, Communication & Society 21/11 2018, 1700-1714; *Sundén/Paasonen*, Feminist Media Studies 18/4 2018, 643-656; *Lin*, in: Frömming et al. (Hrsg.), Digital Environments, S. 77-96; *Ganz/Meßmer*, in: Hark/Villa (Hrsg.), Anti-Genderismus: Sexualität und Geschlecht als Schauplätze aktueller politischer Auseinandersetzungen, S. 59-78; *Ringrose* et al., Feminist Theory 14/3 2013, 305-323; *Pritsch*, Feministische Studien 2 2011, 232-247.

23 *Cleland* et al., Men and Masculinities 21/1 2018, 91-111.

24 Miscolci et al. 2020; *Ortiz*, Online Gaming, Sociological Perspectives 62/4 2019, 572-588; *Holt*, Journal of Black Studies 49/5 2018, 411-426; *Park*, Race & Class 58/3 2017, 64-80; *Kettrey*, Social Currents Vol. 1/3 2014, 257-274; *Boromisza-Habashi*, Speaking Hatefully: Culture, Communication, and Political Action in Hungary; *Daniels*, Cyber racism. White supremacy online and the new attack on civil rights.

25 Für Muslime: *Evolvi*, Religions 9/10: 307 2018, 1-14; *Farkas* et al., New Media and Society 20/5 2018, 1850-1867; *Zempi/Awan*, Islamophobia. Lived experiences of online and offline victimization; *Awan*, International Journal of Cyber Criminology 10/1 2016, 1-20; für jüdische Glaubensangehörige: *Chakraborti/Hardy*, Blood, Threats and Fears: The Hidden Worlds of Hate Crime Victims; *Jikeli* et al, Annotating Antisemitic Online Content. Towards an Applicable Definition of Antisemitism; *Schwarz-Friesel*, Judenhass im Internet und *Schwarz-Friesel*, in: Lange et al. (Hrsg.), Comprehending and Confronting Antisemitism; *Jakubowicz* et al., Cyber Racism and Community Resilience: Strategies for Combating Online Race Hate; *Wigerfelt/Wigerfelt*, SAGE Open January-March 2016, 1-14.

26 *Burch*, Disability & Society 33/3 2018, 392-415.

sowohl aus methodisch quantitativer[27] als auch aus qualitativer Sicht[28]. Die Diskussion bewegt sich hier auch zwischen der Dichotomie von Redefreiheit und der Einstufung von Online-Kommunikation als Hass im Netz.[29] Diese Fragestellung wird einerseits deskriptiv verhandelt, etwa in einer quantitativen Studie von Laura Leets[30] zur Wahrnehmung von Hass-Kommunikation produzierenden Websites durch Internetuser*innen oder in qualitativen Studien zum Entscheidungsverhalten von Community Manager*innen[31] bzw. zur Bereitschaft von Internetuser*innen, Hass-Kommunikation zu melden[32].

Aus einer soziologischen Perspektive fällt auf, dass kommunikationswissenschaftliche Studien zum Thema oftmals voraussetzen, was gute öffentliche Praxis ist – und was nicht. Gesprochen wird dann von Hate Speech im Sinne einer dunklen Partizipation („dark participation“[33]), die sich durch das Übertreten gewisser Normen auszeichne: „injunctive norms about "what users should do" (such as those formulated in a newspapers' "netiquette" policy), as well as descriptive norms, emerging from what most users do, behave in an earnest manner“[34]. Die „incivility“[35] in Kommentarspalten wird dann etwa gemessen an den Normen eines deliberativen Öffentlichkeitsmodells: „News comment sections often do not live up to deliberative norms.“[36]

Weiterhin finden sich eine Reihe an populärwissenschaftlichen Beiträgen zum Thema, so wie etwa Brodnig (2016) aus journalistischer Praxis heraus die Frage nach dem: *Was tun?* stellt. Konkrete Handlungsoptionen bieten etwa Prinzing (2017) aus medienwissenschaftlicher Sicht, Uth / Meier (2018) aus soziologisch-quantitativer Perspektive und Pöttker (2016) aus journalistischer Sicht.

---

27 *Van Spanje/de Vreese*, Party Politics 21/1 2015, 115-130.

28 *Josupeit*, in: Deiters et al. (Hrsg.), Die Kommunikation und ihre Technologien. Interdisziplinäre Perspektiven auf Digitalisierung, S. 119-162; *Klein*, Fanaticism, racism, and rage online: corrupting the digital sphere; *Dashti* et al., Telematics and Informatics 32/2 2015, 245-253.

29 Siehe hierzu *Eickelmann*, ‚Hate Speech' und Verletzbarkeit im digitalen Zeitalter.

30 *Leets*, Communication Law and Policy 6/2 2001.

31 *Frischlich* et al., Journalism Studies 20/14 2019, 2014-2033; *Megarry*, Feminist Media Studies 18/6 2017, 1070-1085.

32 *Johnson*, Internet Research 28/5 2018, 1275-1291.

33 *Frischlich* et al., Journalism Studies 20/14 2019, 2014-2033.

34 *Frischlich* et al., Journalism Studies 20/14 2019, 2014 (2016).

35 *Muddiman/Jomini Stroud*, Journal of Communication 67/4 2017, 586–609; *Boberg/Quandt*, Media and Communication 6/4 2018, 58-69.

36 Ebd., S. 586

Studien, die Hass-Kommunikation als medial produziertes Phänomen ansehen, problematisieren schließlich die medialen Infrastrukturen, die dazu beitragen können, Hass-Kommunikation zu befördern. Sponholz macht hier etwa eine Forschungslücke aus: „Medien finden innerhalb der Forschungstradition um Hate Speech häufig kaum Beachtung, obwohl dieses ohne ihre Vermittlung (...) oft bedeutungslos ist.“[37] Diskriminierende Sprache ist zwar kein neues Phänomen[38], scheint aber gleichsam über das Internet vermittelt vermehrt aufzutreten bzw. wird zumindest hierüber vermehrt sichtbar. Einzelne Studien unternehmen entsprechend den Versuch, den Kontext von Hass-Kommunikation im Netz auszumachen.[39]

Die Frage nach Hass-Kommunikation im Netz hat ein weites Forschungsfeld hervorgebracht. Das Internet erscheint nicht mehr als unreglementierte Parallelwelt wie im sozialwissenschaftlichen Diskurs der 90er Jahre, sondern als mediale Einschreibfläche, die in Alltagspraktiken vermittelt ist. Diese Vermitteltheit von Internet- und Alltagspraktiken wird im Sinne einer Gefährdung beschrieben. Die Definition von Hass-Kommunikation im Netz entscheidet dann darüber, welches hiermit verbundene Phänomen wie in den Blick genommen wird: eine intentionalistische Definition fragt nach den Täter*innen, eine konsequentialistische Definition fragt nach den Opfern, eine normativ-regulatorische Definition fragt nach den Konsequenzen von Hass-Kommunikation, eine mediale Definition fragt nach den Infrastrukturen des Internets. Vor diesem Hintergrund stellt sich aus soziologischer Sicht die Frage nach der praktischen Hervorbringung von Definitionen über Hass-Kommunikation im Netz und ihren Konsequenzen. Denn: alle vier dargestellten Positionen erlangen ihre Relevanz und Plausibilität erst dann, wenn sie mit situierten Praktiken definitorischer Entscheidung verknüpft werden. Der Ort der Forschung kann aus soziologischer Sicht entsprechend nur diese Praxis selbst sein. Die genuine Forschungsfrage muss deshalb lauten: Wie wird praktisch definiert, was unter Hass-Kommunikation fällt – und was nicht? Diese Fragestellung

---

37 *Sponholz*, Hate Speech in den Massenmedien, S. 28; siehe aber *Ichau* et al.,Telematics and Informatics 44 (1) 2019; *Brown*, Ethnicities 18/3 2018, 1-30.

38 Im Überblick Brown 2017; Meibauer 2009; zum juristischen Hintergrund *Eickelmann*, ‚Hate Speech‘ und Verletzbarkeit im digitalen Zeitalter. Phänomene mediatisierter Missachtung aus Perspektive der Gender Media Studies, die sich auf Walker 1994 bezieht

39 Im Überblick *Jane*, Ethics Information Technology 17/1 2015, 65-87; *Matamoros-Fernández*, Information, Communication & Society 20/6 2017, 930-946; *Chagnon/Chesney-Lind*, Crime Media Culture 11/1 2015, 41-60; *Housley* et al., Big Data & Society 1/2 2014, 1-15; *Klein*, Communication Theory 22/4 2012, 427-448.

kann nicht dazu beitragen, Definitionen von Hass-Kommunikation innerhalb der Forschung zu vereinheitlichen. Sie ermöglicht es aber, nach der praktischen Bedeutung und den Konsequenzen der Definitionspraxis zu fragen.

2. Kontexturen des Hasses: die Gleichzeitigkeit von Unterschiedlichem

Eine soziologische Perspektive auf Hass im Netz kann sich nicht schlicht auf normative Vorgaben verlassen. Sie kann auch nicht, alleine am Schreibtisch sitzend, selbstständig Hass-Definitionen vornehmen – denn schließlich würde es ja genau darum gehen, zu beforschen, welche Art von Rede von welchen Teilen *der Gesellschaft* als Hass veranschlagt und nicht von einem selbst. Für die Soziologie bleibt damit nur der Weg der Beobachtung zweiter Ordnung offen, wenn sie sich für Hass im Netz interessiert; die Beobachtung also davon, wie die Gesellschaft wann, unter welchen konkreten Bedingungen Hass-Kommunikation als solche veranschlagt – und wann nicht. Aber was meint das Prinzip der Beobachtung zweiter Ordnung für diesen konkreten Fall? Man kann zur Beantwortung dieser Frage vielleicht zunächst eine Art Umweg einschlagen, indem man nicht sogleich auf die Systemtheorie verweist, die ja das Beobachtungsprinzip zweiten Grades prominent veranschlagt, sondern, auch wenn dies vielleicht auf den ersten Blick verwunderlich anmuten mag, zunächst auf Pierre Bourdieus Konzept von symbolischer Gewalt zu sprechen kommt.

2.1 Symbolische Gewalt als soziales Phänomen

Pierre Bourdieu fasst unter symbolischer Gewalt eine spezifische Herrschaftsform, die sich über kulturelle Sinnbezüge, selbstverständliche Denkweisen und Wahrnehmungsschemata vermittelt. Sie wirkt mehr oder minder unbewusst, tritt also nicht unmittelbar offen zu tagen. Vielmehr wirkt sie wie eine Art Magie, ein Zauber, der einen anerkennen lässt, was einen unterdrückt:

„Als Ergebnis der Einverleibung einer Herrschaftsbeziehung sind die Dispositionen die wahre Grundlage für das vom Zauber der symbolischen Macht lediglich ausgelöste praktische Erkennen und Anerkennen der magischen Grenze zwischen Herrschenden und Beherrschten."[40] Bourdieu stellt in seinem Konzept von symbolischer Gewalt insbesondere auf den Effekt ab, der mit ihr einhergeht, d.h.: es geht ihm insbesondere um die Momente der Naturalisierung von Herrschaft als legitimes Prinzip, das von den Unterdrückten gleichsam anerkannt und damit verkannt wird. Symbolische Gewalt wirkt durch Sprache, wird durch symbolische Gesten und Rituale im Sinne eines Verstetigungsprozesses, als Struktur ausgeübt und verschleiert sich selbst.[41]

Entscheidend für die hier vorgenommene Argumentation ist nun, dass symbolische Gewalt nicht einfach sozusagen vom Himmel fällt. Mit Bourdieu wird vielmehr deutlich, dass symbolische Gewalt ein gesellschaftliches Phänomen ist, dass als solches gedeutet und verstanden werden muss: „Das Fundament der symbolischen Gewalt liegt ja nicht in einem mystifizierten Bewusstsein, das es nur aufzuklären gälte, sondern in Dispositionen, die an die Herrschaftsstrukturen, ihr Produkt, angepasst sind. Infolgedessen kann man eine Aufkündigung des Einverständnisses der Opfer der symbolischen Gewalt mit den Herrschenden allein von einer radikalen Umgestaltung der gesellschaftlichen Produktionsbedingungen jener Dispositionen erwarten, die die Beherrschten dazu bringen, den Herrschenden und sich selbst gegenüber den Standpunkt der Herrschenden einzunehmen."[42] Symbolische Gewalt hängt damit „zutiefst vom Fortbestehen oder von der Veränderung der Strukturen ab, deren Produkt diese Dispositionen sind."[43] Für Bourdieu reicht es nicht aus, allein Sprache als Ausdrucksmittel – etwa für Hassgefühle – in den Blick zu nehmen; eingerechnet werden muss immer auch und gleichermaßen die gesellschaftliche Disposition der Sprecher-Publikumskonstellation, mit der sich (Hass-)Kommunikation vollzieht.[44] Es geht Bourdieu also um die gesellschaftlichen Bedingungen der Möglichkeit von (Hass-)Kommunikation. Innerhalb welcher sozialen Strukturen wird sie sichtbar?

Wie aber sind nun diese „Strukturen" des Sozialen verfasst in der modernen Gesellschaft? Pierre Bourdieu selbst geht auch davon aus, dass moderne Gesellschaften in unterschiedliche soziale Felder differenzierte

---

40 *Bourdieu*, Das politische Feld, S. 2161; vgl. *Moebius*, in: Ders./Quadflieg (Hrsg.), Kultur. Theorien der Gegenwart, S. 53 f.

41 Siehe hierzu *Moebius*, in: Ders./Quadflieg (Hrsg.), Kultur. Theorien der Gegenwart, S. 57.

42 *Bourdieu*, Die männliche Herrschaft, S. 77.

43 *Bourdieu*, Die männliche Herrschaft, S. 78.

44 *Bourdieu*, Was heisst sprechen? Die Ökonomie des sprachlichen Tauschs.

Sozialformen darstellen. Unterschieden wird etwa das Feld der Kunst[45] vom Feld des Religiösen[46], das Feld des Politischen[47] vom Feld des Journalismus[48]. Sichtbar wird mit Bourdieu also nicht nur eine vertikale Differenzierung der Gesellschaft im Sinne von sozialer Ungleichheit[49]; sichtbar wird auch eine horizontale Differenzierung im Sinne unterschiedlicher Kontexte, die gleichzeitig nebeneinander bestehen. Diese horizontale Differenzierung hat nun entscheidende Implikationen für die Frage, wie sich soziologisch Hass-Kommunikation bestimmen lassen kann. Und hier sind wir nun auch bei einer systemtheoretischen Perspektive und dem Beobachtungsprinzip zweiter Ordnung angelangt.

2.2 *Horizontale Differenzierungen*

Hass-Kommunikation ist soziologisch gesprochen in erster Linie: Kommunikation. Üblicherweise, im Alltagsverständnis, wird der Kommunikationsbegriff als Mitteilungshandeln gefasst: eine Person sagt etwas; die ausgedrückte Information kann ihr als kommunikative Handlung zugeschrieben werden, etwa durch strafrechtliche Verfahren, in denen ein Täter, der volksverhetzende Aussagen gemacht hat, ermittelt wird. Systemtheoretisch gesprochen, erscheint diese Fassung von Kommunikation als Mitteilungshandeln zwar praktisch bedeutsam, theoretisch indes als zu gering veranschlagt. Denn: der Anschluss an die mitgeteilte Information wird hierbei ausgeblendet; der Verstehensprozess im kommunikativen Ablauf bleibt hierbei außen vor. Eine Kommunikation ist demnach erst als vollständig anzusehen, wenn die gewählte Information, die Art der Mitteilung (mündlich, schriftlich, brieflich oder im Web 2.0) und nicht zuletzt der Verstehensprozess mit einkalkuliert wird. Kommunikation bildet demnach die Einheit aus Information, Mitteilung und Verstehen.[50]

Nimmt man diesen dreistelligen Kommunikationsbegriff ernst, dann folgt daraus wiederum, dass der Kommunikationsbegriff auf Differenz

---

45 *Bourdieu*, Die Regeln der Kunst: Genese und Struktur des literarischen Feldes.
46 *Bourdieu*, in: Schultheis/Egger (Hrsg.), Schriften: Band 13: Religion. Schriften zur Kultursoziologie 5.
47 *Bourdieu*, Das politische Feld.
48 *Bourdieu*, Über das Fernsehen.
49 *Bourdieu*, Die feinen Unterschiede. Kritik der gesellschaftlichen Urteilskraft.
50 Siehe hierzu *Luhmann*, in: Ders., Soziologische Aufklärung Bd. 6, S. 113-124; *Baecker*, in: Jahraus/Nassehi et al. (Hrsg.), Luhmann Handbuch. Leben – Werk – Wirkung, S. 52 ff.

verweist: Eine Information, die über eine Mitteilung kommuniziert wird, kann unterschiedlich verstanden werden. Nur so kann man sich das Auftreten von Missverständnissen erklären. Die immer wieder auch erfolgte Löschung der Inhalte von vermeintlichen Hatern im Web 2.0 kann hierfür als Beispiel dienen: eine Aussage, die eigentlich in kritischer Absicht getätigt wurde, wird fälschlicherweise als Hass-Kommunikation identifiziert, gelöscht und der Account gesperrt. Erst die Anschlusskommunikation, die eingelegte Beschwerde gegen die Sperrung des Accounts, kann hierüber dann wieder Aufklärung verschaffen.[51]

Kommunikation ist damit eng an den Begriff der Beobachtung gekoppelt: eine kommunikative Bezeichnung wird stets durch einen Beobachter vorgenommen, der dabei eine Unterscheidung vornehmen muss: Recht, nicht Unrecht; Frau, nicht Mann und so weiter. Was Hass-Kommunikation ist und was nicht, hängt damit von einer Beobachterperspektive ab: diese Kommunikation ist noch nicht unter Hass zu fassen, jene aber schon. Die Soziologie kann dann die Beobachterposition zweiter Ordnung einnehmen – also Beobachter erster Ordnung dabei beobachten, wie sie ihre Unterscheidungen zum Beispiel in Bezug auf Hass-Kommunikation vollziehen. Dabei ist die Beobachtung zweiter Ordnung wiederum an die von ihr vorgenommene Unterscheidung gebunden, das heißt: es gibt kein Außerhalb des Sozialen, der Gesellschaft, von dem aus sich das Ganze beim Namen nennen ließe: „Auf der Ebene der Beobachtung zweiter Ordnung, auf der man Beobachter beobachtet, bezieht man keine hierarchisch höhere Position."[52] Perspektivität wird hier radikal gedacht. Indes kann der Beobachter zweiter Ordnung die Unterscheidungspraxis des Beobachters erster Ordnung in den Blick nehmen, sie auf Latenzen hin beobachten: „Alles Beobachten ist Benutzen einer Unterscheidung zur Bezeichnung der einen (und nicht der anderen) Seite. Die Unterscheidung selbst fungiert dabei unbeobachtet; denn sonst müsste sie, um bezeichnet werden zu können, ihrerseits Komponente einer Unterscheidung sein, die dann ihrerseits unbeobachtet eingesetzt werden müßte. Jede Beobachtung ist in ihrer

51 So hat die ZDF-Fernsehmoderatorin Dunja Hayali auf den Kommentar eines Users (Emre: „Dunja hayali du Nutte warum so ein hass auf türken??") entsprechend geantwortet („Emre... du endgeiler Ficker warum so ein hass auf deutsche??"). Dieser Antwortkommentar wurde seitens Facebook gelöscht, weil er irrtümlicher Weise für einen Hasskommentar gehalten worden war. Dafür hat sich der Netzwerkbetreiber in den darauffolgenden Tagen entschuldigt – es habe sich um ein Versehen gehandelt, hieß es seitens des Unternehmens (siehe Spiegel Online, 09.08.17).

52 *Luhmann*, Die Wissenschaft der Gesellschaft, S. 87.

Unterscheidungsabhängigkeit sich selber latent. Genau das kann aber mit Hilfe einer anderen Unterscheidung beobachtet werden.“[53]

Sichtbar wird hierbei, dass sich Kommunikationen unterschiedlicher, differenter Kontexturen verdanken, die gleichzeitig nebeneinanderher bestehen. In der modernen Gesellschaft bilden sich unterschiedliche Spielräume, Erwartungshorizonte, Strukturen, Kontexturen aus, die Kommunikationsprozesse anleiten und ihre Reproduktion unterstützen. Dass eine Aussage (Information) ganz anders verstanden werden kann als vom Sprecher intendiert, macht diese Kontexturen sichtbar. Der gleiche Satz kann für verschiedene Personen etwas Unterschiedliches bedeuten, eben weil verschiedene Kontexturen hieran gekoppelt sind. Während etwa für die einen eine Bezeichnung als Beleidigung fungiert, kann dieselbe Anrede in der Jugendsprache durchaus als legitime Rede aufgefasst werden. Der systemtheoretische Kommunikations- und Beobachtungsbegriff liefert damit eine umfassende Erklärung dafür, dass die begriffliche Fassung von Hass im Netz gesellschaftstheoretisch fundiert werden muss. Erst der Hinweis auf unterschiedliche Erwartungsstrukturen, die gleichzeitig nebeneinander bestehen, ermöglicht eine umfassende Erklärung dafür, warum Hass-Kommunikation nicht einheitlich definiert werden kann. Die Bestimmung von Hass im Netz ist stets von einem Kontext, ja, von Kontexturen im Sinne von unterschiedlichen Erwartungsstrukturen abhängig.

Ein medienarchäologischer Blick kann dann zusätzlich auch sehen, dass sich Hass-Kommunikation nicht nur in der Gegenwart schwer eindeutig bestimmen lässt – sichtbar wird auch, dass sich Hassrede historisch immer wieder gewandelt hat[54], und dass dies auch etwas mit den medialen Bedingungen der jeweiligen Epoche zu tun hat.

2.3 Medienarchäologie und die Genese von Nein-Stellungnahmen

Schon die Einführung der Schrift führt zu den Aufhebungen der Beschränkungen sozialer Kontrolle, die noch in der Interaktion unter Anwesenden, unter der medialen Bedingung der Mündlichkeit, gegeben waren: „Demnach ermöglicht es die Ausdifferenzierung der Texte und die Unterbindung von Sofortreaktionen, daß man über *identische* Texte *verschiedene*

53 *Luhmann*, Die Wissenschaft der Gesellschaft, S. 91.

54 *Benz*, Vom Vorurteil zur Gewalt. Politische und soziale Feindbilder in Geschichte und Gegenwart; *Jensen*, Zornpolitik.

Meinungen bilden kann."[55] Ist die Möglichkeit zu Nein-Stellungnahmen bereits in der mündlichen Sprache angelegt, so wird diese Möglichkeit unter der medialen Infrastruktur der Schrift noch erweitert: „Schrift symbolisiert Abwesendes, und ‚symbolisiert' soll hier heißen, dass Abwesendes wie Anwesendes für Operationen des Systems zugänglich wird. Darauf bauen Möglichkeiten der Beobachtung zweiter Ordnung auf, die von den Beschränkungen der sozialen Kontrolle unter Anwesenden freigestellt sind und Kritik in einem Umfange ermöglichen, der die Sozialstruktur und die Semantik der Gesellschaft tiefgreifenden Transformationen aussetzt."[56] Dass sich die Transformation der sozialen Struktur und der Semantik der Gesellschaft nicht quasi blindlings, von selbst vollzieht, hängt hier also auch von den medialen Bedingungen ab, auf denen sie beruht. Ergänzend kann man hierzu Norbert Elias Beitrag zur Erklärung des Zivilisationsprozesses anführen: an seiner Analyse der Rezeption der Schrift „de civilitate morum puerilium" (1530) von Erasmus von Rotterdam wird sichtbar, dass Zivilisationsprozesse im Sinne von besseren Sitten erst mühsam, etwa durch Benimm-Ratgeber, eingeübt und weiterverbreitet werden mussten, damit sie gesellschaftlich wirksam werden konnten. Dies allein war wiederum möglich, durch die Einführung der Schrift: „Auch diese Manierschrift ist eine Sammlung von Beobachtungen aus dem Leben ihrer Gesellschaft selbst. (...). Und wenn nichts anderes, dann zeigt ihr Erfolg, ihre rasche Ausbreitung, ihre Funktion als Lehrbuch zur Erziehung der Knaben, wie sehr sie einem gesellschaftlichen Bedürfnis entsprach, und wie in ihr diejenigen Verhaltensmodelle aufgezeichnet sind, die an der Zeit waren, die ringsum die Gesellschaft oder genauer gesagt, zunächst die Oberschicht verlangte."[57]

Das Zeitalter der Schrift bildete nun noch Formen von Nein-Stellungnahmen aus, die normativ betrachtet auch für gutgeheißen werden können: kritische Stellungnahmen, die sich auf begründete Meinungen beziehen und im Sinne eines bürgerlichen, aufklärerischen Öffentlichkeitsmodells operieren[58].

Die medialen Infrastrukturen des Internets haben ganz offensichtlich die Möglichkeit zu Nein-Stellungnahmen massiv erhöht und ihr Niveau verändert. Sichtbar werden nun häufig affektive Kommunikationen, weniger begründete Meinungen. Begründen lässt sich diese Transformation

55 *Luhmann*, Die Gesellschaft der Gesellschaft, S. 258.

56 *Luhmann*, Die Gesellschaft der Gesellschaft, S. 290.

57 *Elias*, Über den Prozeß der Zivilisation. Soziogenetische und psychogenetische Untersuchungen. Bd. 1, S. 183.

58 Siehe hierzu *Habermas*, Strukturwandel der Öffentlichkeit.

des Öffentlichen einerseits mit der algorithmisch verdichteten Kommunikationsstruktur, die im Netz herrscht und Filter Bubbles, Echokammern, intimisierte Öffentlichkeiten[59] emergieren lässt. Dass Gefühl, einmal ganz unter sich, sozusagen intim zu sein, und hier einmal richtig Luft ablassen zu können, mag mit der algorithmisch vermittelten Geschlossenheit von Internet-Öffentlichkeiten einhergehen. Die spezifisch zeitliche Struktur der Intermediären wie Facebook erzeugt eine „ballistische Schnellkommunikation"[60], mit der sich Hass verbreiten kann. Als Speichermedium sorgt das Internet dann gleichzeitig dafür, diese einmal hinausgepolterten Auswürfe auf Dauer zu stellen. Stammtischparolen werden damit für ein größeres Publikum sichtbar. Diese Formen von Nein-Stellungnahmen weichen dann sicherlich grundsätzlich von den Praktiken etwa einer frühbürgerlich-kritischen Öffentlichkeit zu Zeiten der Aufklärungsbewegung ab. Während es in frühbürgerlichen Öffentlichkeiten noch um die *eine* Öffentlichkeit ging, in der Argument und Gegen-Argument zumindest als Idee konsensual miteinander versöhnt werden konnten, geht es in den Internet-Öffentlichkeiten nur mehr um Agonie. Sichtbar wird ein kämpferischer Schlagabtausch um die hegemoniale Deutungshoheit im Netz unterschiedlicher Öffentlichkeiten: wer darf hier wie sprechen? Und wer nicht?

Es ist eben nicht so, dass Öffentlichkeiten verschwinden, nur weil sie nicht mehr länger die Gestalt bürgerlicher Diskurse annehmen. Ganz im Gegenteil: Frances Shaw (2016) geht etwa davon aus, dass Trolling und Provokationen im Netz nicht unbedingt dazu beitragen, Diskurse zu verhindern und zu zerstören.[61] Anhand einer empirischen Studie zu Facebook und Instagram zeigt sie wie sich provoziert durch frauenfeindliche Kommunikation ein feministischer Diskursraum formiert: „Understood in this way, provocation can provide opportunities for the articulation of political claims."[62] Und weiter: „However, conflict or provocation can also be productive of a discursive politics in which a political community is able to define itself in opposition to others."[63] Im Rahmen dieser Studie wird also nicht nur Hass-Kommunikation sichtbar, es zeigt sich vielmehr auch, dass es in der Auseinandersetzung zwischen Trollen, Hatern und Feministinnen zur Artikulation politischer Forderungen kommen kann. So verwerflich Hass im Netz moralisch, rechtlich und ethisch sein kann –

59 *Wagner*, Intimisierte Öffentlichkeiten.
60 *Vogl*, Kapital und Ressentiment, S. 175.
61 Siehe hierzu auch *McCosker*, Convergence: The International Journal of Research into New Media Technologies Vol. 20/2 2014, 201–217.
62 *Shaw*, Social Media + Society, October-December 2016, 1 (8).
63 Ebd.

für die Emergenz von Öffentlichkeit mag er sich aber durchaus auch als fruchtbar erweisen. Ohne zynisch klingen zu wollen, sondern allein aus einer funktionalistischen Perspektive formuliert, kann man hier festhalten: Hasskommentare befördern Öffentlichkeit dann, wenn sie für Anschlusskommunikationen sorgen. Die Öffentlichkeit, die hierbei entsteht, bildet freilich keinen vernünftigen Diskursraum im Sinne der Habermasschen Diskurstheorie ab. Hasskommentare erzeugen aber eine Öffentlichkeit insofern als hier agonistische Parteien aneinander anschließen und sich abarbeiten können.

3. Fazit

Die vorliegende Argumentation hat ein fundamentales Definitionsproblem herausgearbeitet in Bezug auf die begriffliche Fassung von Hass im Netz: je nachdem, wie man Hass-Kommunikation kontextualisiert, wird diese unterschiedlich perspektiviert und gefasst. In einem weiteren Schritt konnten diese unterschiedlichen Perspektivierungen von Hass-Kommunikation soziologisch erklärt werden: in einer funktional differenzierten Gesellschaft lässt sich Kommunikation immer nur im Sinne von unterschiedlichen Erwartungskontexturen beschreiben, die gleichzeitig nebeneinanderher bestehen. Kommunikation verweist dabei immer auf Differenz. Dies hat nicht nur eine systemtheoretische, sondern auch eine medienarchäologische Sichtweise deutlich machen können: Hass-Kommunikation meint eben gerade nicht immer das Gleiche, sondern wandelt sich – abhängig von kontextualistischen und zeitlichen (historischen) Bedingungen. Uffa Jensen hat diese „Geschichte der Gefühle" als Historiker einmal sehr schön deutlich machen können in seinem Beitrag zu gesellschaftlich veränderten Formen von Antisemitismus: während im 19. Jahrhundert Antisemitismus eher die Form von rassistischem, biologistischem Hass und Ekel angenommen habe, teile er sich nun in kulturalistischer Angst- und Zornkommunikation mit.[64]

Was aber kann nun eine juristische und eine politische Perspektive aus diesen soziologischen Ausführungen lernen? (Straf-)rechtlich gesehen geht es insbesondere um Zurechnungsprobleme, wenn es um Hass-Kommunikation im Netz geht: wer sind die Täter*innen? Wie kann man sie rechtlich belangen? Wer sind die Opfer? Wie kann man sie rechtlich schützen und entschädigen? Und aus politischer Sicht muss vor allen Dingen der Schutz

---

64 *Jensen*, Zornpolitik.

der Meinungsfreiheit im Sinne von Öffentlichkeitsbildung auch für häufig durch Hass-Kommunikation geschädigte Minderheiten von Interesse sein. Aus der hier vorgenommenen Argumentation kann man für die Reglementierung von Hass-Kommunikation im Netz zumindest lernen, dass es bei der Bestimmung hiervon insbesondere um eines gehen muss: um die Ermittlung von Kontextdaten. Um es mit Uffa Jensen zu sagen: „Eine einleuchtende Analyse von Gefühlen kann nur am konkreten Beispiel geliefert und auch nur so beurteilt werden."[65] Damit ist nicht gesagt, dass Hass-Kommunikation nicht auch bestimmten kommunikativen Regeln und Mustern unterliegen würde, etwa im Sinne einer kommunikativen Gattung, eines Genres. Erst an der ethnomethodologischen Anzeige spezifischer Kommunikationsmuster durch Täter*innen würde Hass-Kommunikation im Sozialen für Andere als solche überhaupt erkennbar werden – wie immer diese dann auch hierauf reagieren. Weiterführend fragen könnte man etwa: warum ist Hass so anschlussfähig in medial vermittelter Kommunikation? Warum fällt es in nicht über Interaktionen unter Anwesenden vermittelten Settings so leicht Hass-Kommunikation lancieren? Dennoch können diese Muster nicht im Sinne verallgemeinerbarer Strukturen verabsolutiert werden: es kommt vielmehr stets auf die individuelle Realisierung dieses Musters an. Und damit: auf Kontextualisierung. Eine etwa algorithmische Eruierung von Hass-Kommunikation kann diese Kontextualisierung (noch) nicht leisten. Erst recht deshalb nicht, weil Täter*innen schnell dazu übergehen, Hass-Kommunikation so anzupassen, dass sie nicht so leicht von Algorithmen ausfindig gemacht werden kann: „Der Hass sucht sich ständig neue Wörter."[66]

Literaturverzeichnis

Artime, Michael
Angry and Alone: Demographic Characteristics of Those Who Post to Online Comment Sections, Social Sciences 5/4 2016, 1-11.

Awan, Imran
Islamophobia on Social Media: A Qualitative Analysis of the Facebook's Walls of Hate, International Journal of Cyber Criminology 10/1 2016, 1-20.

65 *Jensen*, Zornpolitik, S. 166.
66 *Basl/Riedel/Pittelkow/Altland*, Der Hass ist intelligenter geworden.

Baecker, Dirk
Systemtheorie als Kommunikationstheorie, in: Jahraus, Oliver / Nassehi, Armin et al. (Hrsg.), Luhmann Handbuch. Leben – Werk – Wirkung, Stuttgart / Weimar 2012, 52-57.

Baider, Fabienne
Pragmatics lost? Overview, synthesis and proposition in defining online hate speech, Pragmatics and Society 11/2 2020, 196-218.

Basl, C. / *Riedel*, K. / *Pittelkow*, S. / *Altland*, N.
Der Hass ist intelligenter geworden, 2021, abrufbar unter: https://www.tagesschau.de/investigativ/ndr-wdr/facebook-hassrede-105.html?fbclid=IwAR2yKx_MDWdOgOzgqy7Q3yQDEuAxVT8yBM3twV9v4O6Ih8IdAB-WGzWf_8o (25.3.2021).

Benz, Wolfgang
Vom Vorurteil zur Gewalt. Politische und soziale Feindbilder in Geschichte und Gegenwart, Freiburg / Basel / Wien 2020.

Bliuc, Ana-Maria / *Faulkner*, Nicholas / *Jakubowicz*, Andrew / *McGarty*, Craig
Online networks of racial hate: A systematic review of 10 years of research on cyber-racism, Computers in Human Behavior 87 2018, 75-86.

Boberg, Svenja / *Quandt*, Thorsten
The Moral Gatekeeper? Moderation and Deletion of User-Generated Content in a Leading News Forum, Media and Communication 6/4 2018, 58-69.

Bonotti, Matteo
Religion, hate speech and non-domination, Ethnicities 17/2 2017, 259-274.

Boromisza-Habashi, David
Hate Speech, in: The International Encyclopedia of Language and Social Interaction, New York 2015, S. 1-11.

Borgeson, Kevin / *Valeri*, Robin
Faces of Hate, Journal of Applied Sociology / Sociological Practice 21/2 2004, 99-111.

Boromisza-Habashi, David
Speaking Hatefully: Culture, Communication, and Political Action in Hungary, State College Pennsylvania 2013.

Bourdieu, Pierre
Die männliche Herrschaft, Frankfurt/M. 2012.

Bourdieu, Pierre
Religion, in: Schultheis, Franz / Egger, Stephan (Hrsg.), Schriften: Band 13: Religion. Schriften zur Kultursoziologie 5, Berlin 2011.

Bourdieu, Pierre
Die Regeln der Kunst: Genese und Struktur des literarischen Feldes, Berlin 2001.

Bourdieu, Pierre
Das politische Feld, Konstanz 2001.

Bourdieu, Pierre
Über das Fernsehen, Frankfurt/M. 1998.

Bourdieu, Pierre
Was heisst sprechen? Die Ökonomie des sprachlichen Tauschs, Wien 1990.

Bourdieu, Pierre
Die feinen Unterschiede. Kritik der gesellschaftlichen Urteilskraft, Frankfurt/M. 1987.

Brodnig, Ingrid
Hass im Netz. Was wir gegen Hetze, Mobbing und Lügen tun können, Wien 2016.

Brown, Alexander
What is so special about online (as compared to offline) hate speech?, Ethnicities 18/3 2018, 1-30.

Burch, Leah
'You are a parasite on the productive classes': online disablist hate speech in austere times, Disability & Society 33/3 2018, 392-415.

Butler, Judith
Haß spricht. Zur Politik des Performativen, Frankfurt am Main 2006.

Cammaerts, Bart
Radical pluralism and free speech in online public spaces. The case of North Belgian extreme right discourses, International Journal of Cultural Studies 12/6 2009, 555-575.

Castaño-Pulgarín, Sergio Andrés / *Suárez-Betancur*, Natalia / *Vega*, Luz Magnolia Tilano / *López*, Harvey Mauricio Herrera
Internet, social media and online hate speech. Systematic review, Agression and Violent Behavior 58 2021, 1-7.

Cervone, Carmen / *Augoustinos*, Martha / *Maass*, Anne
The Language of Derogation and Hate: Functions, Consequences, and Reappropriation, Journal of Language and Social Psychology 40/1 2020, 80-101.

Chagnon, Nicholas / *Chesney-Lind*, Meda
'Someone's been in the house:' A tale of burglary and trial by media, Crime Media Culture 11/1 2015, 41-60.

Chakraborti, Neil / *Hardy*, Stevie-Jade
Blood, Threats and Fears: The Hidden Worlds of Hate Crime Victims, New York 2019.

Chetty, Naganna / *Alatur*, Sreejith
Hate speech review in the context of online social networks, Aggression and Violent Behavior 40 2018, 108-118.

Cleland, Jaime et al.
The Internet as a Site of Decreasing Cultural Homophobia in Association Football: An Online Response by Fans to the Coming Out of Thomas Hitzlsperger, Men and Masculinities 21/1 2018, 91-111.

Cohen-Almagor, Raphael
When a Ritual Murder Occurred at Purim. The Harm in Hate Speech, Profesional de la Informacion 27/3 2018, 671-681.

Daniels, Jessie
Cyber racism. White supremacy online and the new attack on civil rights, Lanham Md. 2009.

Dashti, Ali A. et al.
The influence of sectarian and tribal discourse in newspapers readers' online comments about freedom of expression, censorship and national unity in Kuwait, Telematics and Informatics 32/2 2015, 245-253.

Douglas, David M.
Doxing: a conceptual analysis, Ethics and Information Technology 18/3 2016, 199-210.

Duffy, Margaret E.
Web of Hate: A Fantasy Theme Analysis of the Rhetorical Vision of hate Groups Online, Journal of Communication Inquiry 27/3 2003, 291-312.

Egger de Campo, Marianne
Neue Medien – alte Greedy Institutions, Leviathan 42/1 2014, 7-28.

Eickelmann, Jennifer
‚Hate Speech' und Verletzbarkeit im digitalen Zeitalter. Phänomene mediatisierter Missachtung aus Perspektive der Gender Media Studies, Bielefeld 2017.

Elias, Norbert
Über den Prozeß der Zivilisation. Soziogenetische und psychogenetische Untersuchungen. Bd. 1: Wandlungen des Verhaltens in den weltlichen Oberschichten des Abendlandes, Frankfurt / Main 1939 / 1997.

Erjavec, Karmen / *Poler Kovacic*, Melita
'You Don't Understand, This is a New War!' Analysis of Hate Speech in News Web Sites' Comments, Mass Communication and Society 15/6 2012, 899-920.

Evolvi, Giulia
Hate in a Tweet: Exploring Internet-Based Islamophobic Discourses, Religions 9/10: 307 2018, 1-14.

Farkas, Johan et al.
Cloaked Facebook pages: Exploring fake Islamist propaganda in social media, New Media and Society 20/5 2018, 1850-1867.

Felmlee, Diane / *Faris*, Robert
Toxic Ties: Networks of Friendship, Dating, and Cyber Victimization, Social Psychology Quarterly 79/3 2016, 243-262.

Frischlich, Lena et al.
Comment Sections as Targets of Dark Participation? Journalists' Evaluation and Moderation of Deviant User Comments, Journalism Studies 20/14 2019, 2014-2033.

Ganz, Kathrin / *Meßmer*, Anna-Katharina
Anti-Genderismus im Internet. Digitale Öffentlichkeiten als Labor eines neuen Kulturkampfes, in: Hark, Sabine / Villa, Paula-Irene (Hrsg.), Anti-Genderismus: Sexualität und Geschlecht als Schauplätze aktueller politischer Auseinandersetzungen, Bielefeld 2015, S. 59-78.

Goldberg, Ann
Minority Rights, Honor, and Hate Speech Law in Post-Holocaust West Germany, Law, Culture and the Humanities 00/0 2017, 1-22.

Habermas, Jürgen
Strukturwandel der Öffentlichkeit, Frankfurt / M. 1962.

Hawdon, James et al.
Exposure to Online Hate in Four Nations: A Cross-National Consideration, Deviant Behavior 38/3 2017, 254-266.

Herring, Susan et al.
Searching for Safety Online: Managing "Trolling" in a Feminist Forum, The Information Society 18/5 2002, 371-384.

Holt, Lanier F.
Dropping the 'N-Word': Examining How a Victim-Centered Approach Could Curtail the Use of America's Most Opprobrious Term, Journal of Black Studies 49/5 2018, 411-426.

Housley, William et al.
Big and broad social data and the sociological imagination: A collaborative response, Big Data & Society 1/2 2014, 1-15.

Huck, Katrin
Stacheldrahtsprache. Sprachliche Grenzziehungen der extremen Rechten im Internet, München 2012.

Hull, Carrie L.
Poststructuralism, behaviorism and the problem of hate speech, Philosophy & Social Criticism 29/5 2003, 517-535.

Ichau, Elke et al.
From #selfie to #edgy. Hashtag networks and images associated with the hashtag #jews on Instagram, Telematics and Informatics 44 (1) 2019, abrufbar unter: https://www.sciencedirect.com/science/article/abs/pii/S0736585319307671?via%3Dihub (14.01.2021).

Jane, Emma A.
Flaming? What flaming? The pitfalls and potentials of researching online hostility, Ethics Information Technology 17/1 2015, 65-87.

Jakubowicz, Andrew et al.
Cyber Racism and Community Resilience: Strategies for Combating Online Race Hate, New York 2017.

Jensen, Uffa
Zornpolitik, Berlin 2017.

Jikeli, Gunter et al.
Annotating Antisemitic Online Content. Towards an Applicable Definition of Antisemitism, 29.9.2019, abrufbar unter: https://www.researchgate.net/publication/336251490_ANNOTATING_ANTISEMITIC_ONLINE_CONTENT_TOWARDS_AN_APPLICABLE_DEFINITION_OF_ANTISEMITISM/citation/download (18.01.2021).

Johnson, Brett G.
Tolerating and managing extreme speech on social media, Internet Research 28/5 2018, 1275-1291.

Josupeit, Christina
Perspektiven zur Erklärung des ‚Schweigens' von Nutzer*innen digitaler sozialer Netzwerkplattformen als Reaktion auf Online Hate Speech, in: Deiters, Wolfgang et al. (Hrsg.), Die Kommunikation und ihre Technologien. Interdisziplinäre Perspektiven auf Digitalisierung, Bielefeld 2020, S. 119-162.

Kaspar, Kai / Gräßer, Lars / Riffi, Aycha (Hrsg.)
Online Hate Speech. Perspektiven auf eine neue Form des Hasses, Düsseldorf / München 2017.

Keipi, Teo et al.
Online Hate and Harmful Content. Cross-national perspectives, London / New York 2017.

Keller, Nadine / *Askanius*, Tina
Combatting hate and trolling with love and reason? A qualitative analysis of the discursive antagonisms between organized hate speech and counterspeech online, Communication and Media 9/4 2021, 540-572.

Kettrey, Heather Hensman
Staking Territory in the 'World White Web': An Exploration of the Roles of Overt and Color-Blind Racism in Maintaining Racial Boundaries on a Popular Web Site, Social Currents Vol. 1/3 2014, 257-274.

Klein, Adam G.
Fanaticism, racism, and rage online: corrupting the digital sphere, Cham 2017.

Klein, Adam G.
Slipping Racism into the Mainstream: A Theory of Information Laundering, Communication Theory 22/4 2012, 427-448.

Laux, Henning / *Schmitt*, Marco
Der Fall Bautzen: Eine Netzwerkanalyse zur Entstehung digitaler Öffentlichkeiten, Berliner Journal für Soziologie 27/3-4 2017, 485-520.

Leets, Laura
Responses to Internet Hate Sites: Is Speech Too Free in Cyberspace?, Communication Law and Policy 6/2 2001, abrufbar unter: http://www.lexisnexis.com/hottopics/lnacademic/?verb=sr&csi=7327&sr=cite(6+Comm.+L.+%26+Pol%27y+287) (12.04.2019).

Lin, Jie Liang
Antifeminism Online MGTOW (Men Going Their Own Way), in: Frömming, Urte Undine et al. (Hrsg.), Digital Environments. Ethnographic Perspectives Across Global Online and Offline Spaces, Bielefeld 2017, S. 77-96.

Limbourg, Peter / Grätz, Ronald (Hrsg.)
Meinungsmache im Netz. Fake News, Bots und Hate Speech, Göttingen 2018.

Luhmann, Niklas
Die Gesellschaft der Gesellschaft. Bd. 1, Frankfurt / M. 1997.

Luhmann, Niklas
Was ist Kommunikation?, in: Ders., Soziologische Aufklärung Bd. 6, Opladen 1995, S. 113-124.

Luhmann, Niklas
Die Wissenschaft der Gesellschaft, Frankfurt / M. 1990.

Lumsden, Karen / *Morgan*, Heather May
Media framing of trolling and online abuse: silencing strategies, symbolic violence, and victim blaming, in: Feminist Media Studies Vol. 17/6 2017, 926-940.

Marwick, Alice E. / *Caplan*, Robyn
Drinking male tears: language, the manosphere, and networked harassment, Feminist Media Studies 18/4 2018, 1-17.

Matamoros-Fernández, A. / *Farkas*, J.
Racism, Hate Speech, and Social Media: A Systematic Review and Critique, Television & New Media 22/2, 205-224.

Matamoros-Fernández, Ariadna
Platformed racism: the mediation and circulation of an Australian race-based controversy on Twitter, Facebook and YouTube, Information, Communication & Society 20/6 2017, 930-946.

Mathew, Binny et al.
Spread of Hate Speech in Online Social Media. (Conference Paper), 2019, abrufbar unter: https://www.researchgate.net/publication/334155686_Spread_of_Hate_Speech_in_Online_Social_Media/citation/download (18.01.2021).

McCosker, Anthony
Trolling as provocation. YouTube's agonistic Publics, Convergence: The International Journal of Research into New Media Technologies Vol. 20/2 2014, 201–217.

Meddaugh, Priscilla Marie / *Kay*, Jack
Hate Speech or 'Reasonable Racism?' The Other in Stormfront, Journal of Mass Media Ethics 24/4 2009, 251-268.

Megarry, Jessica
Under the watchful eyes of men: theorising the implications of male surveillance practices for feminist activism on social media, Feminist Media Studies 18/6 2017, 1070-1085.

Meibauer, Jörg (Hrsg.)
Hassrede / Hate Speech. Interdisziplinäre Beiträge zu einer aktuellen Diskussion, Gießen 2013.

Miškolci, Jozef / *Kováčová*, Lucia / *Rigová*, Edita
Countering Hate Speech on Facebook: The Case of the Roma Minority in Slovakia, Social Science Computer Review 38/2 2020, 128-146.

Moebius, Stephan
Pierre Bourdieu. Zur Kultursoziologie und Kritik der symbolischen Gewalt, in: Ders. / Quadflieg, Dirk (Hrsg.), Kultur. Theorien der Gegenwart, Wiesbaden 2011, S. 55-69.

Muddiman, Ashley / *Jomini Stroud*, Natalie
News Values, Cognitive Biases, and Partisan. Incivility in Comment Sections, Journal of Communication 67/4 2017, 586–609.

Nagle, Angela
Die digitale Gegenrevolution. Online-Kulturkämpfe der Neuen Rechten von 4chan und Tumblr bis zur Alt-Right und Trump, Bielefeld 2017.

Näsi, Matti et al.
Do routine activities help predict young adults' online harassment: A multi-nation study, Criminology & Criminal Justice 17/4 2017, 418–432.

Ortiz, Stephanie M.
'You Can Say I Got Desensitized to It': How Men of Color Cope with Everyday Racism in Online Gaming, Sociological Perspectives 62/4 2019, 572-588.

Ozalp, Sefa et al.
Antisemitism on Twitter: Collective efficacy and the role of community organisations in challenging online hate speech, Social Media + Society. April-June 2020, 1-20.

Park, Sara
Inventing aliens: immigration control, 'xenophobia' and racism in Japan, Race & Class 58/3 2017, 64-80.

Paz Rebollo, María Antonia / *Montero-Díaz*, Julio / *Moreno-Delgado*, Antonio
Hate Speech: A Systematized Review, Sage Open October-December 2020, 1-12, abrufbar unter: https://journals.sagepub.com/doi/full/10.1177/2158244020973022 (15.01.2021).

Pohjonen, Matti / *Udupa*, Sahana
Extreme Speech Online: An Anthropological Critique of Hate Speech Debates, International Journal of Communication 11 2017, 1173-1191.

Poletto, Fabio / *Basile*, Valerio / *Sanguinetti*, Manuela / *Bosco*, Cristina / *Patti*, Viviana
Resources and benchmark corpora for hate speech detection: a systematic review. In: Language Resources and Evaluation 55 2021, 477-523.

Pöttker, Horst
Kommunikationsfreiheit im digitalen Zeitalter, ComSoc 49/4 2016, 347-353.

Prinzing, Marlis
Kompass, Kante, Kompetenz. Warum es nicht genügt, über die Verrohung des Umgangs im Netz zu klagen, ComSoc 50/3 2017, 334-344.

Pritsch, Sylvia
Verletzbarkeit im Netz – zur sexistischen Rhetorik des Trollens, Feministische Studien 2 2011, 232-247.

Ringrose, Jessica et al.
Teen girls, sexual double standards and 'sexting': Gendered value in digital image exchange, Feminist Theory 14/3 2013, 305-323.

Shaw, Frances
»'Bitch I said Hi': The Bye Felipe Campaing and Discoursive Activism in Mobile Dating Apps«, Social Media + Society, October-December 2016, 1-10.

Sponholz, Liriam
Hate Speech in den Massenmedien. Theoretische Grundlagen und empirische Umsetzung, Wiesbaden 2018.

Stegbauer, Christian
Shitstorms. Der Zusammenprall digitaler Kulturen, Wiesbaden 2018.

Schwarz-Friesel, Monika
Judenhass im Internet. Antisemitismus als kulturelle Konstante und kollektives Gefühl, Leipzig 2019.

Schwarz-Friesel, Monika
'Antisemitism 2.0' – The Spreading of Jew-hatred on the World Wide Web, in: Lange, Armin et al. (Hrsg.), Comprehending and Confronting Antisemitism. Volume 1, Berlin / Boston 2019, S. 311-338.

Sobieraj, Sarah
Bitch, slut, skank, cunt: patterned resistance to women's visibility in digital publics, Information, Communication & Society 21/11 2018, 1700-1714.

Sundén, Jenny / *Paasonen*, Susanna
Shameless hags and tolerance whores: feminist resistance and the affective circuits of online hate, Feminist Media Studies 18/4 2018, 643-656.

Uth, Bernadette / *Meier*, Klaus
Wie Redaktionen bessere Diskussionen fördern können. Einflussfaktoren auf die Qualität von Nutzerkommentaren, ComSoc 51/3 2018, 331-345.

Van Spanje, Joost / *de Vreese*, Claes
The good, the bad and the voter: The impact of hate speech prosecution of a politician on electoral support for his party, Party Politics 21/1 2015, 115-130.

Vogl, Joseph
Kapital und Ressentiment. Eine kurze Theorie der Gegenwart, München 2021.

Wagner, Elke
Intimisierte Öffentlichkeiten, Bielefeld 2019.

Weichert, Stephan
Demokratie als Shitstorm? Implikationen zur politischen Debattenkultur durch Social Media, Communicatio Socialis 47/2 2014, 203-213.

Wiederer, Ralf
Jugend, Gewalt und Internet: Risiken der Internetnutzung von Kindern und Jugendlichen, Sozialwissenschaften und Berufspraxis 26/2 2003, 181-197.

Wigerfelt, Anders / *Wigerfelt*, Berit
Media Images and Experiences of Being a Jew in the Swedish City of Malmö, SAGE Open January-March 2016, 1-14.

Windisch, Steven / *Wiedlitzka*, Susann / *Olaghere*, Ajima
Online interventions for reducing hate speech and cyberhate: A systematic review. Campbell Systematic Reviews 17/1 2021, 1-17.

Yin, Wenije / *Zubiaga*, Arkaitz
Towards generalisable hate speech detection: a review on obstacles and solutions. PeerJ Computer Science 7 2021.

Zempi, Irene / *Awan*, Imran
Islamophobia. Lived experiences of online and offline victimization, Bristol / Chicago 2016.

Türkischstämmige als Menschen zweiter Klasse?

Dr. Enis Tiz, Universität Würzburg

I. Einführung

Bereits der Titel des vorliegenden Beitrags ist dazu prädestiniert, zu provozieren und Rassismusvorwürfe nach sich zu ziehen. Viele Diskussionen zum Thema „Diskriminierung von Personen mit Migrationsgeschichte" sind polemisch und zugespitzt. Zuletzt veröffentlichten viele Personen mit Migrationsgeschichte durch die sog. #MeToo-Bewegung im Internet ihre Diskriminierungserfahrungen und exponierten das Thema somit in den Fokus der Gesellschaft. Die damit einhergehende erhöhte Emotionalität ist dazu geeignet, zu polarisieren und ein Lagerdenken bei den Beteiligten zu forcieren. Insbesondere in den sozialen Medien ist zunehmend zu beobachten, wie strikt zwischen autochthonen Deutschen und Personen mit Migrationsgeschichte differenziert wird. Dabei konzentrieren sich die Beteiligten mehr auf Unterschiede denn auf Gemeinsamkeiten.

In diesem Zusammenhang ist besonders problematisch, dass gerade viele rationale Diskussionen zum Thema durch eine vorschnelle Rassismus-Markierung zu Fall gebracht werden. Vor allem kritische Stimmen werden teilweise (unberechtigt) mit der Aussage „Das darf man nicht sagen" zensiert. Dadurch werden einem sehr wichtigen Thema Konturen gesetzt, welche die tatsächliche Komplexität der gesellschaftlichen Herausforderung verschleiern. Für ein gedeihliches Miteinander in unserer Gesellschaft ist es jedoch von elementarer Bedeutung, dass das Ansprechen von Problemen nicht per se unterbunden wird. Ansonsten kann sich die Situation rasch zuspitzen und dazu führen, dass friedliche Lösungsmöglichkeiten nicht mehr bzw. nur sehr schwer generiert werden können. Vor diesem Hintergrund ist es generell (und somit auch im Folgenden) wichtig, Probleme zu skizzieren, ohne Ausgrenzungs-, Rassismus- oder Hassvorwürfen ausgesetzt zu werden.

Seit dem Anwerbeabkommen der Bundesrepublik mit der Türkei vom 30. Oktober 1961 sind türkischstämmige Personen ein fester Bestandteil der deutschen Gesellschaft. Ursprünglich legte das Abkommen eine Aufenthaltsdauer von maximal zwei Jahren fest, sodass eine Integration von Türkischstämmigen in Deutschland nicht vorgesehen war. Die politische und gesellschaftliche Situation in der Türkei führte indes dazu, dass lediglich die Hälfte nach zwei Jahren in ihre Heimat zurückkehrte. Durch den Familiennachzug blieben viele sog. „Gastarbeiter" zusammen mit ihren Familien endgültig in Deutschland. Folglich wurden aus „Gastarbeitern" Einwanderer, die ihre Kultur und Religion mit sich brachten.[1] Seitdem gibt es zahlreiche Konflikte zwischen autochthonen Deutschen und Türkischstämmigen, weil letzteren vorgehalten wird, sich nicht in die Gesellschaft zu integrieren. Schon lange sind Türkischstämmige in Deutschland nicht nur Fabrikarbeiter, sondern bekleiden teilweise hohe Positionen in der Politik und Wirtschaft.[2] Gleichwohl werden sie zum Teil von der Mehrheitsgesellschaft als Fremde wahrgenommen und ausgegrenzt. In einer Studie gaben circa die Hälfte der türkischstämmigen Befragten an, dass sie sich in Deutschland als Mensch zweiter Klasse fühlen.[3]

Die folgenden Ausführungen sind von subjektiven Beobachtungen und Erfahrungen geprägt. Um die angesprochenen Aspekte zu exemplifizieren, werde ich meine eigenen Erfahrungen an den geeigneten Stellen einbringen. Daher erlaube ich mir zuvor, mich kurz vorzustellen. Mein Name ist Enis Tiz und ich bin in Aachen geboren sowie aufgewachsen. Meine Eltern kommen ursprünglich aus der Türkei und leben schon über 40 Jahre in Deutschland. Bis zur zehnten Klasse habe ich meine Sommerferien regelmäßig in der Heimatstadt meiner Eltern verbracht. Wie viele andere Personen mit türkischen Wurzeln musste ich mich bereits sehr früh mit der Frage nach meiner Identität bzw. der Frage nach meiner Herkunft befassen.[4]

---

1 Vgl. *Luft*, Die Anwerbung türkischer Arbeitnehmer und ihre Folgen, in: https://www.bpb.de/internationales/europa/tuerkei/184981/gastarbeit (02.02.2021).

2 Beispielsweise Cem Özdemir, Bundesminister für Ernährung und Landwirtschaft in der aktuellen Legislaturperiode.

3 Vgl. *Pollack/Müller/Rosta/Dieler*, Integration und Religion aus der Sicht von Türkischstämmigen in Deutschland.

4 Heute bin ich wissenschaftlicher Mitarbeiter am Lehrstuhl von Prof. Dr. Dr. Eric Hilgendorf, dem ich sehr dankbar bin, dass er mich nicht nur als Doktorvater unterstützt, sondern dass für ihn auch die Frage nach der Identität von Personen mit Migrationsgeschichte von besonderer Bedeutung ist. Im Jahr 2008 gründete er das Lehrprojekt GSiK („Globale Systeme und Interkulturelle Kompetenzen"); zum Projekt www.gsik.de (12.03.2022).

II. Stereotypen

Für unsere Gesellschaft ist die Türkischstämmigkeit mit einer Vielzahl von Stereotypen verknüpft, zu denen beispielsweise *„gefährlich"*, *„primitiv"*, *„temperamentvoll"*, *„despotisch"*, *„ungebildet"*, *„rückständig"*, *„unpünktlich"* oder *„essen kein Schweinefleisch"* zählen.[5] In der Mehrheitsgesellschaft wird die Türkischstämmigkeit überwiegend mit körperlicher sowie sozialer Bedrohung assoziiert (*„stechen statt sprechen"*) und ist folglich negativ konnotiert. Deshalb sind diese Stereotypen gemeinhin dazu geeignet, Ausgrenzung, Rassismus und Hass hervorzurufen.[6] Dies bedeutet indes nicht, dass die Mehrheitsgesellschaft gegenüber Türkischstämmigen ausschließlich negativ gestimmt ist. Ungeachtet der negativen Stereotypen empfindet die Mehrheitsgesellschaft Türkischstämmige nicht selten als gastfreundlich, familiär und großzügig. Zudem sind in Deutschland die türkische Küche und das Land für touristische Reisen sehr beliebt.

III. Türkischstämmige in Deutschland

Türkischstämmige in Deutschland werden regelmäßig als Repräsentanten für Personen mit Migrationsgeschichte und Muslime erachtet, weil sie innerhalb beider Minoritäten jeweils den größten Anteil einnehmen. Als homogene Gruppe wahrgenommen, werden Türkischstämmige deshalb regelmäßig durch die zuvor genannten negativen Stereotypen stigmatisiert. So sind aus der Perspektive der Mehrheitsgesellschaft türkische Männer despotisch, unterdrücken oder töten ihre Frauen (Stichwort: Ehrenmorde) und neigen überstürzt zu körperlicher Gewalt, wenn sich fremde Männer „ihren" Frauen nähern. Dahingegen tragen türkische Frauen überwiegend Kopftuch, verhalten sich in der Öffentlichkeit reserviert, führen kein selbstbestimmtes Leben, sind Opfer häuslicher Gewalt und werden schließlich mit Verwandten aus der Türkei zwangsverheiratet.

Die Stereotypen werden insbesondere durch negative Berichtserstattungen über Personen mit Migrationsgeschichte bekräftigt, da sie häufig mit Kriminalität und Verbrechen in Verbindung gebracht werden. Aus diesem Grund werden Türkischstämmige nicht selten repräsentativ aufgefordert,

5 Zu diesen und weiteren Stereotypen vgl. *Beck-Gernsheim*, „Ein Türke geht nicht in die Oper", S. 118; Hefner/Klimmt/Daschmann, Typisch Türke?, S. 579.

6 Zu den Auswirkungen von Stereotypen ferner *Uslucan*, Diskriminierungserfahrungen türkeistämmiger Zuwanderer_innen, S. 135.

zu aktuellen Ereignissen Stellung zu nehmen und sich gegen Verbrechen (mit einem interkulturellen Hintergrund) auszusprechen.[7] Nach der Kölner Silvesternacht 2015/2016 wurden beispielsweise Migrantinnen und Migranten dazu aufgefordert, sich öffentlich von den begangenen Taten zu distanzieren. Diese Aufforderung bzw. Erwartungshaltung entsprechen faktisch der skurrilen Vorstellung, einen beliebigen autochthonen Deutschen dazu aufzufordern, sich als Repräsentant der deutschen Bevölkerung öffentlich gegen deutsche Diebe auszusprechen. Auf den ersten Blick ist diese Aufforderung nicht negativ zu bewerten, weil sie für die Mehrheitsgesellschaft eine Klarstellungsfunktion besitzt. Auf den zweiten Blick jedoch trägt dieser Gedanke eine subtile Stigmatisierung in sich, da die Grenze zur Sippenhaft fließend sein kann und sich folglich Personen mit Migrationsgeschichte zur Stellungnahme verpflichtet fühlen.

Darüber hinaus ist das Leben von Türkischstämmigen in Deutschland vielfach von strukturellen Benachteiligungen geprägt. Als klassisches Beispiel ist in diesem Zusammenhang die Bewerbung auf eine Stellenausschreibung heranzuziehen. Verschiedene empirische Untersuchungen zeigen, dass bereits ein ausländischer Name zu einer Absage führen kann.[8] Zudem ist es nicht unüblich, dass die ethnische Herkunft ein Ausschlusskriterium bei zwei gleichqualifizierten Bewerbern sein kann.[9] Des Weiteren kann die Migrationsgeschichte eine Schranke bei der Wohnungssuche bedeuten. In nicht wenigen Fällen schicken Interessenten Vermietern bei der Bewerbung ein Familienfoto zu, um dadurch mittelbar in Erfahrung zu bringen, ob der Vermieter bzw. die Vermieterin eine kopftuchtragende Frau generell ablehnt.

Schließlich fühlt sich insbesondere die jüngere Generation auf der Anerkennungsebene strukturell benachteiligt. Die Eltern appellieren an die jüngere Generation, dass sie sich viel mehr als die deutschen Kinder anstrengen müssen, wenn sie im späteren Leben erfolgreich sein möchten („*Wenn ein deutscher Bewerber ein ´befriedigend´ im Zeugnis hat, musst du*

---

7 Aktuell: Russischstämmige in Deutschland, die für den Ukrainekrieg verantwortlich gemacht und angefeindet werden, *Pieper*, Anfeindungen gegen die russische Community in Deutschland.

8 Vgl. etwa Studie des Wissenschaftszentrums Berlin für Sozialforschung Koopmans/Veit/Yemane, Ethnische Hierarchien in der Bewerberauswahl: Ein Feldexperiment zu den Ursachen von Arbeitsdiskriminierung, 2018.

9 Vgl. *Uslucan*, Diskriminierungserfahrungen türkeistämmiger Zuwanderer_innen, S. 136 ff.

mindestens ein 'sehr gut' haben, damit du überhaupt eine Chance hast").[10] Deshalb fühlt sich die jüngere Generation nicht als gleichwertiger Teil dieser Gesellschaft, sondern dazu herausgefordert, sich permanent mit ihren autochthonen Mitschülerinnen und Mitschülern messen zu müssen. Dieser Grundgedanke hemmt ein gedeihliches Miteinander und bringt zusätzlich längerfristige Konflikte mit sich.[11] Die ältere Generation konnte zwar wegen der gegebenen Umstände keine schulische Ausbildung in Deutschland absolvieren und möchte daher ihren Kindern eine universitäre Ausbildung ermöglichen. Den Kindern ist jedoch nicht geholfen, wenn sie dadurch per se ein soziales Unterlegenheitsgefühl entwickeln und sich einem zu hohen Erwartungsdruck ausgesetzt fühlen.

IV. Optische Attribute

Optische Attribute sind dazu geeignet, von der Mehrheitsgesellschaft kategorisiert und durch negative Stereotype stigmatisiert zu werden. Deshalb sind insbesondere Mädchen bzw. Frauen mit Kopftuch oftmals im Alltag Ausgrenzung und Rassismus ausgesetzt, weil sie sowohl die Türkischstämmigkeit als auch die Zugehörigkeit zum Islam repräsentieren. Folglich tritt ihr sog. Migrationshintergrund in den Vordergrund und zieht weitere strukturelle Benachteiligungen nach sich. Im westlichen Kulturkreis wird grundsätzlich das Kopftuch als islamisches Symbol zur Unterdrückung der Frau charakterisiert. Daher besteht ein genereller Verdacht gegenüber jungen Frauen mit Kopftuch, dass sie von ihrer Familie zum Tragen gezwungen werden, weil sie ansonsten Opfer von körperlicher oder seelischer Gewalt werden. Nicht selten sind Personen aus der Mehrheitsgesellschaft von diesem Gedanken so sehr überzeugt, dass sie (junge) Frauen mit Kopftuch unvermittelt ansprechen und darauf hinweisen, dass sie in Deutschland nicht zum Tragen eines Kopftuches gezwungen werden dürfen und für den Fall das Jugendamt oder eine andere Behörde konsultieren können. Folglich wird eine kopftuchtragende Frau regelmäßig nicht (mehr) als Individuum wahrgenommen, sondern auf das Kopftuch reduziert und als unterdrückte, ungebildete, zwangsverheiratete Frau kategorisiert.[12] Demzufolge attestiert die Mehrheitsgesellschaft einer kopftuchtragenden Frau

---

10 Hierzu auch *Uslucan*, Diskriminierungserfahrungen türkeistämmiger Zuwanderer_innen, S. 135.

11 *El-Mafaalani*, Mythos Bildung, S. 77 ff.

12 Vgl. zur Situation von kopftuchtragenden Frauen in Deutschland statt vieler *Gümüsay*, Sprache und Sein, S. 63 ff.; *Erkurt*, Generation Haram, S. 101 ff.

per se eine Opferrolle, wodurch sie in der hiesigen Gesellschaft am stärksten von struktureller Benachteiligung betroffen ist.

Die gesellschaftliche Charakterisierung kopftuchtragender Frauen entspricht in dieser Absolutheit nur in seltenen Fällen der Realität. In vielen Fällen möchten (junge) Frauen selbst das Kopftuch tragen und werden teilweise durch ihre Eltern hieran gehindert, weil diese befürchten, dass junge Frauen aufgrund ihres Kopftuchs in der Schule oder auf dem Arbeitsmarkt benachteiligt werden. Um sie davor zu schützen, empfehlen sie ihrer Tochter, das Kopftuch erst ab einem gewissen Alter zu tragen, sofern sie es dann noch möchten. Es ist dahingegen nicht gänzlich auszuschließen, dass es auch zahlreiche Fälle gibt, in denen Eltern ihren Töchtern bereits im Kindergarten das Tragen eines Kopftuchs vorschreiben. Einzelfälle sollten indes nicht verallgemeinert werden. Ein generelles „Schubladendenken" birgt die Gefahr, dass eine kopftuchtragende Frau regelmäßig dazu angehalten wird, ihre persönliche Entscheidung rechtfertigen zu müssen und somit als „Andere" von der Gesellschaft wahrgenommen wird. Deshalb versuchen viele Frauen mit Kopftuch, als besonders extrovertiert in der Gesellschaft aufzufallen, um auf sich als Individuum aufmerksam zu machen. Auch türkischstämmige Männer erfahren aufgrund ihres äußeren Erscheinungsbildes (etwa aufgrund ihrer Kleidung oder Gesichtsbehaarung) strukturelle Benachteiligung. Im Vergleich zu kopftuchtragenden Frauen sind diese jedoch marginal.

Schließlich führen diese Stigmatisierungen und die damit einhergehenden strukturellen Benachteiligungen bei Türkischstämmigen hauptsächlich zu zwei Gefühlsregungen. In einer Studie der Universität Münster zur „Integration und Religion aus der Sicht der Türkeistämmigen in Deutschland" hat ein erheblicher Teil der Befragten ein Gefühl mangelnder Anerkennung beanstandet. Der Aussage *„Als Türkischstämmiger fühle ich mich als Bürger 2. Klasse"* haben 51 % der Befragten „stark" bzw. „eher" zugestimmt. 54 % der Befragten haben der Aussage *„Egal wie sehr ich mich anstrenge, ich werde nicht als Teil der deutschen Gesellschaft anerkannt"* „stark" bzw. „eher" zugestimmt.[13] Im Folgenden soll anhand die Frage nach der Herkunft aufgezeigt werden, wie im Alltag von Türkischstämmigen in Deutschland ein Gefühl mangelnder Anerkennung und Ausgrenzung entsteht.

---

13 Pollack/Müller/Rosta/Dieler, Integration und Religion aus der Sicht von Türkeistämmigen in Deutschland, S. 7.

V. *Die Frage nach der Herkunft*

Die Frage nach der Herkunft einer Person ist in einer pluralisierten Gesellschaft grundsätzlich problematisch, weil sie oft vom Fragenden und Gefragten unterschiedlich ausgelegt wird. Sehr viele Personen mit Migrationsgeschichte der zweiten bzw. dritten Generation sind in Deutschland geboren und aufgewachsen. Daher beantworten sie die Frage nach der Herkunft regelmäßig mit der Angabe ihrer Geburtsstadt in Deutschland. Diese Antwort ist indes für die fragende Person (die regelmäßig autochthon Deutsche ist) nicht präzise, sodass im Anschluss nach der Heimat der Eltern gefragt wird, um die Frage zu konkretisieren. Sofern die gefragte Person auf die zweite Frage beispielsweise mit „Türkei“ antwortet, wird dies als Beantwortung der Ausgangsfrage verstanden. Darüber hinaus wird eine Person mit Migrationsgeschichte gefragt, woher sie denn *ursprünglich* herkommt. Auch in diesem Fall zielt die Frage nicht nach der deutschen Geburtsstadt ab, sondern auf die Herkunft der Eltern. Daher ist die Frage nach der Herkunft für eine Person mit Migrationsgeschichte in gewisser Weise von rhetorischer Natur, da es nahezu immer auf die Heimat der Eltern abzielt und nicht auf die Geburtsstadt der befragten Person.[14]

Mithin impliziert die Frage nach der Herkunft eine subtile mehrheitsgesellschaftliche Ausgrenzung (zum Teil auch als „Ausbürgerung“ bezeichnet)[15], die zu einer Identitätsdiffusion vor allem bei Heranwachsenden mit Migrationsgeschichte führt. Türkischstämmige der jüngeren Generation fühlen und bezeichnen sich in der Regel als deutsch, da sie Deutschland als ihre Heimat empfinden. Sie verbringen lediglich wenige Wochen ihrer Ferien in der Heimatstadt ihrer Eltern und besuchen dort Verwandte, mit denen sie sich kaum unterhalten können, weil ihre Türkischkenntnisse nicht stark ausgeprägt sind.[16] Sie kennen die Geschichte und Gepflogenheiten der Türkei regelmäßig nicht und werden dort zusätzlich als Deutsche erachtet. Indem sie gleichzeitig in Deutschland als Türken bezeichnet werden, stellen sich Personen mit Migrationsgeschichte in jungen Jahren die Frage, wer sie denn eigentlich sind. Verstärkt durch mehrheitsgesellschaftliche Ausgrenzungserfahrungen, führt das Spannungsverhältnis zwischen der Selbstwahrnehmung und gesellschaftlicher Kategorisierung zur

14 Terkessidis, Die Banalität des Rassismus, S. 180.

15 Vgl. Terkessidis, Die Banalität des Rassismus, S. 185.

16 Dies ist sehr stark von der jeweiligen Region und der familiären Situation abhängig, sodass nicht wenige aber auch die türkische Sprache in Deutschland fließend sowie akzentfrei sprechen können.

Distanzierung von der deutschen Identität.[17] Um weitere Ausgrenzungserfahrungen zu unterbinden und sogenannte „Herkunftsdialoge“[18] abzukürzen, wird die Frage nach der Herkunft gewohnheitsmäßig mit „Türkei“ beantwortet.

Die sukzessive Distanzierung von der deutschen Identität führt zur Zuwendung zur türkischen Identität und die damit verbundenen traditionellen Wertvorstellungen der (Groß-)Eltern. Wie bereits aufgezeigt, wird insbesondere die jüngere Generation jedoch in der Türkei regelmäßig als Deutsch bezeichnet. Aus diesem Grund entwickelt sich nicht selten die Religion zu einem identitätsbildenden Faktor, da sie losgelöst von der ethnischen Herkunft Zugehörigkeit offeriert. Die Religiosität des Einzelnen stellt eine Schutzvorkehrung gegen Ausweisungserfahrungen dar und nimmt gleichzeitig die Funktion einer symbolischen Heimat ein, die den Beteiligten ein Gefühl der Geborgenheit vermittelt.[19] Zu beachten ist hierbei, dass nach einer Studie die Ausgrenzung durch die Mehrheitsgesellschaft bei Jugendlichen unter anderem religiöse Radikalisierung bzw. ein Sympathisieren mit salafistischen Gruppen mit sich bringt.[20] Deshalb ist es erforderlich, die Folgen der Ausgrenzung nicht zu bagatellisieren, weil damit zahlreiche gesellschaftliche Probleme einhergehen.

Möglicherweise könnte der Bildungsstand von Personen mit Migrationsgeschichte mangelnder Anerkennung und Ausgrenzung vorbeugen. In der gesellschaftlichen Wahrnehmung sind insbesondere erfolgreiche Personen mit Migrationsgeschichte sog. „Vorzeigemigranten“, an denen sich die Minderheitsgesellschaft orientieren kann bzw. soll. Eine erfolgreiche Integration in die deutsche Gesellschaft ist daher mit herausragender Leistung (gegebenenfalls für die Gesellschaft) verknüpft. Zuletzt sind die *BioNTech*-Gründer *Uğur Şahin* und *Özlem Türeci* durch die Entwicklung eines Corona-Impfstoffs in den medialen Fokus gerückt. In verschiedenen Berichtserstattungen wurden die Gründer als deutsches Ehepaar mit türkischen Eltern vorgestellt. Im Gegensatz dazu werden grundsätzlich Türkischstämmige in Berichtserstattungen als „Deutsch-Türken“ oder „mit türkischen Wurzeln“ bezeichnet. Diese Praxis wirft vor allem die plakative Frage auf, ob Türkischstämmige erst nach der Entwicklung eines überaus wichtigen Impfstoffs als Deutsche (mit türkischen Eltern) bezeichnet werden (sollen). Auch am Beispiel der *BioNTech*-Gründer wird ersichtlich,

---

17 Vgl. ferner *El-Mafaalani*, Wozu Rassismus?, S. 112 ff.

18 Zum Ganzen Terkessidis, Die Banalität des Rassismus, S. 180 ff.

19 Uslucan, APuZ 2017, 31 (34).

20 Akkus/Toprak/Yilmaz/Götting, Zusammengehörigkeit, Genderaspekte und Jugendkultur im Salafismus, S. 164.

dass ein ausländischer Name zur Folge hat, dass die ethnische Herkunft thematisiert und die Person primär damit in Verbindung gebracht wird.

Der Bildungsstand einer Person mit Migrationsgeschichte kann also für die mehrheitsgesellschaftliche Akzeptanz entscheidend sein. Unabhängig vom Bildungsstand einer Person ist oft eine interkulturelle Kommunikation notwendig. So besteht die Möglichkeit, dass sich Türkischstämmige und autochthone Deutsche unvoreingenommen kennenlernen und das Individuum in den Vordergrund tritt. Dadurch entstehen sehr viele interkulturelle Freundschaften, welche insgesamt die gesellschaftliche Akzeptanz von Personen mit Migrationsgeschichte fördern. Aber auch solche Freundschaften laufen Gefahr, subtile Ausgrenzungserfahrungen hervorzurufen. Einer Person, deren Migrationsgeschichte bekannt ist, wird von Vertretern der Mehrheitsgesellschaft oft gesagt, dass sie „anders" sei, wenn etwa Ausländerkriminalität durch ein aktuelles Ereignis oder ein gesellschaftliches Thema mit interkulturellem Hintergrund thematisiert werden. Auf den ersten Blick scheint diese Aussage positiv konnotiert zu sein, für den Adressaten suggeriert dies jedoch faktisch eine subtile Ausgrenzung. Denn die Person mit Migrationsgeschichte wird eigentlich zu den „Anderen" kategorisiert, gleichzeitig als gut integrierte Person markiert, die dennoch nicht als vollwertiges Mitglied akzeptiert wird.

Das Gefühl mangelnder Anerkennung und Ausgrenzung kann mithin durch unterschiedliche Ereignisse hervorgerufen werden. Bisher wurden nur einige wenige Aspekte skizziert, die noch weiter ausgeführt werden können.[21] Wie bereits eingangs erwähnt, sind indes viele rationale Diskussionen zu Themen mit interkulturellem Hintergrund wegen einer vorschnellen Rassismus-Markierung nicht möglich. Auch die genannten Beispiele dürfen nicht generalisiert, sondern müssen im Einzelfall differenziert werden.

VI. Beleidigung – Rassismus – Taktlosigkeit

In vielen Diskussionen zum Thema Migration oder zur Frage nach der Lebenssituation Türkischstämmiger in Deutschland ist zu beobachten, dass insbesondere kritische Ansichten als rassistisch bzw. beleidigend eingestuft werden, obwohl dies nach der definitorischen Bedeutung von Rassismus nicht immer zutreffend ist.[22] Insbesondere ist die Grenze zwischen Beleidi-

21 Hierfür *Tiz*, Der Fall Sürücü, S. 168 ff.
22 Empfehlenswert: El-Mafaalani, Wozu Rassismus?, 2021.

gung im rechtlichen Sinne und einer Taktlosigkeit im Einzelfall fließend, sodass bloße Taktlosigkeiten von den Beteiligten als strafrechtlich relevante Beleidigung eingestuft werden. Vor diesem Hintergrund ist es erforderlich aufzuzeigen, wann eine Aussage bzw. Frage als rassistisch, beleidigend im Sinne des § 185 StGB[23] oder taktlos einzustufen ist.

Für den Rassismus-Begriff existieren zahlreiche Definitionen mit unterschiedlichen Schwerpunkten. Nach der Definition des Bundesministeriums des Innern, für Bau und Heimat steht Rassismus *„allgemein für Auffassungen, die von dem Bestehen nicht oder kaum veränderbarer "Rassen" ausgehen, daraus naturbedingte Besonderheiten und Verhaltensweisen von Menschen ableiten und hierbei eine Einschätzung im Sinne von "höherwertig" oder "minderwertig" vornehmen.“*[24] Eine rassistische Diskriminierung definiert die Organisation der Vereinten Nationen (UN) in Art. 1 im Internationalen Übereinkommen zur Beseitigung jeder Form von Rassendiskriminierung wie folgt: „[...] *jede auf der Rasse, der Hautfarbe, der Abstammung, dem nationalen Ursprung oder dem Volkstum beruhende Unterscheidung, Ausschließung, Beschränkung oder Bevorzugung, die zum Ziel oder zur Folge hat, dass dadurch ein gleichberechtigtes Anerkennen, Genießen oder Ausüben von Menschenrechten und Grundfreiheiten im politischen, wirtschaftlichen, sozialen, kulturellen oder jedem sonstigen Bereich des öffentlichen Lebens vereitelt oder beeinträchtigt wird.*“ Eine Aussage ist daher rassistisch, wenn sie auf einen Rassengedanken zurückzuführen ist, wodurch ein Über- und Unterordnungsverhältnis zwischen den Beteiligten ausgedrückt wird.

Eine Beleidigung im Sinne des § 185 StGB ist anzunehmen, wenn dadurch ein Angriff auf die Ehre einer anderen Person durch Kundgabe ihrer Missachtung erfolgt. Der Ehrbegriff ist sehr umstritten, überwiegend wird der normativ-faktische Ehrbegriff vertreten. Dieser umfasst zum einen die innere Ehre, welche dem Menschen als Träger geistiger und sittlicher Werte zukommt sowie zum anderen die äußere Ehre, welche das Ansehen und den guten Ruf der Person in der Gesellschaft schützt. Für die Auslegung

---

23 § 185 StGB Beleidigung „Die Beleidigung wird mit Freiheitsstrafe bis zu einem Jahr oder mit Geldstrafe und, wenn die Beleidigung öffentlich, in einer Versammlung, durch Verbreiten eines Inhalts (§ 11 Absatz 3) oder mittels einer Tätlichkeit begangen wird, mit Freiheitsstrafe bis zu zwei Jahren oder mit Geldstrafe bestraft.“

24 „Rassismus“ im Lexikon des BMI, https://www.bmi.bund.de/DE/service/lexikon/functions/bmi-lexikon.html;jsessionid=923120921FF2FF82BE408A2E24B1B642.2_cid295?cms_lv3=9398274&cms_lv2=9391124#doc9398274 (19.03.2022).

einer Aussage als Beleidigung ist der Empfängerhorizont maßgeblich.[25] Somit liegt eine tatbestandliche Beleidigung vor, wenn sie einen Angriff auf die Ehre darstellt oder den „verdienten" Achtungsanspruch verletzt. Dahingegen ist eine Aussage taktlos, wenn dadurch Anstand und Sittlichkeit missachtet und ein rücksichtsloses Verhalten demonstriert wird. Zwischen einer Beleidigung im rechtlichen Sinne einerseits und einer rassistischen Diskriminierung andererseits besteht ein Graubereich, der regelmäßig als Taktlosigkeit einzustufen ist. Auf dieser Grundlage ist es erforderlich, dass Aussagen und Fragen gründlich abgewogen werden müssen, bevor sie als rassistisch, beleidigend oder taktlos eingestuft werden.

Im Lichte dieser hier nur skizzierten Begrifflichkeiten ist zu untersuchen, ob die Frage nach der Herkunft rassistisch, beleidigend oder taktlos ist. Unabhängig von den geschilderten Schwierigkeiten, ist die Frage nach der Herkunft nicht per se rassistisch oder beleidigend und sollte nicht dementsprechend interpretiert werden. Die Frage nach der Herkunft einer Person mit Migrationsgeschichte suggeriert regelmäßig für die fragende Person nicht mangelnde Anerkennung oder Ausgrenzung, sondern impliziert authentisches Interesse. In einer pluralistischen Gesellschaft begegnen sich Personen aus unterschiedlichen Kulturen und familiären Hintergründen, die einen Menschen prägen. Daher ist es für Bekanntschaften interessant, die Geschichte des Einzelnen in Erfahrung zu bringen. Wie bereits dargestellt, kann die Frage nach der Herkunft bei Personen mit Migrationsgeschichte dennoch ein Gefühl von subtiler Ausgrenzung hervorrufen. Dies ist sehr stark von der subjektiven Wahrnehmung bzw. Empfindlichkeit abhängig.[26] Es kommt immer auf die jeweilige Situation im Einzelfall an, sodass eine Grundsensibilität für das Thema unerlässlich ist. Grundsätzlich sind unvermittelte Fragen nach der Herkunft einer Person in einer pluralistischen Gesellschaft zu vermeiden. Es gibt im Zuge eines Gesprächs verschiedene Möglichkeiten, die Herkunftsfrage zu stellen und somit zu erfahren, ob die Person eine Migrationsgeschichte hat bzw. diese mitteilen möchte. Darüber hinaus sollte die fragende Person überprüfen, von welcher Relevanz die Frage nach der Herkunft etwa bei einem neu begonnenen Gespräch ist. Teilweise erzählt die Person unaufgefordert von ihrer Migrationsgeschichte bzw. davon, dass die Eltern nicht ursprünglich aus Deutschland kommen. Die eingeforderte Grundsensibilität beruht auf Gegenseitigkeit. Personen mit Migrationsgeschichte sollten nicht primär

25 Umfassend zur strafrechtlichen Beleidigung: Hilgendorf, in: Handbuch des Strafrechts Band 4 § 12.

26 *El-Mafaalani*, Wozu Rassismus?, S. 89 ff.

die Frage nach der Herkunft als rassistisch markieren, weil überdurchschnittliche Empfindlichkeiten in dieser Hinsicht für ein gedeihliches Miteinander nicht förderlich sind. Häufig reicht ein freundlicher Hinweis aus, um Missstände richtigzustellen und dadurch Konflikte vorzubeugen. Hierfür ist es notwendig, dass eine dialogische Gesprächskultur entwickelt wird, in der Konsens gefördert und Dissens ausgehalten und akzeptiert wird.[27]

Somit ist die Frage nach der Herkunft in einer pluralistischen Gesellschaft nicht zwangsläufig rassistisch. Gleichzeitig erfüllt die Frage nach der Herkunft nicht den Tatbestand der Beleidigung im Sinne des § 185 StGB, da die Herkunftsfrage nicht ohne Weiteres einen Angriff auf die Ehre darstellt bzw. nicht den verdienten Achtungsanspruch verletzt. Die Herkunftsfrage kann hingegen im Einzelfall taktlos sein, wenn sie unvermittelt gestellt wird und dadurch möglicherweise ein Gefühl von Ausgrenzung hervorruft. Dies wird nur selten der Fall sein und ist somit nicht ausreichend, eine Frage generell als rassistisch oder beleidigend einzustufen. Es ist notwendig, dass neben einer dialogischen Gesprächskultur auch eine Frustrationstoleranz entwickelt wird, in der sporadische negative Erfahrungen nicht generalisiert werden. In vielen Fällen ist nach dem objektiven Empfängerhorizont eine Aussage oder Frage nicht rassistisch oder beleidigend. Dieser Maßstab sollte bei der Bewertung zugrunde gelegt werden.

VII. Verhältnis zur Türkei

Türkischstämmige in Deutschland sind zwar eine heterogene Bevölkerungsgruppe, werden aber in Bezug auf die Integration überwiegend mit ähnlichen Problemen konfrontiert. Daher entwickelt sich in der Diaspora eine kollektive Resilienz durch Kultur- oder Moscheevereine, um sich vor Ausgrenzungserfahrungen und Abweisungen durch die Mehrheitsgesellschaft schützen zu können. In diesen Vereinen treffen sich Türkischstämmige, um sich über ihre Probleme, Erfahrungen, aktuelle Herausforderungen oder lediglich über ihren Alltag auszutauschen. Die Mehrheitsgesellschaft nimmt diese Vereine und Gruppen oft als homogene Gruppe wahr. Aus diesem Grund fühlen sich Einzelpersonen immer mehr als Repräsentanten aller Türkischstämmiger in Deutschland.

---

27 Vgl. BVerfG DÖV 2007, 653 (655); ferner *Tiz*, Der Fall Sürücü, S. 168 ff.

In diesem Zusammenhang ist das sog. „*Rote-Ampel-Beispiel*" zu erwähnen: „Wenn deutsche Jugendliche eine rote Ampel passieren, denken sich Beobachter, dass die Person schlecht erzogen wurde. Im Falle eines Türkischstämmigen, wird diese Person unmittelbar von Beobachtenden mit Aussagen wie „*Scheiß Ausländer*" oder „*In Deutschland gibt es Gesetze*" konfrontiert." Folglich überqueren viele Türkischstämmige die Straße bei einer roten Ampel nicht, um dadurch nicht die gesamte Bevölkerungsgruppe zu denunzieren. Obwohl es tatsächlich eine positive Wirkung hat (schließlich werden Unfälle vermieden), handelt es sich auch hier um eine faktische Ausgrenzung. Das individuelle Fehlverhalten wird dem Kollektiv zugeschrieben und es entsteht somit eine Sippenhaft. Angesichts dieser Tatsache, nehmen für Türkischstämmige Personen, die eine hohe (politische) Position bekleiden und ein Gefühl von Zugehörigkeit sowie Akzeptanz vermitteln, eine größere Bedeutung ein. Dies ist unter anderem der Grund dafür, warum viele Türkischstämmige in Deutschland Erdoğan als Präsidenten wählten bzw. er bei Türkischstämmigen in Deutschland so beliebt ist. Er hat allen Türkischstämmigen in Europa eine Heimat in der Türkei zugesichert, die jederzeit „Vertriebene" aufnimmt. Denn ein sehr weit verbreiteter Gedanke von Türkischstämmigen in Deutschland ist: „Wenn die Deutschen uns abschieben, brauchen wir ein Zuhause in der Türkei". Diesen Gedanken teilen Eltern mit ihren Kindern und sind deshalb sehr ambitioniert, ihren Kindern die türkische Sprache, Kultur sowie Geschichte beizubringen.

VIII. Der Fall Böhmermann

In der Ringvorlesung wurde unter anderem auch die Grenzen von Satire besprochen. In Bezug auf Türkischstämmige in Deutschland drängt sich dabei der Fall Böhmermann auf, der bundesweit zahlreiche Debatten nach sich zog. In seinem „*Schmähgedicht*" nennt Böhmermann den türkischen Präsidenten unter anderem „sackdoof" und bezeichnet ihn als „Ziegenficker". Mithin sind in einzelnen Versen eindeutige und klare Beleidigungen enthalten, die jedoch unter anderem mit der Kunstfreiheit abgewogen werden müssen.[28] Die rechtliche Würdigung des sog. „Schmähgedichts" soll hier nicht thematisiert werden, sondern vielmehr der Umgang mit den Folgen durch die Mehrheitsgesellschaft. Die Mehrheit in Deutschland solidarisierte sich mit Herrn Böhmermann und bewertete die Reaktionen aus

28 Vgl. hierfür statt vieler Fahl, NStZ 2016, 313 passim.

der Türkei und insbesondere die des türkischen Präsidenten als unverhältnismäßig. Unter anderem sei es typisch türkisch, dass auf Spaß exzessiv reagiert werde. Zudem sei in der Türkei ohnehin die Presse- und Meinungsfreiheit sehr stark zensiert, sodass die Situation in Deutschland akzeptiert werden müsse, da hierzulande die Meinungsfreiheit einen hohen Stellenwert einnehme. Hinzu kommt, dass in Deutschland über den türkischen Präsidenten oft negativ berichtet wird, wenn etwa die Opposition in der Türkei unterdrückt oder die Meinungsfreiheit weiter zensiert wird.[29] Losgelöst von der medialen Darstellung des türkischen Präsidenten ist aber zu prüfen, ob die Reaktionen auf die Beleidigungen im „Schmähgedicht“ unverhältnismäßig gewesen sind. Denn in der hiesigen Gesellschaft ist nicht die mediale Darstellung einer Person für die Schutzbedürftigkeit entscheidend, sondern jedem Menschen kommen aufgrund seines Menschseins die gleichen Rechte und Pflichten zu. Beispielsweise würde das „Schmähgedicht“ m.E. nicht ohne Weiteres hingenommen werden, wenn es an den israelischen Premierminister adressiert wäre. Historisch bedingt wäre die Reaktion der Mehrheitsgesellschaft anders und würde Antisemitismus-Vorwürfe nach sich ziehen. Ist dieser Umstand jedoch ausreichend, um einen im Grundsatz gleichen Sachverhalt unterschiedlich zu bewerten?

Viele Türkischstämmige in Deutschland haben den Umgang mit dem „Schmähgedicht“ kritisiert, weil sie den Angriff auf den türkischen Präsidenten als Affront gegen die Türkei und Türkischstämmige interpretierten. Hierfür sind auch kulturelle Unterschiede maßgeblich, weil in der Türkei dem Präsidenten als Staatsoberhaupt eine stärkere Stellung im Alltag zugebilligt wird als in Deutschland. Teilweise ist zu beobachten, dass Heranwachsende in Deutschland den aktuellen Bundespräsidenten nicht benennen können (der Autor hat nicht selten „Merkel(?)“ als Antwort gehört). Die unterschiedliche Stellung des Staatspräsidenten in beiden Ländern wirkt sich auch auf die Beurteilung des „Schmähgedichts“ aus. Deshalb hat das „Schmähgedicht“ die Gefühle vieler Türkischstämmiger verletzt. Dieser Aspekt wurde in nahezu keiner Diskussion hinreichend berücksichtigt.

29 Vgl. als Überblick https://www.sueddeutsche.de/politik/reaktionen-zur-erdogan-schmaehung-vorneweg-moechte-ich-sagen-ich-finde-ihr-gedicht-gelungen-1.2947194 (12.03.2022).

IX. Eigene Erfahrung und Fazit

Zuletzt möchte ich gerne ein Ereignis aus dem Sommer 2019 in der Würzburger Innenstadt erwähnen. Gemeinsam mit meinem Vater habe ich in der Innenstadt eine Frau im Rollstuhl getroffen, die ein Foto mit ihrer Betreuerin und deren Freundin machen wollte. Unaufgefordert haben wir uns als Fotografen zur Verfügung gestellt und es kam zu einem kürzeren Gespräch. Die Frau im Rollstuhl (mit geistiger Einschränkung) hat uns gefragt, woher wir kommen. Ich sagte, dass ich aus Aachen und mein Vater aus der Türkei komme. Zum Abschied sagte die Frau im Rollstuhl, dass wir sehr nett seien. Darauf erwiderte die Freundin der Betreuerin kurzerhand: *„Ja, die beiden sind nett. Aber die haben einen Präsidenten, der nicht so nett ist.“* Mein Vater und ich ignorierten diese Bemerkung, weil uns die Frau im Rollstuhl mit ihrem Enthusiasmus über das gelungene Foto sehr glücklich stimmte. Die Aussage zielte offensichtlich nicht auf Herrn Steinmeier ab, sondern auf Präsident Erdoğan. Dieses Ereignis hat mich zunächst sehr beschäftigt. Für mich ist es nicht ersichtlich gewesen, wieso nicht Herr Steinmeier als mein Präsident erachtet wird, obwohl ich in Deutschland lebe und wähle. Dennoch wird der türkische Präsident als „mein“ Präsident bezeichnet. An dieser Stelle kann ich noch zahlreiche andere Beispiele anführen, in der mir meine deutsche Identität subtil oder direkt abgesprochen wurde (so fühlte ich mich zuerst auch nach dieser Begegnung).

Über viele Jahre habe ich mir Gedanken über meine Identität gemacht und lasse mir diese heute nicht durch unglückliche Begegnungen oder Ereignisse absprechen.[30] Mittlerweile begegne ich Taktlosigkeiten oder auch Diskriminierungserfahrungen mit Humor (wobei ich diesen Umgang nicht jeden empfehlen würde!). Ich denke, dass die Frustrationstoleranz bei Vielen erheblich gesunken ist und die Konfliktbereitschaft generell zugenommen hat. Tatsächlich gibt es sehr viele Menschen, die keine Grundsensibilität für interkulturelle Themen entwickelt haben. Dennoch reicht oftmals ein freundlicher Hinweis aus.

Teilweise werde ich darauf hingewiesen, dass ich studiert hätte und folglich nicht nachvollziehen könne, wie sich subtile Ausgrenzungserfahrungen anfühlen. Aber auch hierfür möchte ich ein Beispiel nennen: Kurz nach meiner Einstellung als wissenschaftlicher Mitarbeiter habe ich geheiratet. In einem Gespräch zwecks Personalangelegenheiten wurde ich

30 Zur Identitätspolitik und aktuelle Herausforderungen im Überblick vgl. *Hilgendorf*, JZ 2021, 853 ff.

gefragt, ob ich die Heirat wollte oder wegen meinen Eltern geheiratet hätte (sprich ob ich Opfer einer Zwangsheirat geworden bin). Auf diese diskriminierende Frage hätte ich möglicherweise explizit antworten können, aber wie bereits erwähnt, begegne ich solchen Ereignissen mit Humor oder Ignoranz. Ganz unkonventionell sagte ich, dass nicht meine Eltern, sondern meine Frau mich gezwungen hätte und lachte dabei. Die fragende Person lachte auch und ich ging. Vermutlich hat sie es bis heute nicht richtig verstanden. Ich denke, dass ich in Zukunft weitere subtile Ausgrenzungserfahrungen sammeln werde. Unsere Gesellschaft durchläuft einen Entwicklungsprozess, in der eine dialogische Gesprächskultur für ein gedeihliches Miteinander notwendig ist. Auch wenn sie nur sporadisch vorkommen, sollten wir subtile Ausgrenzungserfahrungen einerseits nicht bagatellisieren, andererseits aber auch nicht generalisieren. Türkischstämmige sind keine Menschen zweiter Klasse, sondern ein bedeutender Teil unserer Gesellschaft, welcher einen entscheidenden Beitrag für die Zukunft Deutschlands leistet. Ich werde für meinen Teil den im Vergleich eher selten anzutreffenden negativen Erfahrungen keine dominante Stellung in meinem Leben einräumen.

Literaturverzeichnis

Akkuş, Umut / *Toprak*, Ahmet / *Yılmaz*, Deniz / *Götting*, Vera
Zusammengehörigkeit, Genderaspekte und Jugendkultur im Salafismus, Wiesbaden 2020.

Beck-Gernsheim, Elisabeth
„Ein Türke geht nicht in die Oper" – was Deutsche über Türken wissen, in: Robertson-von Trothe, Caroline Y. (Hrsg.), Kultur und Gerechtigkeit, 1. Aufl., Baden-Baden 2007, S. 111-123.

El-Mafaalani, Aladin
Mythos Bildung. Die ungerechte Gesellschaft, ihr Bildungssystem und seine Zukunft, 1. Aufl., Köln 2020.

El-Mafaalani, Aladin
Wozu Rassismus? Von der Erfindung der Menschenrassen bis zum rassismuskritischen Widerstand, Köln 2021.

Erkurt, Melisa
Generation Haram. Warum Schule lernen muss, allen eine Stimme zu geben, Wien 2020.

Fahl, Christian
Böhmermanns Schmähkritik als Beleidigung, NStZ 2016, 313 – 318.

Gümüşay, Kübra
Sprache und Sein, München 2020.

Hefner, Dorothée / *Klimmt*, Christoph / *Daschmann*, Gregor
Typisch Türke? Die Folgen der Nationalitätsnennung für die Bewertung von Akteuren in der Nachrichtenrezeption, M&K 2007, 575 – 594.

Hilgendorf, Eric
Identitätspolitik als Herausforderung für die liberale Rechtsordnung. Versuch einer Orientierung, JZ 2021, S. 853 – 863.

Hilgendorf, Eric / Kudlich, Hans / Valerius, Brain (Hrsg.)
Handbuch des Strafrechts, Band 4, Strafrecht Besonderer Teil I, Heidelberg 2019.

Koopmans, Ruud / *Veit*, Susanne / *Yemane*, Ruta
Ethnische Hierarchien in der Bewerberauswahl: Ein Feldexperiment zu den Ursachen von Arbeitsmarktdiskriminierung, WZB Wissenschaftszentrum Berlin für Sozialforschung, 2018.

Luft, Stefan
Die Anwerbung türkischer Arbeitnehmer und ihre Folgen, Bundeszentrale für politische Bildung, 2014, abrufbar unter: https://www.bpb.de/internationales/europa/tuerkei/184981/gastarbeit (12.03.2022).

Pieper, Oliver
Anfeindungen gegen die russische Community in Deutschland, 2022, abrufbar unter: https://www.dw.com/de/anfeindungen-gegen-die-russische-community-in-deutschland/a-61055069 (12.03.2022).

Pollack, Detlef / *Müller*, Olaf / *Rosta*, Gergely / *Dieler*, Anna
Integration und Religion aus der Sicht von Türkeistämmigen in Deutschland, Repräsentative Erhebung von TNS Emnid im Auftrag des Exzellenzclusters „Religion und Politik" der Universität Münster, 2016.

Terkessidis, Mark
Die Banalität des Rassismus. Migranten zweiter Generation entwickeln eine neue Perspektive, Bielefeld 2004.

Tiz, Enis
Der Fall Sürücü – Ehrenmorde in Deutschland, Baden-Baden 2022.

Uslucan, Haci-Halil
Türkeistämmige in Deutschland – Heimatlos oder überall Zuhause?, APuZ 2017, 31 – 37.

Uslucan, Haci-Halil
Diskriminierungserfahrungen türkeistämmiger Zuwanderer_innen, in: Fereidooni, Karim / El, Meral (Hrsg.), Rassismuskritik und Widerstandsformen, Wiesbaden 2017.

Dekoloniale Rechtsvergleichung und Rechtstransfer nach Afrika

Dr. Justin Monsenepwo, University of Oxford

I. Einführung

Rechtstransfers können auf verschiedene Weise erfolgen, z. B. durch Kolonialismus, Globalismus, Internationalismus, etc. Die dekoloniale Theorie erkennt unter anderem an, dass der Kolonialismus die vorkolonialen Rechtsphilosophien in Afrika beeinträchtigt hat. Mit Kolonialismus wurden Gesetze von den Kolonialherren in die Kolonien verpflanzt. In der Gegenwart sind Teile dieser transplantierten kolonialen Gesetze immer noch in Kraft. Diese Behauptung informiert und bestätigt die Kolonialität. In diesem Beitrag geht es vor allem um eine kritische Analyse der Aufnahme der europäischen Rechtstradition in Afrika als „modernes" Rechtsmodell und um die Bevorzugung der europäischen Rechtsinstitutionen in Afrika zum Nachteil des vorkolonialen Gewohnheitsrechts. Im ersten Teil wird der theoretische Rahmen abgesteckt. Dann wird die Entwicklung der Begegnung zwischen kolonialem Recht und traditionellem Recht in Afrika analysiert. Im dritten Teil wird versucht, dekoloniale Alternativen zu dem herrschenden Verständnis von Recht durch eine Kombination von Moderne und Kolonialität zu bieten.

II. Theoretischer Rahmen

1. Dekoloniale Rechtsvergleichung

Die dekoloniale Theorie ist eine kritische Denkschule, die für die Offenheit und Freiheit des Denkens und der Lebensweisen, die Reinheit der Kolonialität des Seins und des Wissens, die Loslösung von der Rhetorik der Moderne und ihrem imperialen Anspruch eintritt.[1] Sie verfolgt dessen Konzeption in den Schriften und Werken zahlreicher Gelehrter, die sich

---

1 *Mignolo*, The darker side of western modernity, S. 30.

mit der epistemologischen Besonderheit der Kolonialität im kolonisierenden Staat im Gegensatz zu den kolonisiert genannten (Kolonien) beschäftigten.[2] Ausgangspunkt der dekolonialen Intellektuellen sind „die existenziellen Realitäten von Leid, Unterdrückung, Repression, Herrschaft und Ausgrenzung."[3] Die dekoloniale Theorie besagt, einfach formuliert, dass die moderne Rechtstheorie, die um 1500 einsetzt, eine dunkle Kehrseite hat.[4] Diese dunkle Kehrseite der modernen Rechtstheorie ist die Kolonialität. Maldonado-Torres beschreibt Kolonialität wie folgt:

> „Die Kolonialität bezieht sich auf langanhaltende Machtmuster, die aufgrund des Kolonialismus entstanden sind, und die Kultur, Arbeit, intersubjektive Beziehungen und Wissensproduktion weit über die strengen Grenzen der kolonialen Verwaltungen hinaus definieren. So überlebt die Kolonialität den Kolonialismus. Sie wird die Kolonialität in Büchern, in den Kriterien für akademische Leistungen, in kulturellen Mustern, im gesunden Menschenverstand, im Selbstbild der Völker, in Bestrebungen des Selbst, und in so vielen Aspekten unserer modernen Erfahrung lebendig gehalten. In gewisser Weise atmen wir als moderne Subjekte die ganze Zeit und jeden Tag Kolonialität."[5]

So stellt die Kolonialität eine Erweiterung des Kolonialismus dar. Sie überlebt den Kolonialismus. Es ist unbestritten, dass die meisten Kolonien irgendwann politisch von den „Hunden der Kolonialherren" befreit wurden - die Errungenschaft der Dekolonisierung des *Seins*. Allerdings verfolgen die Auswirkungen des Kolonialismus, wie oben gezeigt, die Kolonien weiterhin durch das Phänomen der Kolonialität - der Kolonialität des *Wissens*.[6] Tatsächlich bleibt die Dekolonisierung des afrikanischen Kontinents eine unvollendete Angelegenheit. Wie *Motshabi* feststellte, reicht die politische Unabhängigkeit nicht aus, um das *Sein*, die *Macht* und das *Wissen* zu dekolonisieren.[7]

---

2 *Harding*, Science, Technology, & Human Values 2016, 1063 (1065).

3 *Ndlovu-Gatsheni*, The Thinker: The Journal of Progressive Thought 2013, S. 10 ff.

4 *Marzagora*, Journal of African Cultural Studies 2016, 161 (175); *Harding*, Science, Technology, & Human Values 2016, 1063 (1065).

5 *Maldonado-Torres*, Cultural Studies 2007, 243 ff.; siehe auch *Shai*, African Human Rights Law Journal 2019, S. 494 ff.

6 *Schacherreiter*, Verfassung und Recht in Übersee / Law and Politics in Africa, Asia and Latin America 2016, 291 (293).

7 *Motshabi*, Strategic Review for Southern Africa 2018, 104 (105).

2. *Rechtstransfer*

Der Begriff „Rechtstransfer" ist hier relevant, weil Kolonialismus einer der Kanäle der schädlichen Rechtstransfers nach Afrika war. In der Rechtsvergleichung ist der Begriff des Rechtstransfers eine Metapher, die von Alan Watson 1993[8] eingeführt wurde. Obwohl stark kritisiert, hat sich der Begriff des „Rechtstransfers" als Schlagwort für das Phänomen der transnationalen Rechtseinflüsse etabliert.[9] Er umfasst die Bewegung und die Aufnahme von Rechtsinstitutionen von einer bestimmten Rechtsordnung in eine andere.[10] Rechtstransfers können auf verschiedene Weise erfolgen, beispielsweise durch Kolonialismus und Globalisierung. Im afrikanischen Kontext erkennt die dekoloniale Theorie unter anderem an, dass Kolonialismus durch die erzwungene Einführung kolonialer Gesetze die vorkolonialen Rechtsphilosophien und Rechtstraditionen in Afrika gestört hat.[11]

III. *Rechtstransfer und Kolonialität in Afrika*

Vor der Kolonialisierung umfasste das Recht in Afrika ursprünglich die Gesamtheit des sozialen Lebens, wie politische, wirtschaftliche, und soziale Beziehungen. Das Aufeinandertreffen der Rechtskulturen Europas einerseits und des vorkolonialen Afrikas andererseits, führte in den afrikanischen Staaten zu einer Unterwerfung der afrikanischen Rechtssysteme durch das europäische System. Aufgrund wirtschaftlicher Interessen und der imperialistischen Vision der „zivilisatorischen Mission Europas" in Afrika hielten die Kolonialmächte es nicht für sinnvoll, eine an die afrikanischen Gesellschaften angepasste Rechtsordnung zu entwickeln.[12] Das Kolonialrecht war in dieser Zeit eine „natürliche Erweiterung der politischen und wirtschaftlichen Herrschaft"[13]. Ganze Rechtsgebiete der europä-

---

8 *Watson*, Legal Transplants: An Approach to Comparative Law. Siehe auch *Watson*, Am. J. Comp. L., 469 (469).

9 *Schacherreiter*, Verfassung und Recht in Übersee / Law and Politics in Africa, Asia and Latin America 2016, 291 (301).

10 *Friedman*, in: Nelken / Feest (Hrsg), Adapting legal cultures, S. 93 ff.; *Bennett*, Ubuntu: An African Jurisprudence, S. 15.

11 *Clinton*, Arkansas Law Review 1993, 77 (77-78).

12 *Walcker*, S. 142; *Gonidec*, Droit d'outre-mer, S. 9.

13 *Seroussi*, S. 175 ; *Luchaire*, Droit d'outre-mer, S. 16 ; *Lampué*, Recueil Penant 1979, 245 (247).

ischen Metropolen wurden so nach Afrika importiert, wie z.B. das Handelsrecht, das Gesellschaftsrecht, das Seerecht, das Vertragsrecht, das Sachenrecht usw.[14] So hat Belgien beispielsweise das Schuldrecht und indirekt den Code Napoléon durch das *Décret du 30 juillet 1888 sur les contrats et les obligations conventionnelles*[15] übertragen. Aus der kolonialen Perspektive galt das Gewohnheitsrecht als barbarisch und primitiv. Deswegen wurde das Gewohnheitsrecht immer in den Hintergrund gedrängt. In der Tat konnte das Gewohnheitsrecht nur in Ermangelung eines kolonialen Gesetzes zu einem bestimmten Thema angewendet werden, so explizit in der Demokratischen Republik Kongo in Artikel 1 der Ordonnance de l'Administrateur Général de l'Etat Indépendant du Congo vom 14. Mai 1886.[16]

Nach der Unabhängigkeit zeigte sich die Kolonisierung auf zwei Arten: Die Beibehaltung kolonialer Rechtsregeln und -konzepte einerseits, und das Kopieren der Gesetze und Institutionen Europas andererseits. Auf der einen Seite führte die Unabhängigkeit der afrikanischen Länder nicht sofort zur Verabschiedung von kolonialen Gesetzen. Die große Mehrheit der kolonialen Texte blieb noch in Kraft. Die neuen afrikanischen Staaten wollten vor allem ein gesetzgeberisches Vakuum vermeiden, das durch eine sofortige Aufhebung des Kolonialrechts nach Erlangung der Unabhängigkeit entstanden wäre. Überdies gab es einen Mangel an einer juristischen Elite in den neuen afrikanischen Staaten.[17] Deswegen hieß es bereits in Art. 107 der ersten Verfassung der Republik Senegal von 1959: „Sofern die Behörden der Republik Senegal nichts anderes beschlossen haben, haben die derzeit geltenden Gesetze und Verordnungen weiterhin volle Gültigkeit in allem, was nicht im Widerspruch zur vorliegenden Verfassung steht." Darüber hinaus entschied das *Cour d'Appel* von Libreville, dass „die Unabhängigkeit Gabuns nicht dazu geführt hat, die während der französi-

---

14 Beispielsweise in dem *État indépendant du Congo* (heute die Demokratische Republik Kongo): *Décret du 2 août 1913 - Des commerçants et de la preuve des engagements commerciaux* (Bulletin Officiel 1912, S. 726) ; *Décret du 27 février 1887 – Sociétés commerciales* (Bulletin Officiel 1887, S. 24) ; *Décret du 4 mai 1912 – Régime applicable aux sociétés civiles* (Bulletin Officiel 1912, S. 530) ; *Ordonnance du 15 août 1914 – Navigation dans les eaux belges du Congo* (Bulletin Administratif et Commercial 1914, S. 504).

15 Bulletin Officiel 1888, S. 109.

16 Bulletin Officiel 1886, S. 188.

17 *David*, Le droit comparé. Droits d'hier, droits de demain, S. 254, der von einer „Unterversorgung" von Juristen in Afrika spricht. Um diesen Mangel auszugleichen, griffen diese jungen Staaten nach der Unabhängigkeit fast systematisch auf - meist europäische - Experten zurück. Dies ist einer der Gründe für den großen Einfluss des Rechts der ehemaligen europäischen Metropolen in Afrika.

schen Souveränität verkündeten Texte in Frage zu stellen."[18] In ähnlicher Weise hat der Oberste Gerichtshof der Volksrepublik Kongo (Kongo-Brazzaville) in seinem Urteil Nr. 31 vom 25. Juli 1980 festgestellt: „(...) weil der kongolesische Gesetzgeber sich zu dieser Frage noch nicht geäußert hat, sollte das französische Recht als Grundlage für diese Frage Anwendung finden."

Auf der anderen Seite haben die afrikanischen Staaten die Gesetze und Institutionen des Nordens zum Nachteil von Gewohnheitsregeln nachgeahmt. Nach den Jahren der Aufrechterhaltung der kolonialen Gesetze auf praktische Gründe haben sich die afrikanischen Länder wieder dem Recht der ehemaligen europäischen Metropolen zugewandt und es zum Vorbild genommen. Dies illustriert die alte Auffassung, nach der „in einer Kolonie der unmittelbare Fortschritt darin besteht, sich an der Metropole zu orientieren, die als der beste Gesellschaftstyp angesehen wird."[19] Um sich zu „modernisieren", haben sich die afrikanischen Staaten ihre Gesetze nach westlichem Vorbild und unter Verwendung der auf dem europäischen Kontinent gebräuchlichen juristischen Techniken gegeben oder zumindest versucht, sich solche zu geben.

Beispielsweise beschloss die DR Kongo im Jahr 2005 nach einem Jahrzehnt Bürgerkrieg eine neue, moderne Verfassung zu verabschieden. Es wurde beschlossen, die französische Verfassung der Fünften Republik als Vorbild zu nehmen.[20] Eine der Bestimmungen, die die kongolesische Verfassung von der französischen Verfassung übernommen hat, war die Befugnis des Präsidenten der Republik, die Nationalversammlung im Falle einer anhaltenden Krise zwischen der Exekutive und der Nationalversammlung aufzulösen.[21] Im französischen Recht wurde diese Regel vor allem als Reaktion auf die politischen Krisen eingeführt, die die französische Nationalversammlung während der Vierten Republik verursachte. Im Gegensatz dazu zeigt die Geschichte der Demokratischen Republik Kongo, dass die Exekutive (und nicht die Legislative) die Quelle der Diktaturen und politischen Krisen in der Demokratischen Republik Kongo war.[22] Außerdem stand der König in vielen vorkolonialen Königreichen Zentralafrikas (wie in dem *Bakuba* Königreich) immer unter der Kontrolle

---

18 Cour d'Appel de Libreville 8. Januar 1963, Recueil Penant, S. 548 ff.

19 *Hilaire*, S. 7.

20 *Pollet-Panoussis*, Revue française de droit constitutionnel 2008, 451 (453 f.).

21 Artikel 148 der *Constitution de la République Démocratique du Congo du 18 février 2006* (numéro spécial).

22 Siehe *Exposé des motifs* von der *Constitution de la République Démocratique du Congo du 18 février 2006*.

der Dorfältesten (die sogenannten *Ibaam*), die ihn in einer Krise absetzen konnten.[23] Aus diesen Gründen war die Regelung der französischen Verfassung nicht an die Kultur und das Gewohnheitsrecht von Kongo angepasst.

IV. Vorschläge für eine Dekolonialisierung des Rechtsdenkens in Afrika

Erstens bedarf die Dekolonialisierung des Rechtsdenkens in Afrika einer Verbesserung der Ausbildung der afrikanischen Juristinnen und Juristen. In der Tat sind viele Professorinnen und Professoren sowie Forscherinnen und Forscher an afrikanischen Universitäten von der europäischen Rechtskultur geprägt. Folglich geben sie diese koloniale Rechtskultur wiederum an Generationen von Studierenden weiter, die später als Richterinnen und Richter, Professorinnen und Professoren, Mitglieder des Parlaments, sowie Rechtsanwältinnen und Rechtsanwälte dieselbe europäische Rechtstradition weitergeben.[24] Deswegen müssen die Universitäten das Wissen und ihre Lehrpläne dekolonisieren, um das Recht an sich als ein Pluriversum zu verstehen.[25] In diesem Sinne brauchen wir in Afrika Rechtsbegriffe, die uns befähigen, auch im Denken, in der Epistemologie, über den traditionellen Eurozentrismus hinauszugehen.[26] Es sollte um eine Selbstbefragung und eine Wiederentdeckung des afrikanischen vorkolonialen Rechtstradition und Rechtsphilosophie gehen. Um das *Sein* zu dekolonisieren, müssen Wissenschaftlerinnen und Wissenschaftler das *Wissen* dekolonisieren.[27]

Zweitens sollte das Gewohnheitsrecht bei der Formulierung von Regeln in Afrika ausgewertet werden. Das Gewohnheitsrecht enthält Rechtsprinzipien, die das Recht in Afrika bereichern könnten. So ist im Gewohnheitsrecht das Prinzip der Solidarität (*ubuntu*) oder Versöhnung (*Malaang(a)*)

---

23 *Tardits*, École pratique des hautes études, Section des sciences religieuses Tome 95, 87 (89).

24 *Warikandwa/Amoo*, in: Nhemachena/Warikandwa/Amoo (Hrsg), Social and Legal Theory in the Age of Decoloniality: (Re-)Envisioning Pan-African Jurisprudence in the 21st Century, S. 300.

25 *Munshi*, The American Journal of Comparative Law 2017, S. 207 ff..

26 *Himonga/Diallo*, Potchefstroom Electronic Law Journal 2017, 1 ff.; *Mamdani*, Inter-Asia Cultural Studies 2016, 68 (82). Im Jahr 2015 forderte die Studentenbewegung #RhodesMustFall in Südafrika, dass Universitäten das Wissen dekolonisieren, einschließlich des Bachelor-Lehrplans. Siehe auch *Heleta*, Decolonisation: Academics Must Change What They Teach, and How.

27 *Motshabi*, Strategic Review for Southern Africa 2018, S. 104 ff.

als Mittel zur Lösung von Konflikten verankert.[28] Im traditionellen afrikanischen Recht hat das Zivilverfahren am häufigsten die Form des Palavers angenommen und bezweckt, die soziale Solidarität zu schaffen und sie wieder aufzubauen, wenn sie zerstört ist. Der Zweck des Zivil- oder Strafprozesses ist nicht die Bestrafung der schuldhaften Partei, sondern die Wiederherstellung der sozialen Verbindung. Die Effektivität des afrikanischen Justizsystems ergibt sich aus der Tatsache, dass alle Beteiligten gleichen Zugang und gleiche Beteiligung am Konfliktlösungsprozess haben. Alle Stimmen werden in dem Prozess anerkannt und respektiert und Entscheidungen werden durch einen Konsens erreicht. Die Rechtsprechung schafft darüber hinaus eine Gelegenheit zum Lernen und zur Überprüfung wichtiger Werte und der sozioökonomischen Bedingungen der Gemeinschaft. Wichtige afrikanische Gemeinschaftsprinzipien der Fürsorge füreinander und der Geist der gegenseitigen Unterstützung werden im Prozess der Entscheidungsfindung gefördert. Es wird auch gewürdigt, dass das Überleben der Gemeinschaft vom Wohlergehen des Einzelnen abhängt. Deswegen ist das traditionelle Justizsystem in Afrika eher wiederherstellend als vergeltend. Die *Gacaca* in Rwanda[29] oder die Wahrheitskommission in Südafrika[30] sind Beispiele dieser Grundsätze aus dem afrikanischen Gewohnheitsrecht. Ganz konkret könnte die Aufnahme dieser gewohnheitsrechtlichen Vorstellungen in das geltende Recht in Afrika u.a. zu einer Entlastung der Gerichte, zu einer Entlassung der Gefängnisse und zu der sozialen Wiedereingliederung von Straftätern führen.

V. Conclusio

Ein Rechtssystem stellt das Ergebnis der soziologischen Daten einer Gesellschaft dar. Demzufolge sollten Rechtstransfers an die Gesellschaft angepasst werden, die sie aufnimmt. Die dekoloniale Rechtsvergleichung bezieht sich nicht darauf, das Recht der europäischen Länder zu diffamieren. Es geht darum, dass Europa nicht intellektuell das Zentrum sein muss,

---

28 Gade, A Discourse on African Philosophy, S. 9, 29; *Elechi/Morris/Schauer*, International Criminal Justice Review 2010, 73 (73); *Ngoenha*, Indilinga African Journal of Indigenous Knowledge Systems 2006, 125 (125-126); *Ogunniyi*, Nature of Science for Social Justice 2020, 157 (158).

29 *Clark*, The Gacaca courts, post-genocide justice and reconciliation in Rwanda, S. 98; *Corey/Joireman*, African Affairs 2004, S. 73.

30 *Krog*, Canadian Journal of Law and Society/La Revue Canadienne Droit et Société 2015, 203 (205).

bloß weil es wirtschaftlich und politisch das Zentrum gewesen ist. Eine emanzipierte, integrative und interdisziplinäre Rechtsvergleichung könnte eine führende Rolle bei der Dekolonisierung der Rechtswissenschaft spielen. Anstelle einer Ausrichtung der Rechtsvergleichung am Ziel der „Modernisierung" des Rechts in Afrika ist es wichtig, Rechtvergleichung dafür zu verwenden, das Rechtsdenken in Afrika zu dekolonialisieren und die Voraussetzungen für eine Pluriversalität im Recht zu schaffen.

Literaturverzeichnis

Bennett, Tom
Ubuntu: An African Jurisprudence, 2018.

Clark, Phil
The Gacaca courts, post-genocide justice and reconciliation in Rwanda: Justice without lawyers, Cambridge 2010.

Clinton, Robert N.
Redressing the Legacy of Conquest: A Vision Quest for a Decolonized Federal Indian Law, 46 Arkansas Law Review 1993, 77-160.

Corey, Allison / *Joireman*, Sandra F.
Retributive justice: the Gacaca courts in Rwanda, African Affairs 2004, 73-89.

David, René
Le droit comparé. Droits d'hier, droits de demain, Paris 1982.

Elechi, Oko O. / *Morris*, Sherill VC / *Schauer*, Edward J.
Restoring justice (ubuntu): an African perspective, International Criminal Justice Review 2010, 73-85.

Friedman, Lawrence
Some comments on Cotterrell and legal transplants, in: Nelken, David / Feest, Johannes (Hrsg), Adapting legal cultures, New York 2001, S. 93-98.

Gade, Christian B. N.
A Discourse on African Philosophy: A New Perspective on Ubuntu and Transitional Justice in South Africa, Lanham 2017.

Gonidec, Pierre François
Droit d'outre-mer, tome II : les rapports actuels de la France métropolitaine et des pays d'outre-mer, Paris 1960.

Harding, Sandra
Latin American decolonial social studies of scientific knowledge: alliances and tensions, Science, Technology, & Human Values, Special Issue: Resisting Power, Retooling Justice: Promises of Feminist Postcolonial Technosciences 2016, 1063-1087.

Heleta, Savo
Decolonisation: Academics Must Change What They Teach, and How, 20.11.2016, abrufbar unter: https://theconversation.com/decolonisation-academics-must-change-what-they-teach-and-how-68080 (19.6.2021).

Himonga, Chuma / *Diallo*, Fatimata
Decolonisation and teaching law in Africa with special reference to living customary law, Potchefstroom Electronic Law Journal 2017, 1-19.

Krog, Antjie
Research into reconciliation and forgiveness at the South African Truth and Reconciliation Commission and Homi Bhabha's "Architecture of the New", Canadian Journal of Law and Society/La Revue Canadienne Droit et Société 2015, 203-217.

Lampué, Pierre
Droit écrit et droit coutumier en Afrique francophone, Recueil Penant 1979, 245-288.

Luchaire, François
Droit d'outre-mer, Paris 1959.

Maldonado-Torres, Nelson
On the coloniality of being: contributions to the development of a concept, Cultural Studies 2007, 243-270.

Mamdani, Mahmood
Between the public intellectual and the scholar: decolonization and some post-independence initiatives in African higher education, Inter-Asia Cultural Studies 2016, 68-83.

Marzagora, Sara
The humanism of reconstruction: African intellectuals, decolonial critical theory and the opposition to the 'posts' (postmodernism, poststructuralism, postcolonialism), Journal of African Cultural Studies 2016, 161-178.

Merino, Roger A.
Comparative law from below: the construction of a critical project in comparative legal studies, Saarbrücken 2012.

Mignolo, Walter D.
The darker side of western modernity, Durham 2011.

Motshabi, Khanya B.
Decolonising the university: A law perspective, Strategic Review for Southern Africa 40 (1) 2018, 104-116.

Munshi, Sherally
Comparative law and decolonizing critique, 65 The American Journal of Comparative Law 2017, 207-235.

Ndlovu-Gatsheni, Sabelo
Why decoloniality in the 21st century?, The Thinker: The Journal of Progressive Thought 2013, 10-15.

Ngoenha, Severino Elias
Ubuntu: new model of global justice?, Indilinga African Journal of Indigenous Knowledge Systems 2006, 125-134.

Ogunniyi, Meshach B.
Tapping the potential of Ubuntu for a science that promotes social Justice and moral responsibility, in: Yacoubian, Hagop A. / Hansson, Lena (Hrsg.), Nature of Science for Social Justice, Cham 2020, S. 157-176.

Pollet-Panoussis, Delphine
La Constitution congolaise de 2006: petite sœur africaine de la Constitution française, Revue française de droit constitutionnel 3 2008, 451-498.

Schacherreiter, Judith
Postcolonial theory and comparative law: on the methodological and epistemological benefits to comparative law through postcolonial theory, Verfassung und Recht in Übersee / Law and Politics in Africa, Asia and Latin America 2016, 291-312.

Shai, Isaac
The right to development, transformative constitutionalism and radical transformation in South Africa: Post-colonial and de-colonial reflections, African Human Rights Law Journal 2019, 494-509.

Tardits, Claude
Conférence de M. Claude Tardits, École pratique des hautes études, section des sciences religieuses, Annuaire: résumés des conférences et travaux Tome 95, 87-92.

Warikandwa, Tapiwa V. / *Amoo*, Samuel K.
African law in comparative law: a case of undermining African jurisprudence and promoting a new world order agenda?, in: Nhemachena, Artwell / Warikandwa, Tapiwa V. / Amoo, Samuel K. (Hrsg.), Social and legal theory in the age of of decoloniality: (re-)envisioning pan-african jurisprudence in the 21st century, Mankon 2018, S. 299-326.

Watson, Alan
From legal transplants to legal formants, Am. J. Comp. L. 43 1995, 469-476.

Watson, Alan
Legal Transplants: An Approach to Comparative Law, Athens 1993.

Sexuelle Ausgrenzung – Identität und Homosexualität

Prof. Dr. Franz Josef Wetz, Philosoph & Autor

Auf nichts in der Welt ist Verlass – am wenigsten auf den Menschen, der für sich selbst wie für seine Mitmenschen ein unkalkulierbares Sicherheitsrisiko darstellt. Schon im 6. Jahrhundert v. Chr. soll Bias, einer der griechischen Sieben Weisen, die sich durch besondere Lebensklugheit hervortaten, gesagt haben: „Die meisten sind schlecht"[1] - und tatsächlich können wir Menschen zwar keine Götter, wohl aber Bestien werden. Daher scheint man im Leben gut beraten zu sein, hin und wieder mit dem Schlimmsten zu rechnen, seinen Mitmenschen manchmal „wenig" oder vielmehr „alles" zuzutrauen. Allerdings treiben nicht immer Mord- und Angriffslust die Menschen zu blindwütigen Handlungen, ideologische Verblendungen gesellen sich auch dazu.

Trotzdem wäre es falsch, die Menschen mit Ungeheuern zu vergleichen. Menschen sind nicht einfach gut oder böse, sie existieren zwischen beiden Polen. Gegenseitige Achtung, Fairness und Hilfsbereitschaft gehören ebenso zu ihrer Lebenswirklichkeit wie Korruption, Klüngel und Hartherzigkeit. Die menschliche Gesellschaft besteht weder nur aus Engeln noch aus Teufeln. Gerade deshalb aber darf man nicht bloß auf die Bereitschaft des Einzelnen vertrauen, seinen Nächsten zu achten und diesem in der Not tätig beizustehen. Von größter Wichtigkeit sind seit jeher durchsetzungsfähige Institutionen, die verhindern, dass sich die Menschen gegenseitig noch mehr Leid und Unrecht antun, und die dafür sorgen, dass schlechte Menschen bloß geringen Schaden anrichten können. Moralische Leitlinien, denen lediglich die Möglichkeit des mahnenden Appells vorbehalten ist, können erzwing- und einklagbare Rechtsregeln jedenfalls nicht ersetzen.

Allerdings besitzen geschichtlich gewachsene Sitten, Bräuche und Gewohnheiten teilweise eine solche Macht über den Einzelnen, dass sogar die Vorreiter neuer Rechtsvorstellungen ihre Ideale – abhängig vom jeweiligen Zeitgeist – manchmal wieder relativieren. Ideale Rechtsauffassungen können selbst noch dem realen Rechtsbewusstsein derjenigen voraus sein, die sie ursprünglich entwickelten. So erklärte beispielsweise Immanuel Kant alle Menschen als frei und gleich, ohne aber jedermanns berechtig-

1 *Laertius*, Leben und Meinungen berühmter Philosophen, S. 48.

ten Anspruch auf die gleichen, freien Rechte im politischen Sinne stattzugeben; Frauen, Bedienstete und Tagelöhner etwa nahm er vom Wahlrecht aus.[2] Sogar Thomas Jefferson, für den es eine selbstverständliche Wahrheit war, dass alle Menschen frei und gleich von ihrem Schöpfer erschaffen werden, konnte Sklaven im eigenen Haus halten, ohne dies als Widerspruch zu empfinden.[3] Überhaupt muss es uns heute erstaunen, dass ausgerechnet auf dem Kontinent, wo Ende des 18. Jahrhunderts die allgemeinen Menschenrechte verkündet wurden, noch Mitte des 20. Jahrhunderts getrennte Schulen, Restaurants, Bahnwagen und Toiletten für Weiße und Schwarze existierten. Erst 1954 verurteilte das höchste amerikanische Gericht dieses System der Rassentrennung als diskriminierend und rechtswidrig, nachdem schon 1865 die Sklaverei in Amerika formell aufgehoben worden war. Wie die „Black lives matter"-Bewegung zeigt, sind die Probleme bis heute nicht gänzlich überwunden.

Auf diese Weise wird verständlich, warum einige Rechtsansprüche, die in der Geschichte immer wieder unerfüllt blieben, obgleich sie sich geradezu zwangsläufig aus sonst anerkannten Rechtsgrundsätzen ergeben, später erst eigens beim Namen genannt werden mussten. So selbstverständlich es aus systematischer Sicht ist, dass sich mit der Achtung vor der Menschenwürde und dem Recht auf Selbstentfaltung eine Ungleichbehandlung der Bürger wegen ihres Geschlechts, ihrer Rasse oder Weltanschauungen nicht vereinbaren lässt, so wenig versteht sich dieses aus historischer Perspektive von selbst, weshalb auch die entsprechenden Bestimmungen 1949 in Art. 3 und 4 GG ausdrücklich aufgenommen wurden.

Jahrzehnte lang haben Lesben und Schwule, die sich offen zu ihrer Sexualität bekennen, ihre rechtliche Gleichstellung mit Heterosexuellen sowie den Abbau gesellschaftlicher Diskriminierungen und Benachteiligungen gefordert. Schwule Manager-Verbände wie der *Völklinger Kreis* und die *Bundesarbeitsgemeinschaft Schwule Juristen* setzten sich – inzwischen erfolgreich - für eine umfassende Rechts- und Chancengleichheit ein.

Die Sittengeschichte – Ein gesellschaftliches Trauerspiel

Im Allgemeinen verdanken wir der Sexualität als der natürlichen Quelle unserer Existenz die lustvollsten Erlebnisse, zu denen wir überhaupt in der Lage sind; sie ermöglicht uns, gesellschaftliche Hemmschwellen zu

---

2 *Kant*, Kants Werke. Akademie Textausgabe Bd. VI: Die Metaphysik der Sitten, § 46.
3 Vgl. The Writings of Thomas Jefferson Bd. 1, S. 194.

überwinden, tief verwurzelte Sehnsüchte, Begierden, Triebe auszuleben und damit eine Art von körperlicher wie gefühlsmäßiger Befriedigung und Erfüllung, die wir anders nicht erreichen können. Dennoch gibt es seit jeher Ausgrenzungen und Verfolgungen nicht nur von Andersdenkenden, sondern auch von Menschen mit „normabweichendem" Sexualverhalten; so wurden Lesben und Schwule, denen im Laufe der Geschichte schweres Leid zugefügt wurde, oft diskriminiert.

Die am häufigsten gegen sie erhobenen Vorwürfe hießen früher Naturwidrigkeit und Unsittlichkeit. Wer sich gleichgeschlechtlicher Liebe hingab, galt - und gilt noch heute teilweise - als abnorm, gefährlich, asozial, krank. Gelegentlich wurde Homosexualität sogar als staatsgefährdend und -zersetzend angesehen, als Verwilderung der Sitten oder als Verlust des Schamgefühls verurteilt. Sozialistische Staaten sahen in Homosexualität ein Krisenphänomen des Kapitalismus, das in einer klassenlosen Gesellschaft überwunden sei, und wieder andere kennzeichneten sie als geistige Verwirrung, behandlungsbedürftige psychische Störung, als eine Art Geisteskrankheit, Irr- oder Wahnsinn. Weit davon entfernt, homosexuelle Beziehungen als eine gleichwertige Variante menschlichen Sexualverhaltens anzuerkennen, war und ist sie nach wie vor für viele Menschen eine Form verfehlter Heterosexualität.

Dementsprechend bietet die Geschichte der Homosexualität ein trostloses Schauspiel; sie ist eine Leidensgeschichte, in der Schwule entweder kriminalisiert, also strafrechtlich verfolgt, pathologisiert, für krank und gestört erklärt oder schlicht als sittlich verkommen, lasterhaft abgeurteilt wurden. Erstaunlicherweise wurden Lesben in der abendländischen Geschichte nie so erbittert verfolgt, bei der Kriminalisierung der Homosexualität oftmals sogar übergangen. Im deutschen Strafgesetzbuch hat es niemals eine antilesbische Vorschrift gegeben, so dass auch nach Einführung des berühmten § 175 StGB lesbische Liebe straffrei blieb. Das hing aber weniger mit einer größeren gesellschaftlichen Toleranz gegen Lesben zusammen als vielmehr mit der traditionellen Entwertung der Frau allgemein als rechtlich verhältnismäßig bedeutungslos.

Der § 175 StGB, der männliche Homosexualität als widernatürliche Unzucht verurteilte und unter Strafe stellte, geht auf das Jahr 1871 zurück; Vorgänger und Vorbild hierfür war § 143 des Preußischen Strafgesetzbuches, an dessen Stelle nach der Gründung des Deutschen Reiches das einheitliche Reichsstrafgesetzbuch trat. Auch in der Weimarer Republik hielt man an § 175 und damit an der generellen Strafwürdigkeit homosexueller Handlungen fest. In der anschließenden Ära des Nationalsozialismus wurde dieser Paragraph sogar noch verschärft. In der Zeit zwischen 1933 und 1945 wurden schätzungsweise 50 000 Menschen aufgrund des Paragraphen verhaftet; 15 000 kamen in Konzentrationslagern um. Dennoch blieb § 175 nach 1945 weiter in Kraft, da er nicht als typische NS-Bestimmung galt. Diese Situation änderte sich auch nicht, als in den fünfziger Jahren ein Betroffener eine Verfassungsbeschwerde beim Bundesverfassungsgericht einbrachte. Darin hieß es, dass die Bestrafung schwuler Männer gegen die Menschenwürde und das jedem Bürger gewährleistete Recht auf freie Entfaltung der Persönlichkeit verstoße, welche auch freie geschlechtliche Betätigung umfasse. Die Klage wurde damals mit dem Argument abgewiesen: "Gleichgeschlechtliche Betätigung verstößt eindeutig gegen das Sittengesetz."[4] Zwischen 1945 und 1969 wurden in der Bundesrepublik rund 65 000 Menschen wegen § 175 – mit der Begründung: Verstoß gegen das Sittengesetz – gerichtlich belangt. Bis Ende der sechziger Jahre stand hierzulande Sex zwischen Männern unter Strafe und konnte zur Entlassung homosexueller Beamter aus dem öffentlichen Dienst führen. Erst 1969 setzte ein erfolgversprechender Prozess der Entkriminalisierung homosexueller Handlungen mit dem *Ersten Gesetz zur Reform des Strafrechts* ein, nach dem gleichgeschlechtliche Beziehungen dann straffrei bleiben sollten, wenn beide mindestens 21 Jahre oder noch nicht 18 Jahre sind. In den folgenden Jahren wurden diese Vorschriften mehr und mehr gelockert, aber gestrichen wurde § 175 erst am 31. Mai 1994; die allgemeine Schutzaltersgrenze für Jugendliche war inzwischen auf 16 Jahre herabgesetzt worden (§ 182 StGB).

Nun bedeutet Entkriminalisierung von Homosexualität nicht bereits gesellschaftliche Anerkennung und Billigung, obgleich in den letzten Jahren eine hohe Akzeptanz von Lesben und Schwulen in der Gesellschaft zu beobachten ist. Aber mag die Entwicklung in der westlichen Welt auch auf eine Gleichstellung von Schwulen und Lesben mit Heterosexuellen hinauslaufen, so steht dennoch außer Zweifel, „dass viele Heterosexuelle, die in den letzten Jahren so weit gekommen sind, Gesetze gegen homosexuelles Verhalten – und die Diskriminierung von Homosexuellen überhaupt – abzulehnen, im Innersten nichtsdestoweniger homophob geblieben sind"[5], wie Thomas Nagel vermutet.

Dazu passt, dass man sich sehr langsam von der überholten Vorstellung löst, Homosexualität sei das Ergebnis einer psychischen Fehlentwicklung. Selbst Sigmund Freud, der in seinem Frühwerk Homosexualität noch nicht pathologisierte, gemeinsam mit Arthur Schnitzler, Stefan Zweig, Franz Werfel und andere Prominente sogar eine Petition gegen die an-

---

4 BVerfGE 6, 434.
5 *Nagel*, Letzte Fragen, S. 353.

tihomosexuellen Strafgesetze in Österreich unterzeichnete, in denen sie eine Verletzung der Menschenrechte sahen, bewertete Homosexualität später als degenerierte, pervertierte Heterosexualität. Er bezeichnete sie als „schädliche Abweichung von der normalen, kulturförderlichen Sexualität, [...] als Entwicklungsstörung, [...] deren Träger sozial unbrauchbar und unglücklich“[6] seien. Nach 1945 hat nicht zuletzt dieses Verdikt dazu geführt, dass in der Psychoanalyse jahrzehntelang heterosexuelle Genitalität als die einzig normale und gesunde Sexualentwicklung galt, Homosexualität dagegen als präödipale Störung der Objektbeziehung aufgefasst wurde, die durch eine dominante Mutter und einen schwachen Vater, der keine Möglichkeit zur Identifikation biete, ausgelöst werde.[7] Erst 1980 wurde der Begriff Homosexualität als Krankheit aus dem *Diagnostischen und Statistischen Manual Psychischer Störungen* der *American Psychiatric Association* gestrichen. Dennoch gibt es bis heute noch Psychoanalytiker, denen zufolge Homosexualität eine psychische Störung darstellt und damit dem Bereich der Psychopathologie entstammt. Wie sehr in der Psychoanalyse Homosexualität als abweichendes Verhalten gedeutet wurde und Heterosexualität als Norm gilt, wird auch daran deutlich, dass bis in die jüngste Vergangenheit Bewerber um eine psychoanalytische Ausbildung ihrer „falschen“ sexuellen Orientierung wegen abgelehnt wurden. Heute betonen zwar die *Deutsche Psychoanalytische Vereinigung* und die *Deutsche Psychoanalytische Gesellschaft*, dass sie auch homosexuelle Bewerber aufnehmen, wenn keine anderen schwerwiegenden Bedenken gegen eine solche Zulassung sprechen; trotzdem galt bis vor wenigen Jahren „manifeste Homosexualität vielerorts noch als Ausschlusskriterium von der psychoanalytischen Weiterbildung.“[8] Darum kann man sich des Eindrucks nicht erwehren, dass bestimmte Richtungen der Psychoanalyse in dieser Frage der Einstellung evangelikaler Kreise und der katholischen Kirche näher stehen als ihnen vermutlich lieb ist.

Das Verhältnis der Religionen zur Homosexualität war seit jeher gestört und bestimmt durch ablehnende Haltung; moralische Missbilligung stand stets im Vordergrund – auch in der berühmten *Erklärung zu einigen Fragen der Sexualethik*, welche die römische Glaubenskongregation 1976 herausgab. Darin wird Homosexualität als pathologische Veranlagung beschrieben, welche bereits die Heilige Schrift (wie auch der Koran) als schwere

---

6 *Freud*, Das Unbehagen in der Kultur und andere kulturtheoretische Schriften, S. 119.

7 Vgl. *Dannecker*, Der Homosexuelle und die Homosexualität.

8 *Rhode-Dachser*, Im Schatten des Kirschbaums. Psychoanalytische Dialoge, S. 115.

Verirrung verurteile.[9] Homosexuelle Handlungen seien in sich nicht in Ordnung, heißt es, und könnten darum in keiner Weise gutgeheißen werden. Der *Katechismus der katholischen Kirche* aus dem Jahre 1993 wiederholt diese Ansicht, der zufolge Homosexualität gegen das „natürliche Gesetz" verstoße, fügt dem aber hinzu, dass Schwulen und Lesben „mit Achtung, Mitleid und Takt begegnet werden"[10] sollte. Genauer betrachtet spricht aus diesen verständnisvollen Worten eine ungeheure Arroganz und Überheblichkeit, da überhaupt kein Grund zu Mitleid mit Homosexuellen besteht.

Rechtssicherheit für lesbische und schwule Paare

Die skizzierte gesellschaftliche Bewertung von Homosexualität in der Geschichte durfte in der jüngsten Debatte um die rechtliche Gleichstellung von Lesben und Schwulen mit Heterosexuellen nicht ausgeblendet bleiben, da es doch hierbei auch um eine zeitgemäße Antwort auf die jahrhundertealten Grausamkeiten besonders gegen Schwule ging. Noch heute wird dem *Lesben- und Schwulenverband Deutschland* zufolge gleichgeschlechtliche Sexualität in mehr als siebzig Ländern strafrechtlich verfolgt und in einigen muslimischen Staaten wie Iran, Irak, Saudi-Arabien, Kuwait oder die Vereinigten Arabischen Emirate sogar offiziell mit der Todesstrafe bedroht.

Demgegenüber verabschiedete bereits 1994 der Ausschuss für Grundfreiheiten und innere Angelegenheiten des Europäischen Parlaments einen *Bericht zur Gleichberechtigung von Schwulen und Lesben in der EG,*[11] in dem ein Ende der Diskriminierung von Homosexuellen auch auf rechtlichem Gebiet gefordert wurde. Ähnliches formulierte die Europäische Union in Artikel 13 des *Amsterdamer Vertrages* 1999. Darüber hinaus ist seit Dezember 2000 unter dem Namen *Richtlinie 2000/78/EG* eine EU-Bestimmung in Kraft, nach der Schwule und Lesben vor Diskriminierung am Arbeitsplatz geschützt werden sollen. Spätestens jetzt war es an der Zeit, diese Empfehlungen und Festsetzungen in nationales Recht umzusetzen. Vor dem Hintergrund der furchtbaren Erfahrungen mit der Geschichte erschien die Aufnahme spezieller Diskriminierungsverbote bezüglich sexueller Selbstbestimmung, Identität und Orientierung sogar im Grundgesetz als drin-

---

9 Vgl. Gen. 19, 1-29; Röm. 1, 24-27; 1 Kor. 6, 10; 1 Tim. 1, 10.
10 Katechismus der katholischen Kirche, 2358.
11 EP-Dok.A3-0028/94.

gend geboten. Der Entwurf der *EU-Grundrechte-Charta* sieht in Artikel 21 ein solches Diskriminierungsverbot wegen sexueller Ausrichtung ausdrücklich vor. Dennoch liegt eine entsprechende Grundgesetzänderung der Art. 3.3 und 4.1 hierzulande noch immer in Ferne.

Statt eine nur schwer durchsetzbare Verfassungserweiterung durchzuführen, entschied der Bundestag am 10. November und der Bundesrat am 1. Dezember 2000 sich mehrheitlich zur Annahme rechtlicher Schutzvorschriften für gleichgeschlechtliche Lebensgemeinschaften, die im Bundesgesetzblatt am 22. Februar 2001 verkündet wurden. Um den Behörden in Bund, Ländern und Gemeinden ausreichend Gelegenheit zu geben, sich auf die neuen Regelungen einzustellen, trat das sogenannte Lebenspartnerschaftsgesetz (LPartG), das gleichgeschlechtlichen Paaren gestattet, eine rechtlich anerkannte Bindung einzugehen, am 1. August 2001 in Kraft.

Mit dem neuen „Rechtsinstitut der Eingetragenen Lebenspartnerschaft“ waren zahlreiche Änderungen im Erb-, Miet-, Straf- und Sozialrecht verbunden. So wurde etwa bei einem Todesfall der hinterbliebene Partner nun auch gesetzlicher Erbe und beim Tod des Hauptmieters der Lebenspartner automatisch Nachmieter, wenn beide bis dahin einen gemeinsamen Haushalt führten. Weiter besaßen künftig auch gleichgeschlechtliche Lebenspartner bei Straf- und Ordnungswidrigkeiten ein Zeugnisverweigerungsrecht. Darüber hinaus waren sie zu angemessenem Unterhalt verpflichtet und in die beitragsfreie Familienmitversorgung bei der Kranken- und Pflegeversicherung einbezogen, wenn sie über kein eigenes Einkommen verfügten - um nur einige Regelungen zu nennen.

Zusammen mit dem Hauptgesetz über eingetragene Lebenspartnerschaft wurde im Bundestag zugleich ein Ergänzungsgesetz (LpartGErgG) verabschiedet, das steuerrechtliche und beamtenrechtliche Regelungen enthielt, die allerdings der Zustimmung des Bundesrats bedurften. Dieser hat erwartungsgemäß am 1. Dezember 2000 mehrheitlich mit den Stimmen der Opposition besagte Ergänzungen abgelehnt. Damals blieb einige Zeit unklar, welche Behörde überhaupt für die Eintragung der Lebenspartnerschaft zuständig ist. Das Ergänzungsgesetz sah vor, dass das Standesamt den formalen Akt vornimmt. Da dieser Vorschlag aber im Bundesrat abgewiesen wurde, musste jedes Bundesland selbst entscheiden, welche Behörde es hiermit betrauen möchte. Länder wie Berlin, Bremen, Hamburg, Niedersachsen, Sachsen-Anhalt, Nordrhein-Westfalen, Schleswig-Holstein und Mecklenburg-Vorpommern benannten die Standesämter als zuständige Behörden, das Saarland, Brandenburg, Rheinland-Pfalz, Hessen sowie Baden-Württemberg dagegen die Gemeinden und Landkreise. Das bayerische Kabinett übertrug die Zuständigkeit ganz bewusst Notaren, um so den Unterschied zur Ehe deutlich zu machen. Diese sei eine Angelegenheit des Familienrechts, eine homosexuelle Lebenspartnerschaft als Vereinbarung beim Notar hingegen Privatrecht. Sachsen wiederum bestimmte die Regierungspräsidien als zuständige Stellen und Thüringen schließlich das Landesverwaltungsamt; beide Bundesländer wollten die Eintragung der Lebenspartnerschaft als bloßen Verwaltungsvorgang verstanden wissen.

Bayern und Sachsen versuchten zunächst das Inkrafttreten des neuen Gesetzes am 1. August 2001 durch Eilanträge beim Bundesverfassungsgericht auf Erlass einer einstweiligen Anordnung zu verhindern, nachdem beide Bundesländer zusammen mit Thüringen, dessen Landesverfassung wohlgemerkt ein Diskriminierungsverbot von Lesben und Schwulen enthält, schon eine Normenkontrollklage beim höchsten Gericht eingereicht hatten. Darin wurde die Verfassungswidrigkeit des Lebenspartnerschaftsgesetzes vermutet. Während die Entscheidung über die Verfassungsmäßigkeit des neuen Gesetzes damals noch ausstand, hat das Bundesverfassungsgericht am 18. Juli 2001 die Eilanträge gegen das Lebenspartnerschaftsgesetz mehrheitlich abgelehnt – auch weil man in dem beantragten Erlass einer einstweiligen Anordnung einen ungerechtfertigten Eingriff in die Gestaltungsfreiheit des Gesetzgebers sah. Im Urteil des Ersten Senats heißt es dazu: „Die Anrufung des Bundesverfassungsgerichts darf nicht zu einem Mittel werden, mit dem im Gesetzgebungsverfahren unterlegene Beteiligte das In-Kraft-Treten des Gesetzes verzögern können." Allein die Ungewissheit bezüglich des Erfolgs der Normenkontrollklage genüge nicht, um dieses Gesetz, das zum einen gleichgeschlechtlichen Partnerschaften einen rechtlichen Rahmen gebe, zum anderen dem Abbau noch immer bestehender Diskriminierungen Homosexueller diene, vorläufig auszusetzen.

Hierzu passt, dass sich der Bundestag am 7. Dezember 2000 einstimmig für die Rehabilitierung der im Nationalsozialismus aufgrund § 175 des Reichsstrafgesetzbuchs verfolgten Homosexuellen aussprach. Darüber hinaus bedauerte der Bundestag die unveränderte Fortgeltung des im Nationalsozialismus verschärften § 175 in der Bundesrepublik bis 1969. Beide Teile Deutschlands hätten in der Nachkriegszeit eine faire Auseinandersetzung mit dem Thema Homosexualität verweigert.

Als erster Staat der Welt hat Dänemark 1989 die „Eingetragene Lebenspartnerschaft" eingeführt. Viele Staaten zogen damals nach. Als erster Staat weltweit hat am 1. April 2001 die Niederlande die traditionelle Ehe für homosexuelle Paare mit Adoptionsrecht geöffnet. Im Sommer 2017 beschloss der Bundestag das „Gesetz zur Einführung des Rechts auf Eheschließung für Personen gleichen Geschlechts", das am 28. Juli 2017 im Bundesgesetzblatt veröffentlicht wurde und am 1. Oktober 2017 in Kraft trat. Unter § 1253 BGB kann man inzwischen lesen: „Die Ehe wird von zwei Personen verschiedenen oder gleichen Geschlechts auf Lebenszeit geschlossen."

Mittlerweile haben in Europa rund zwanzig Staaten die Ehe für gleichgeschlechtliche Paare geöffnet und außerhalb Europas etwa Kanada, Brasilien, Argentinien, Neuseeland und Australien. Doch selbst in der EU ist die Akzeptanz von Schwulen, Lesben und Transgender nach wie vor keine Selbstverständlichkeit, wie die jüngsten Auseinandersetzungen mit den Regierungen Ungarns und Polens beweisen, die keinen Hehl von ihrer antihomosexuellen Einstellung machen.

Von der illegalen Subkultur zur legalen Teilkultur

Während die einen schon den 10. November 2000 und 1. August 2001 in Deutschland als „historische Tage" feierten, beklagten die anderen dieselben Daten als „schwarze Tage" für unsere Kultur. Statt das neue Lebenspartnerschaftsgesetz als moralischen Anstoß zu nehmen, die eigene, vorurteilsbeladene Einstellung kritisch zu überdenken, war es für seine Gegner vielmehr ein Anlass, hieran moralischen Anstoß zu nehmen. Dem entsprechend wurde auch hierzulande heftig darüber gestritten, ob denn das Gleichstellungsgesetz überhaupt mit der Verfassung vereinbar sei – speziell mit dem dort verankerten besonderen Schutz von Ehe und Familie (Art. 6 GG). Vor allem hierauf stützte sich die Normenkontrollklage Bayerns, Sachsens und Thüringens. Die Kläger machten deutlich, dass das neue Gesetz mit dem traditionellen Verfassungsverständnis von Ehe und Familie breche, und befürchteten, dass deren besonderer Schutz durch das Grundgesetz unter der inakzeptablen Konkurrenz mit homosexuellen Partnerschaften leiden könnte.

Hierzu sei einerseits angemerkt, dass die „Eingetragene Lebenspartnerschaft" damals doch gar nicht „Ehe" hieß, die nach offizieller Definition eine rechtlich anerkannte, mit Eheschließungswillen eingegangene, auf Zeugung von Nachkommen ausgerichtete sowie grundsätzlich auf Lebensdauer bestimmte Verbindung zwischen Mann und Frau darstellt. Andererseits war schon damals eine Erweiterung des Ehebegriffs dennoch vorstellbar, wenn man Geschlechtsverschiedenheit und grundsätzliche Zeugungsfähigkeit nicht als notwendige Merkmale des Ehebegriffs ansehen konnte. So kam es dann ja auch ins Bürgerliche Gesetzbuch. Allerdings kann man sich tatsächlich ernsthaft fragen, warum „Bäume" künftig „Blumen" heißen sollen. Gibt es hierfür wirklich triftige Gründe? Jedenfalls sollte sich nicht rechtfertigen müssen, wer bewahren will, wohl aber jeder, der verändern möchte.

Die Gegner schon der gleichgeschlechtlichen Ehe berufen sich für gewöhnlich auf die Begriffsgeschichte und damit zusammenhängend auf die Autorität wertbewahrender und handlungsanleitender Traditionen mit normativer Kraft. Jedoch so richtig es ist, dass wir in eine geschichtlich gewachsene Kultur immer schon eingebunden sind, zu der ein überlieferter Wissensvorrat gehört, aus dem sich Staat und Gesellschaft mit identitätserhaltenden Orientierungen versorgen – und so zutreffend es ist, dass ohne wiederholte Erinnerung, hermeneutische Aneignung und Fortführung dieses kulturellen Wissens sich weder Traditionen bilden noch Institutionen halten können: genauso spezifisch ist für die moderne Lebenswelt aber auch ihre fortschreitende Rationalisierung. Hierzu gehört eine kritische Reflexionskultur, die ganz auf sich gestellt ist und somit nichts mehr hinter sich hat, woran sie ihre Fragen weiterreichen könnte – nicht einmal die Geschichte.

Für den liberalen Staat ist es mittlerweile geradezu selbst zur Tradition geworden, die Erneuerung von Traditionen an die Kritikfähigkeit und Innovationsbereitschaft der Bürger zu binden, was wohlgemerkt nicht notwendigerweise zu einer Wertezersetzung führen muss, sondern lediglich ihre Weiterführung von reflektierter Aneignung abhängig macht. Für sich gesehen bestehen jedenfalls solch hehre Worte wie „Ehe“ zunächst nur aus neuronalen Codierungen im Hirn, Bytes im Computer oder aus Tinte auf dem Papier, die erst durch Interpretation eine Bedeutung erhalten, welche sich zweifellos ändern lässt. Wie man „Ehe“ definiert, ist auch eine Wortfrage.

Nun versuchen die Gegner der gleichgeschlechtlichen „Ehe“ die traditionellen Vorstellungen vor genau solchen Wandlungen abzuschirmen und zu schützen. Dabei gibt es gute Gründe, den Ehebegriff zu erweitern, ähneln sich doch die beiden auf Dauer angelegten Lebensformen in vielerlei Beziehung. Insbesondere die katholische Kirche wandte sich hierzulande bereits gegen die Bezeichnung „Ehe“ für „Eingetragene Lebenspartnerschaft“ wie auch gegen diese selbst, die der damalige Kölner Kardinal Meisner sogar als staatliche Sanktionierung „von aus christlicher Sicht unsittlichen Lebensweisen“ verurteilte. Übereinstimmend mit vorrangig bayerischen und sächsischen Politikern glaubte er wie viele wertkonservative Mitbürger, dass mit dem Lebenspartnerschaftsgesetz nicht bloß ein verfassungsrechtlich bedenklicher, sondern auch ein gesellschaftspolitisch verfehlter Weg eingeschlagen wurde. Es war die Rede von „bewusster Zerstörung des ohnehin brüchigen Wertefundaments unserer Gesellschaft“, einem „Schritt zur weiteren Auflösung von Ehe und Familie“ als der unverzichtbaren Grundzelle jeder staatlichen Gemeinschaft – einem Schritt, der „schädlich für die Menschen und von Grund auf zerstörerisch für die Gesellschaft“ sei.

Zweifellos stecken hinter Befürchtungen solcher Art diffuse Ängste vor einer Verrohung der Sitten und der Aufhebung bewährter Lebensordnungen, als ob der Staat mit der gleichgeschlechtlichen Ehe eine entformte, affektbestimmte, triebhaft-grausame Lebenshaltung fördern und unterstützen würde. Offenbar glauben einige Zeitgenossen, hierdurch würden Tabus gebrochen, vorherrschende Werte hinterfragt, Traditionen geschleift, die Menschen primitiviert und auf ihr instabiles Triebleben zurückgeworfen. Die starken Dämme, welche die abendländische Kultur mit ihren lebensweltlichen Institutionen gegen die menschliche innere Triebnatur errichtet hat, um deren Macht zu mindern und Wildheit zu zähmen, drohen für sie durch die offizielle Anerkennung von Homosexualität geradezu niedergerissen zu werden.

Nun überschätzt eine solche Bewertung die Wirkung derartiger Gesetze aber nicht nur, sie schätzt sie zudem noch falsch ein. Deshalb ist es unsinnig in diesem Zusammenhang von Wertezerfall, Niedergang der Zivilgesellschaft oder gar Untergang des Abendlandes zu reden. Denn die gleichgeschlechtliche Ehe nimmt niemandem etwas weg. Nachteile für das Institut der heterosexuellen Ehe stehen nicht zu erwarten. Jedenfalls ist nicht zu erkennen, warum die Ehe in ihrem Bestand erschüttert wird, wenn sich Homosexuelle öffentlich zueinander bekennen und füreinander einstehen. Wie die bisherige Entwicklung zeigt, schadet die Anerkennung gleichgeschlechtlicher Paare weder der Gesellschaft im Allgemeinen noch der herkömmlichen Familie und Ehe im Besonderen.

Davon abgesehen sollte der besondere Schutz von Ehe und Familie doch auch für homosexuelle Kinder gelten, die darin entstehen und aufwachsen. Diesen die gleichen Rechte zuerkennen heißt mit zur gesellschaftlichen und familiären Normalität von Homosexualität beitragen, was sich nicht überall von selbst versteht, bedenkt man bloß die Verstellungen, Streitigkeiten und Brüche innerhalb vieler hiervon betroffenen Familien.

Genaugenommen geht es bei der gleichgeschlechtlichen Ehe also nicht bloß um Miet-, Erbschafts-, Auskunfts- und Besuchsrecht im Krankheitsfalle, so sehr auch durch die entsprechenden Regelungen eine Reihe menschlich tragischer Konflikte verhindert werden können. Darum scheint der Hinweis eher unangebracht, Homosexuelle könnten doch auch ohne Eherecht durch Testamente, Verträge und Vollmachten eventuelle Schwierigkeiten beim Vererben, Krankheitsbesuch oder Mietrecht vermeiden. Abgesehen von der berechtigten Frage, wie weit das Gesetz über die genannten Möglichkeiten tatsächlich hinausgeht, besitzt es zu alledem eine wichtige Signalfunktion, die sich nur vor dem Hintergrund der Geschichte angemessen würdigen lässt. Die Möglichkeit zur gleichgeschlechtlichen Ehe ist ein hochrangiges Symbol staatlicher Unterstützung im Kampf gegen Homophobie und Diskriminierung aufgrund sexueller Orientierung. Selbst wenn nicht alle Lesben und Schwulen eine auf Dauer angelegte Ehe eingehen wollen, mit der Möglichkeit hierzu wird Homosexualität – nach der Streichung des berüchtigten § 175 im Jahre 1994 – endlich als Teil der Gesellschaft offiziell anerkannt: homosexuelle Lebensgemeinschaft gewissermaßen als eine bürgerliche Existenzform mit eigenen Rechten und Pflichten. Solche Signale sind angesichts der Fortgeltung des im Nationalsozialismus verschärften § 175 bis 1969 genauso bedeutsam wie die ausdrückliche rechtliche Gleichstellung von Mann und Frau oder Schwarzen und Weißen. Darüber hinaus sind sie unverzichtbar als Förderung einer längst überfälligen gesellschaftlichen Integration der Homosexuellen, die trotz zunehmender gesellschaftlicher Toleranz und Akzeptanz bis heute noch ein ums andere Mal auf – wenn auch versteckte - Ablehnung stoßen.

Näher betrachtet ist dies alles überaus empörend und beschämend, zumal wenn man bedenkt, dass Diskriminierung von Homosexuellen nicht allein die Ausgrenzung einer Minderheit bedeutet, sondern auch eine Form von Rassismus darstellt.

Eine Art verkappter Rassismus

Wir alle können uns für oder gegen die eigene Sexualität entscheiden, uns zu ihr bekennen, sie verleugnen oder verschweigen; wir können uns aber nicht dafür oder dagegen entscheiden, von anderen sexuell angezogen zu werden. Ob homo- oder heterosexuell - wir alle erfahren fast täglich, dass sexuelle Orientierung nicht wählbar ist, sondern dass wir ihr nahezu ohnmächtig ausgeliefert sind. Was liegt da näher, als nach ihren Wurzeln zu fragen?

Allerdings werden gegen Forschungsprojekte dieser Art seit Jahrzehnten schwerwiegende Bedenken vorgebracht. Immer wieder melden sich Zweifel, ob Ursachenforschung überhaupt betrieben werden sollte, führten doch genetische Erklärungen der Homosexualität in der jüngeren Vergangenheit häufig zu deren Gleichsetzung mit einer physischen oder psychischen Fehlentwicklung der Betroffenen. Jedoch lassen sich solche Einschätzungen leicht zurückweisen, da sie niemals das Ergebnis einer objektiven Ursachenforschung sein können. Es ist absolut unmöglich, Homosexualität als körperliche oder seelische Fehlentwicklung zu entlarven, wenn man nicht zuvor bereits, ausgehend von einem bestimmten gesellschaftlichen, weltanschaulichen oder religiösen Wertesystem, sie als sittenwidrig, krankhaft oder unnatürlich eingestuft hat. Das heißt, jeder Versuch, Homosexualität als verfehlte Heterosexualität darzustellen, beruht auf einem Zirkelschluss (petitio principii, circulus vitiosus), bei dem das vorausgesetzt wird, was eigentlich erst bewiesen werden soll, bei dem also von einer zweifelhaften, beweisbedürftigen Prämisse ausgegangen wird. Demnach lässt sich ein Beweis für die Verwerflichkeit von Homosexualität auf dem Wege der Ursachenforschung grundsätzlich nicht erbringen. Umgekehrt kann jedoch mit Hilfe der Ursachenforschung gezeigt werden, dass die Diskriminierung von Lesben und Schwulen eine Form von Rassismus darstellt.

Noch sind alle bisher angenommenen Ursachen von Homosexualität äußerst umstritten. Seit Jahrzehnten führt die Frage danach regelmäßig zu Streit darüber, ob Homosexualität mehr angeboren als anerzogen, durch Veranlagung oder Sozialisation bestimmt wird. Ist sie das Resultat von Familie und Gesellschaft oder ein Produkt von Neuronen und Genen? Heute beziehen viele eine mittlere Position, derzufolge Homosexualität zwar biologisch fundiert wird, ihre Entwicklung aber auf einem Wechselspiel von Erbgut und Umwelt beruht. Man sagt, unsere Sexualität werde von genetischen wie sozialen Komponenten beeinflusst, sowohl angeborene als auch umweltbezogene Faktoren spielten bei ihrer Entwicklung eine tragende Rolle. Dennoch „deuten die gegenwärtig verfügbaren wissenschaftlichen Erkenntnisse auf einen wesentlichen Einfluss der genetischen Veranlagung hin und auf einen nur bescheidenen Einfluss der Erziehung.“[12]

Die Gegner solcher Auffassung machen in diesem Zusammenhang gerne auf die Gefahren aufmerksam, die sich aus dieser Sichtweise ergeben. Sie verweigern der naturwissenschaftlichen Erklärung ihre Zustimmung mit dem Argument, dass die Aufdeckung der natürlichen Mechanismen, welche einen Menschen lesbisch oder schwul werden lassen, zugleich die Möglichkeit eröffne, vor- oder nachgeburtlich ins Erbgut der Betroffenen einzugreifen - Ungeborene, deren sexuelle Neigung aufgrund genetischer Tests dann frühzeitig erkennbar würden, wegen voraussichtlicher Homosexualität als nicht erwünschtes Leben abzutreiben. Das sind zugegebenermaßen echte Gefahren, die man nicht unterschätzen darf.

Allerdings hat man sie nicht bereits dadurch gebannt, dass man Umwelt oder familiäre Beziehungen für die maßgeblichen Determinanten der Sexualität hält. Denn diese Sichtweise ermöglicht es wiederum zu denken, dass Homosexuelle eines Tages gegen ihren Willen „umgestrickt“, einem heterosexuellen Erziehungsprogramm, der sogenannten Konversionsthera-

---

12 *Le Vay*, Keimzellen der Lust, S. 10; vgl. auch *Hamer/Copeland*, Das unausweichliche Erbe.

pie und damit gleichsam einer Hirn- und Hüftwäsche unterzogen werden sollen.

Aus alledem wird deutlich: Das Wissen über die Ursachen von Homosexualität ist und bleibt gefährlich, solange die geltende Wertordnung Schwul- und Lesbischsein als krank, sittenwidrig oder unnatürlich ansieht. Doch lässt sich eine solche Einschätzung niemals auf die erwähnten Ursachen gründen, sondern immer nur auf eine Wertordnung, aus der sich diese Abwertung ergibt. Genaugenommen verhält es sich sogar so, dass gerade an den freigelegten Wurzeln der menschlichen Homosexualität erkennbar wird, dass eine Wertordnung, die das Ansehen und die Freiheit von Lesben und Schwulen einschränkt, grundsätzlich nicht in Ordnung sein kann. Allerdings sei zuzugeben: Solange die natürlichen Quellen der Homosexualität unbekannt bleiben, ist es nicht einmal denkbar, Schwule und Lesben in sogenannte „Normale" zu verwandeln. Deshalb kann man auch verstehen, dass manche ausdrücklich gegen Ursachenforschung sind, zumal es keinen wirklichen Erklärungsbedarf gibt.

Trotzdem scheint es unsinnig, mit Blick auf die angedeuteten Gefahren die genetischen Grundlagen der Homosexualität zu bestreiten, wenn es denn solche gibt. Das käme der kirchlichen Ignoranz gegen die zweifache Drehung der Erde zur Zeit Galileo Galileis gleich. Allgemein sollte man sich von der Vorstellung befreien, dass die naturwissenschaftliche Erforschung menschlicher Sexualität an sich bereits menschenverachtend sei; das wird sie erst, wenn sie mit dem Ziel betrieben wird, Schwule und Lesben von ihrer sexuellen Neigung wie von einer Krankheit zu heilen. Für die Zukunft jedenfalls steht zu erwarten, dass die weltweit betriebene funktionale Genomanalyse - die unaufhaltsame Erforschung der biologischen Grundlagen menschlichen Denkens, Wollens und Strebens – auch Licht in das Phänomen der Homosexualität bringen wird. Allerdings stecken diese Forschungen noch immer in den Anfängen; die meisten Hypothesen sind sogar ungesichert und zweifelhaft; die biologische Lesbenforschung hat nicht einmal richtig begonnen. Allerdings kommt es hier auf eine Lokalisierung spezieller Gene und Neuronen auch gar nicht an.

Viel wichtiger ist eine grundsätzliche Erkenntnis von schwerwiegender Tragweite: Wenn Homosexualität natürliche Ursachen hat, welche es auch immer sein mögen, dann muss jedes Wertesystem, das Schwule und Lesben als krank, unnatürlich oder sittenwidrig stigmatisiert, als rassistisch bezeichnet werden. Denn biologische Eigenschaften sagen für sich betrachtet nichts über den Wert eines Lebens aus, sie sind moralisch bedeutungslos, in ethischer und rechtlicher Beziehung so nebensächlich wie die Augenfarbe oder Körpergröße eines Menschen. Unterschiede in der sexuellen

Orientierung können keine Vorrechte der einen vor den anderen rechtfertigen. Bewertet man solche, durchaus sozialverträglichen Persönlichkeitsmerkmale trotzdem, so macht man sich einer Art Rassismus verdächtig. Üblicherweise wird nämlich rassistisch genannt, wer an sich sozialverträgliche, wertneutrale Naturanlagen, wie eine bestimmte Hautfarbe, moralisch auflädt, um anschließend jene, die im Besitz dieser Eigenschaften sind, entweder zu privilegieren oder zu diskriminieren. Wer demnach behauptet, das Leben eines Menschen mit heterosexueller Orientierung sei aufgrund seiner sexuellen Veranlagung wertvoller, sittlicher, gesünder, natürlicher als das von Schwulen und Lesben, ist – ob er dies möchte oder nicht - ein Rassist. Darum auch sollten jene künftig etwas vorsichtiger formulieren, die mit Bezug auf sogenannte „natürliche Sittengesetze“ und vermeintliche „Wesensbestimmungen“ des Menschen« homosexuelle Lebensweisen weiter als unsittlich oder unnatürlich verurteilen.

Es ergibt sich folgendes Bild: Einerseits ermöglichen die Erkenntnisse der biologischen Wurzeln menschlicher Homosexualität einen menschenverachtenden Missbrauch dieser Erkenntnisse, andererseits enthalten dieselben Erkenntnisse ein schwerwiegendes, möglicherweise das denkbar stärkste Argument gegen solchen Missbrauch und all die Wertesysteme, die dazu neigen. Denn sie machen offenbar, dass die Stigmatisierung homosexueller Frauen und Männer mehr ist als die Diskriminierung einer Minderheit: Sie erweist sich zusätzlich als eine Art von Rassismus.

Der Natur moralisch-rechtliche Ehren erweisen

Homosexuelle haben genauso ein Recht auf Achtung, Rücksicht und Sicherheit wie alle Menschen. Nur folgt dieser Anspruch nicht bereits aus der beschriebenen Natürlichkeit von Homosexualität. Darum führt in dieser Frage die Beobachtung gleichgeschlechtlicher Sexualität bei Tieren, wo sie ebenfalls einen festen Platz zu haben scheint, kaum weiter. Es ist zwar interessant zu sehen, dass es auch Sex zwischen gleichgeschlechtlichen Delfinen, Möwen, Pinguinen, Giraffen, Eichhörnchen und mehr als 400 anderen Tierarten gibt,[13] aber für die moralische und rechtliche Beurteilung von Homosexualität ist dies alles eher irrelevant. Freilich ist natürlich, was in der Natur vorkommt. Doch lässt sich daraus weder ableiten, dass eine Verhaltensweise gut oder schlecht ist und mit den Mitteln des Rechts unterstützt oder bekämpft werden sollte. Handlungsnormen und

13 Vgl. *Bagemihl*, Biological Exuberance.

Rechtsregeln lassen sich nicht aus der Natur ableiten, wie bereits David Hume und George E. Moore zeigten, denen zufolge kein Weg vom Sein zum Sollen führt. Deshalb spricht man bezüglich solch irrtümlicher Ableitungsversuche richtigerweise auch von „naturalistischem Fehlschluss."

Trotzdem sollten biologische Informationen bei der Aufstellung ethischer und rechtlicher Normenkataloge berücksichtigt werden, auch wenn sich aus ihnen keine normativen Regeln ergeben. Denn deskriptive Aussagen über angeborene Handlungsstrukturen können durchaus wichtige Erkenntnisse über die Grenzen erfüllbarer Verhaltensanforderungen an den Menschen liefern. Sie sind bereits ein Argument, weshalb moralische und rechtliche Vorschriften nicht gegen die menschliche Natur erlassen werden sollten, solange sich diese nicht sozialschädlich auswirkt, und legen somit nahe, Ethik und Recht am körperlichen Wohlbefinden und geistigen Wohlergehen der Menschen zu orientieren. In diesem Sinne sollten die Gebote und Gesetze der Sexualmoral nicht die menschliche Natur unterdrücken, wenn diese sozialverträglich und mit den Grundlagen friedlichen Zusammenlebens vereinbar ist.

Gleichwohl besitzt die menschliche Natur keine normative Kraft; ihre Unterdrückung ist bestenfalls ein Indikator unzumutbarer Zustände und Verhältnisse, die unsere Aufmerksamkeit so auf sich ziehen können, dass wir uns veranlasst sehen, hiergegen vorzugehen. Das aber heißt: Wir allein können uns die Freundlichkeit erweisen, unsere Wünsche und Interessen in moralische Ansprüche und einklagbare Rechte zu verwandeln.

Nun verbinden uns alle seit jeher bestimmte Grundbedürfnisse, wie schmerzfrei leben zu dürfen, satt zu essen und ein Dach über dem Kopf zu haben, die Anerkennung seiner Mitmenschen zu genießen und sich frei entfalten zu können, wozu auch der Wunsch nach sexueller Selbstbestimmung gehört, die in den Privatbereich fällt und deren wichtigste Grenze die Freiheit der anderen sein dürfte. Aus liberal-ethischer Sicht soll deshalb jeder auf seine Weise selig werden können, solange er hierbei seinen Mitmenschen keinen Schaden zufügt.

So betrachtet verhält sich nicht unsittlich, wer sich homosexuell betätigt, sondern vielmehr derjenige, der Homosexualität als abnormal, krank, sittenwidrig deklariert und auf diese Weise Lesben und Schwule diskriminiert. Im Gegensatz dazu gebietet bereits die verfassungsgeschützte Idee der Menschenwürde[14] eine gesellschaftliche Gleichbehandlung und konsequenterweise auch die rechtliche Gleichstellung von Homosexuellen.

---

14 Vgl. *Wetz*, Illusion Menschenwürde.

Vor dem entfalteten systematischen und historischen Hintergrund würde es geradezu wie blanker Hohn wirken, wenn auf der einen Seite für mehr Toleranz und Achtung vor Homosexuellen geworben wird, verschleppte und verfolgte Schwule sogar einstimmig im Bundestag rehabilitiert werden, um dann auf der anderen Seite ihnen einen verlässlichen Rechtsrahmen zu verweigern. Da kann man sich kaum des Eindrucks erwehren, dass der geforderte Respekt vor Homosexuellen von manchen doch nur als Lippenbekenntnis gemeint ist. Allerdings mögen die Gegner der gleichgeschlechtlichen Ehe, welche Moral und Recht auf ihrer Seite zu haben glauben, niemals übersehen, dass jede Form der Stigmatisierung schwuler Männer und lesbischer Frauen mehr ist als nur die ethisch fragwürdige Diskriminierung einer Minderheit – sie stellt auch eine Art von Rassismus dar.

Literaturverzeichnis

Bagemihl, Bruce
Biological Exuberance, New York 1999.

Dannecker, Martin
Der Homosexuelle und die Homosexualität, Frankfurt/M. 1978.

Freud, Sigmund
Das Unbehagen in der Kultur und andere kulturtheoretische Schriften, Frankfurt/M. 1996.

Hamer, Dean / *Copeland*, Peter
Das unausweichliche Erbe, München 1998.

Kant, Immanuel
Kants Werke. Akademie Textausgabe Bd. VI: Die Metaphysik der Sitten, Berlin 1968.

Katechismus der katholischen Kirche, München 1993.

Laertius, Diogenes
Leben und Meinungen berühmter Philosophen, Hamburg 1967.

Le Vay, Simon
Keimzellen der Lust, Heidelberg/Berlin/Oxford 1994.

Nagel, Thomas
Letzte Fragen, Bodenheim 1996.

Rhode-Dachser, Christa
Im Schatten des Kirschbaums. Psychoanalytische Dialoge, Bern 1995.
The Writings of Thomas Jefferson Bd. 1, Washington 1905, S. 194.

Wetz, Franz Josef
Illusion Menschenwürde, Stuttgart 2005.

Zwischen Frankreich und Indien: Amerika und „rassenbasierte" Affirmative Action[1]

Prof. Dr. Mark S. Weiner[2], Rutgers Law School

In diesem Aufsatz möchte ich ein Merkmal der „Rassenbeziehungen"[3] in den Vereinigten Staaten vorstellen, welches meiner Erfahrung nach von deutschen Studierenden oft nicht berücksichtigt wird. Ich möchte außerdem auf einige unerwartete Merkmale aus europäischer Sicht hinweisen. Das Thema wird unter verschiedenen Namen geführt, darunter „gutartige Diskriminierung", „positive Diskriminierung" oder, was noch häufiger vorkommt, „race-based Affirmative Action". Affirmative Action gibt es auch aufgrund des Geschlechts, aber ich werde den allgemeinen Begriff „Affirmative Action" als Kurzform für die ethnische Art verwenden, weil dies die Art von Affirmative Action ist, die juristisch und politisch umstritten ist (die auf dem Geschlecht basierende ist es viel weniger). Für meine

---

1 Aus dem Englischen übersetzt von Frau Dipl. iur. (Univ.) Jacqueline Sittig, Doktorandin und Wiss. Mit. am Lehrstuhl für Strafrecht, Strafprozessrecht, Rechtstheorie, Informationsrecht und Rechtsinformatik von Herrn Prof. Dr. Dr. Eric Hilgendorf an der Julius-Maximilians-Universität Würzburg.

2 Mark S. Weiner ist der Autor von *The Rule of the Clan: What an Ancient Form of Social Organization Reveals about the Future of Individual Freedom* (New York 2013) sowie mit Michael Widener Co-Autor von *Law's Picture Books: The Yale Law Library Collection* (Clark, New Jersey 2017). Er ist Gewinner des Grawmeyer Award for Ideas Improving World Order; *Americans without Law: The Racial Boundaries of Citizenship* (New York 2007), Gewinner des President's Book Award der Social Science History Association; und *Black Trials: Citizenship from the Beginnings of Slavery to the End of Caste* (New York 2004), Gewinner des Silver Gavel Award der American Bar Association; und ausgezeichnet mit dem Joseph L. Andrews Legal Literature Award der American Association of Law Libraries. Er hat einen A.B. in American Studies von der Stanford University, einen Ph.D. in American Studies von der Yale University und einen J.D. von der Yale Law School. Er lehrte lange Zeit Verfassungsrecht und Rechtsgeschichte an der Rutgers School of Law in Newark, New Jersey.

3 Aufgrund des verschiedenen Verständnisses des Begriffs „Race"/„Rasse" in den USA und Deutschland, wird der Begriff in der deutschen Übersetzung, soweit möglich, mit den Begriffen „Ethnie" und „rassistisch" ersetzt. Diese Begriffe sind in der deutschen Sprache vermehrt im Sprachgebrauch und entsprechen einer sinngemäßen Übersetzung.

Zwecke hier bedeutet Affirmative Action, dass die Regierung oder von der Regierung unterstützte Institutionen die Ethnie als Kriterium für die Zuteilung von Vorteilen und Lasten an Einzelpersonen verwenden, um historisch benachteiligte ethnische Minderheitengruppen zu unterstützen, oder aus Gründen, die konzeptionell eng mit diesem Ziel verbunden sind. Der Staat klassifiziert Einzelpersonen nach ihrer Ethnie und behandelt sie aufgrund dieser Klassifizierung unterschiedlich, allerdings nicht, um Minderheitengruppen zu benachteiligen – was rechtlich als „ungerechte" Diskriminierung gelten würde und somit eindeutig unzulässig wäre – sondern um diese Gruppen zu begünstigen und ihre einzelnen Mitglieder im Wettbewerb, um einige begrenzte öffentliche Ressourcen zu bevorzugen. Auch private Parteien führen Affirmative Action durch, die in diesem Zusammenhang mit dem gleichen Begriff bezeichnet werden. Allerdings wirft Affirmative Action durch private Parteien im amerikanischen Recht etwas andere, heiklere Fragen auf, so dass ich mich der Übersichtlichkeit halber auf die Maßnahmen der Regierung oder privater Institutionen, die erhebliche staatliche Unterstützung erhalten, wodurch sie denselben relevanten verfassungsrechtlichen Kriterien unterliegen, konzentrieren werde. In der rechtlichen Position, die sie gegenüber Affirmative Action einnehmen, liegen die Vereinigten Staaten irgendwo zwischen der Position Frankreichs und der Indiens – das ist der wesentliche Punkt, den ich vermitteln möchte, damit die Leserinnen und Leser einen Rahmen haben, in dem sie über diesen Aspekt der ethnischen Beziehungen nachdenken können, wenn sie ihm in ihrer zukünftigen Ausbildung begegnen.

Es gibt viele Arten von Affirmative-Action-Programmen. Die allgemeine Politik der Bevorzugung von Minderheitengruppen kann auf nahezu endlose Weise umgesetzt werden. Betrachten Sie einige Beispiele aus dem Bereich der Arbeitsverhältnisse. Stellen Sie sich vor, dass ein Amt für den öffentlichen Dienst zehn offene Stellen hat und die Hälfte dieser Stellen für historisch benachteiligte Minderheiten reserviert oder "beiseitegelegt" wird, das heißt, die Hälfte der Stellen muss mit Bewerberinnen und Bewerbern aus ethnischen Minderheiten besetzt werden. In diesem Fall hat das Amt eine Art von Förderungsprogramm eingeführt: eine explizite ethnisch basierte Beschäftigungs-Quote" (alternativ könnte auch eine implizite Ethnien bezogene Quote bestehen, die dann aber unausgesprochen oder heimlich durch ein weit gefasstes Ethnien bezogenes Einstellungs- „Ziel" umgesetzt würde). Ähnlich verhält es sich, wenn die Behörde anstelle eines Quotenprogramms die zehn Stellen ausschließlich auf der Grundlage, der von den Bewerberinnen und Bewerbern in einem 100-Punkte-Test erzielten Punktzahl besetzt, ähnlich wie beim Staatsexamen für deutsche Juristinnen und Juristen. Es bietet die Stelle den Bewerberinnen und Bewerbern mit der höchsten Punktzahl an, addiert aber für alle, die einer ethnischen Minderheit angehören, zehn zusätzliche Punkte zu ihrer Punktzahl. Dies wäre eine andere Art von Affirmative-Action-Programm, ein numerischer „Aufschlag“. Oder denken Sie an ein weiteres Szenario: Wenn die Behörde bei der Bewertung von Bewerberinnen und Bewerbern zwei Kandidatinnen oder Kandidaten hat, die sich in allen anderen Aspekten ähneln, jedoch gehört eine oder einer ethnischen Mehrheit an und die andere oder der andere einer ethnischen Minderheit, entscheidet sich die Behörde immer für die ethnische Minderheit – eine generelle Politik der ethnischen „Bevorzugung“ bei der Auswahl. Diese Politik könnte auf dem Prinzip beruhen, dass der Status einer ethnischen Minderheit immer ein vorteilhaftes Merkmal für die Beschäftigung ist. Betrachten wir abschließend ein etwas anderes Beispiel. Manchmal muss die Behörde Mitarbeiterinnen und Mitarbeiter aufgrund von Haushaltsengpässen entlassen. Im Allgemeinen werden Mitarbeiterinnen und Mitarbeiter in umgekehrter Reihenfolge der Betriebszugehörigkeit entlassen, aber es wird garantiert, dass der Prozentsatz derer, die einer ethnischen Minderheit angehören, in keinem Fall unter ein bestimmtes Niveau fällt, so dass manchmal das Prinzip der umgekehrten Betriebszugehörigkeit missachtet wird und eine jüngere Mitarbeiterin oder ein jüngerer Mitarbeiter, die oder der einer ethnischen Minderheit angehört, weiterbeschäftigt wird, obwohl sie oder er andernfalls entlassen worden wäre, und die ältere Mitarbeiterin oder der ältere Mitarbeiter, die oder der keiner Minderheit angehört, zuerst entlassen wird.

Dies sind nur einige wenige technische Illustrationen dafür, wie der Staat ethnische Minderheiten durch den Einsatz ethnischer Klassifizierung begünstigen kann. Das gesamte Spektrum solcher politischen Techniken ist unter dem Begriff „Affirmative Action“ bekannt und sie können in den verschiedensten Bereichen eingesetzt werden, in denen der Staat (oder private Institutionen) gegenüber Einzelpersonen handelt, beispielsweise bei Einstellungen und Entlassungen, bei der Gewährung von Dienstleistungsverträgen oder bei der Zulassung zu Universitäten. Ich ermutige Leserinnen und Leser, die das Thema weiter vertiefen wollen, sich mit den Details solcher Programme zu befassen und in die Feinheiten der Politik einzutauchen, denn dort sind die Kontraste zur deutschen und europäischen Praxis besonders deutlich und interessant. Betrachten wir aus der realen Welt zum Beispiel das Small Disadvantaged Business (SDB) Contracting-Programm der US-Bundesregierung, über das die Leserinnen und Leser über den in dieser Fußnote angegebenen Link mehr erfahren können.[4] Wie auf der Website der Small Business Administration erklärt wird, vergibt die Bundesregierung jedes Jahr etwa 10 % aller Bundesaufträge, das heißt etwa 50 Milliarden US-Dollar, an kleine benachteiligte Unternehmen – für die sich ein Unternehmen bewerben kann, wenn es zu 51 % oder mehr im Eigentum und unter der Kontrolle von einer oder mehreren sozial benachteiligten Personen steht. Als „Benachteiligung" wird definiert:

> ... eine widerlegbare Vermutung, dass die folgenden Personen sozial benachteiligt sind: Schwarze Amerikaner; Hispanoamerikaner; amerikanische Ureinwohner (Alaska Natives, Native Hawaiians oder registrierte Mitglieder eines bundes- oder einzelstaatlich anerkannten indigenen Stammes); asiatisch-pazifische Amerikaner (Personen mit Herkunft aus Burma, Thailand, Malaysia, Indonesien, Singapur, Brunei, Japan, China (einschließlich Hongkong), Taiwan, Laos, Kambodscha (Kampuchea), Vietnam, Korea, den Philippinen, dem U.S. Treuhandgebiet der Pazifischen Inseln (Republik Palau), der Republik der Marshallinseln, den Föderierten Staaten von Mikronesien, Commonwealth der Nördlichen Marianen, Guam, Samoa, Macao, Fidschi, Tonga, Kiribati, Tuvalu oder Nauru); [und] Asiatische Amerikaner vom Subkontinent (Personen mit Herkunft aus Indien, Pakistan, Bangladesch, Sri Lanka, Bhutan, den Malediven oder Nepal) ....[5]

Nachdem ein Unternehmen als SDB zertifiziert wurde, kann es verschiedene Vorzüge gemäß den Bundesvergabebestimmungen erhalten. Zu diesen Vorzügen gehörte in der Vergangenheit eine „Preisbewertungsanpassung" von bis zu 10 % bei der Kontaktaufnahme mit Angeboten, die auf jährlicher Basis für verschiedene Branchen festgelegt wurde, so dass ein von einer Minderheit geführtes Unternehmen nicht das niedrigste Angebot gewesen sein musste, um einen Bundesauftrag zu erhalten (diese Politik ist für einige Bereiche der Regierung ausgelaufen, mit der bemerkenswerten Ausnahme des Programms für Historically Underutilizied Business Zones).[6] Die Anpassung ist analog zu dem Beispiel des juristischen Staatsex-

---

4 U.S. Small Business Administration, SBA.gov, Small Disadvantaged Business.

5 Code of Federal Regulations, Eligibility Requirements for Participation in the 8(a) Business Development Program, Title 13, Chapter 1, § 124.103, e-CFR, abrufbar unter: https://ecfr.federalregister.gov/current/title-13/chapter-I/part-124/subpart-A/subject-group-ECFR4ef1291a4a984ab/section-124.103 (16.6.2021).

6 Code of Federal Regulations, Price Evaluation Adjustment for Small Disadvantaged Business Concerns, Title 48, Chapter 1, § 19.11, 2002, abrufbar unter: https://www.govinfo.gov/content/pkg/CFR-2002-title48-vol1/xml/CFR-2002-title48-vol1-p

amens, das ich zuvor nannte. Die mechanischen Details, wie ein solches Programm funktioniert, sind für europäische Leserinnen und Leser in der Regel überraschend und einer sorgfältigen wissenschaftlichen Betrachtung wert.

In den Vereinigten Staaten tauchte der Begriff Affirmative Action erstmals in den frühen 1960er Jahren auf und bedeutete ursprünglich, aktive Schritte zu unternehmen, um die Nichtdiskriminierung in institutionellen Praktiken sicherzustellen. Von Institutionen wurde erwartet, dass sie nachweisen konnten, dass sie verschiedene Maßnahmen ergriffen hatten, um sicherzustellen, dass Minderheiten nicht implizit gegenüber Weißen benachteiligt wurden. Aber die Art von Programmen, mit denen der Begriff heute in Verbindung gebracht wird, in denen rassistische Diskriminierung aktiv als ein Gut betrachtet wird, begann in den frühen 1970er Jahren. Sie entstanden zum Teil aus der Überzeugung, dass ein Kernziel der afroamerikanischen Bürgerrechtsbewegung, nämlich die Beseitigung der öffentlichen und privaten Diskriminierung aufgrund der Hautfarbe – um das Gesetz „farbenblind“ zu machen –, ein unzureichendes Mittel war, um ein anderes Kernziel der Bewegung zu erreichen, nämlich den sozialen und wirtschaftlichen Aufstieg der schwarzen Amerikanerinnen und Amerikaner insgesamt. Dieses Umdenken, das sich nicht nur auf Afroamerikanerinnen und Afroamerikaner, sondern auch auf andere Minderheitengruppen bezog, basierte zum Teil auf dem Argument, dass die Umsetzung formaler rechtlicher Gleichheit vor dem Hintergrund materieller Gruppenungleichheit diese Ungleichheit verewigt oder zumindest nichts zu ihrer Verringerung beiträgt. Wie Anatole France einst schrieb, verbietet das Gesetz „den Reichen wie den Armen, unter den Brücken zu schlafen, auf den Straßen zu betteln und Brot zu stehlen.“[7] So wurde das Ziel der Bürgerrechtsbewegung, die rassistische Diskriminierung tout court zu beenden, allmählich durch die Idee ergänzt, dass die Diskriminierung zuweilen tatsächlich recht robust existieren sollte – nicht für böswillige Zwecke, sondern eher für „positive“ Zwecke. Diese Idee ist eine Quelle großer verfassungsrechtlicher Kontroversen und stellt einen der bedeutendsten politischen Brennpunkte in der amerikanischen Politik heute dar, unter anderem deshalb, weil sie einen Zusammenstoß zwischen

art19-subpart19-11.xml (16.6.2021). Eine Bestimmung dieser Art aus der Clinton-Ära findet sich in Office of Management and Budget, Archiv des Weißen Hauses Obama, Small Disadvantaged Business Procurement: Reform of Affirmative Action in Federal Procurement. Zum Programm Historically Underutilized Business Zones, siehe U.S. Small Business Administration, SBA.gov, HUZone program.

7 *France*, The Red Lily, „Madame Has Her Way“ [Chapter 7].

zwei Auffassungen von Gerechtigkeit beinhaltet: eine, die Gerechtigkeit in der liberalen Tradition als eine prozessorientierte Angelegenheit sieht, die Individuen schützt, und eine andere, welche sie als eine ergebnisorientierte Angelegenheit für Gruppen betrachtet. Es gibt keine einfache Auflösung dieses Konflikts.

Ich habe angemerkt, dass die Vereinigten Staaten irgendwo zwischen Frankreich und Indien liegen, wenn es um unsere rechtliche Position zu Affirmative Action geht. Um zu verstehen, warum das so ist, können wir mit Frankreich beginnen, wo es keine auf der ethnischen Herkunft basierenden Förderungsprogramme gibt. Man würde dort kein Äquivalent zum Small Disadvantaged Business Program finden – zumindest als ich das letzte Mal nachgesehen habe! Das liegt daran, dass es in Frankreich das gibt, was wir in Amerika als „per se"-Regel gegen ethnische Klassifizierung bezeichnen würden: Der Regierung ist es einfach nicht erlaubt, Personen aufgrund ihrer Ethnie zu klassifizieren, Punkt. Eine rhetorische Frage, die ich meinen amerikanischen Studierenden manchmal stelle, lautet: „Wie viel Prozent der Insassinnen und Insassen in französischen Gefängnissen sind schwarz oder haben nordafrikanische Wurzeln oder Abstammung?" Während ich auf die Antwort warte, fangen viele Studierende an, im Internet zu suchen, um die Antwort zu finden, aber sie können es nicht. Die Geschwindigkeit des Tippens nimmt in der Regel zu, während die Uhr weiter tickt und die Augenbrauen sich zu runzeln beginnen. Die allgemeine Antwort lautet natürlich „viele", aber wir wissen nicht genau, wie viele, weil die französische Regierung keine Statistiken über Personen nach Ethnie oder auch nach Religion führt.[8] Das schockiert meine Studierenden normalerweise, weil es ihnen offensichtlich erscheint, dass man ein Problem nicht angehen kann, wenn man sein Ausmaß nicht wirklich kennt, aber die Tatsache hilft, die Tiefe der Verpflichtung des republikanischen Frankreichs zu relativieren, keine rassistischen Kriterien als Grundlage für staatliche Maßnahmen zu verwenden, einschließlich „positiver" Maßnahmen. Denn wenn ein Land nicht einmal Statistiken über die Ethnie eines Individuums erheben kann, kann man sicher sein, dass die Ethnie niemals ein formaler Faktor bei einer Einstellungsentscheidung für den öffentlichen Dienst oder bei öffentlichen Aufträgen sein kann.

---

8 Diese Tatsache kann französische Gesetzgeber zu Spekulationen zwingen, die aus amerikanischer Sicht unglaublich erscheinen können. Siehe z.B. Justice Administration Pénitentaire, Rapport d'information du député Guillaume Larrivé, 14: „L'absence de statistique officielle ne doit pas empêcher de regarder la réalité en face, telle qu'elle est vécue au quotidien par les acteurs de terrain et évaluée par les observateurs.".

Frankreich hat seine eigene Geschichte, die zu dieser Position geführt hat und die bis ins Jahr 1789 zurückreicht, aber die meisten anderen europäischen Nationen vertreten eine ähnliche Ansicht, wenn auch normalerweise nicht ganz so streng. In Deutschland ist das entsprechende Prinzip in Artikel 3 des Grundgesetzes verankert, der bei der Definition der rechtlichen Gleichstellung darauf hinweist, dass „niemand wegen seiner Rasse bevorzugt oder benachteiligt werden darf", und eine solche Verpflichtung erwächst natürlich insbesondere aus den Erfahrungen des Nationalsozialismus.[9] Deutschland scheint noch nicht mit entsprechenden Förderprogrammen der Art experimentiert zu haben, wie wir sie in den Vereinigten Staaten haben, aber nach meiner Auffassung des Grundgesetzes wären diese Programme, sollte es jemals einen politischen Vorstoß für ihre Anwendung geben – und ich denke, es wird ihn sicherlich irgendwann geben, weil diese Programme ihren Empfängerinnen und Empfängern einen enormen Wert bieten, einschließlich des reinen finanziellen Wertes – nach deutschem Recht eindeutig verboten. Die Verfassungen einiger europäischer Nationen könnten solche Programme theoretisch erlauben. In Schweden zum Beispiel verbietet Kapitel 2, Teil 4, Artikel 12 der nationalen Verfassung Rassendiskriminierung nur dann, wenn sie „nachteilig" für eine Minderheitengruppe ist.[10] Sollten solche Programme jedoch umgesetzt werden, wären sie wahrscheinlich letztendlich durch europäisches Recht verboten, insbesondere durch das Protokoll 12 der Europäischen Menschenrechtskonvention.[11] Zumindest wären solche Programme rechtlich äußerst umstritten. Zusammenfassend lässt sich sagen, dass die europäische Position, sowohl auf nationaler Ebene als auch in Bezug auf die übergreifenden, grundlegenden Prinzipien der EU – die unter ausdrücklicher Berücksichtigung der Allgemeinen Erklärung der Menschenrechte im Jahr 1948 entwickelt wurden – Affirmative Action strikt ablehnt.

Indien stellt den diametral entgegengesetzten Fall dar. Die indische Verfassung enthält zentrale Bestimmungen, die den Staat dazu verpflichten,

---

9 GG, Art. 3 (Hervorhebung hinzugefügt).

10 *Isberg*, The Constitution of Sweden: The Fundamental Laws and the Riksdag Act, 8-9.

11 Council of Europe, Protocol No. 12 to the Convention for the Protection of Human Rights and Fundamental Freedoms, European Treaty Series, No 177 (Rome, 4.XI.2000), abrufbar unter: https://www.echr.coe.int/Documents/Library_Collection_P12_ETS177E_ENG.pdf (16.6.2021); see also European Convention on Human Rights (European Court of Human Rights, n.d.), abrufbar unter: https://www.echr.coe.int/documents/convention_eng.pdf, 50-53 (16.6.2021).

die Kastenzugehörigkeit von Personen zu berücksichtigen und Mitglieder der „Scheduled Castes“[12], „Scheduled Tribes“[13] und „Other Backward Castes“[14] zu bevorzugen (ich stelle hier eine Parallele zwischen Kaste und Ethnie her, und obwohl es eine unvollkommene Parallele ist, sind die formalen Eigenschaften der Gesetze, um die es geht, dieselben). Am bemerkenswertesten ist Artikel 16, der besagt, dass es „Chancengleichheit für alle Bürger in Bezug auf die Beschäftigung oder die Ernennung zu irgendeinem Amt im Staat“ geben soll und anschließend feststellt, dass „nichts in diesem Artikel den Staat daran hindert, Vorkehrungen für die Vorbehaltung von Ernennungen oder Stellen zugunsten einer zurückgebliebenen Klasse von Bürgern zu treffen, die nach Ansicht des Staates in den staatlichen Diensten nicht angemessen vertreten ist“. Ebenso verkündet Artikel 46: „Der Staat fördert mit besonderer Sorgfalt die erzieherischen und wirtschaftlichen Interessen der schwächeren Bevölkerungsgruppen, insbesondere der „Scheduled Castes“ und der „Scheduled Tribes“, und schützt sie vor sozialer Ungerechtigkeit und allen Formen der Ausbeutung“.[15] Infolgedessen klassifiziert die Regierung regelmäßig Individuen auf der Grundlage ihrer Kaste und verteilt dementsprechend Leistungen – sie diskriminiert, wenn auch mit einer „positiven“ Absicht. Auf Quoten basierende Förderprogramme, „Reservierungen“ genannt, sind in der gesamten indischen Gesellschaft präsent. Es gibt sie bei der Einstellung im öffentlichen Dienst, bei der Zulassung zu Universitäten und sogar bei der Besetzung von „wissenschaftlichen und technischen Stellen“.[16] Am auffälligsten aus europäischer Sicht ist der Artikel 330, der die kastenbasierte Zuteilung von Sitzen im Parlament ankündigt:

> Die Anzahl der Sitze, die in einem Bundesstaat oder einem Gebiet der Union für die „Scheduled Castes“ oder die „Scheduled Tribes“ gemäß Absatz (1) reserviert werden, muss so weit wie möglich im gleichen Verhältnis zur Gesamtzahl der diesem Bundesstaat oder Gebiet der Union zugeteilten Sitze im House of the People stehen, wie die Bevöl-

12 Auf Deutsch: „Gelistete Kasten“.

13 Auf Deutsch: „Registrierte Stammesgemeinschaften“.

14 Auf Deutsch: „Andere zurückgebliebene Klassen“.

15 New Delhi: Government of India, Legislative Department, Ministry of Law and Justice n.d., The Constitution of India (As on 9th November, 2015), abrufbar unter: https://legislative.gov.in/sites/default/files/coi-4March2016.pdf, 7-8, 23 (16.6.2021).

16 Siehe z. B. Government of India, Ministry of Heavy Industries & Public Enterprises, Department of Public Enterprises, Brochure on Reservation for SCs/STs and OBCs-reg.

> kerungszahl der „Scheduled Castes" in dem Bundesstaat oder Gebiet der Union oder der „Scheduled Tribes" in dem Bundesstaat oder Gebiet der Union oder in dem Teil des Bundesstaates oder Gebiets der Union, für den die Sitze reserviert sind, zur Gesamtbevölkerung des Bundesstaates oder Gebiets der Union steht.[17]

Leserinnen und Leser, die daran interessiert sind, den verfassungsrechtlichen Ursprung und die Grundlage solcher Programme nachzuvollziehen, möchten vielleicht die Arbeit des indischen Verfassungstheoretikers und -verfassers B. R. Ambedkar lesen.[18] Kurz gesagt, es gibt überhaupt kein Problem mit Affirmative Action in Indien. In Indien wurde die positive Diskriminierung als Politik in allen Bereichen der Regierung, der Bildung und der Wirtschaft eingeführt.

Die Vereinigten Staaten befinden sich zwischen diesen Polen. Ich habe bereits erwähnt, dass Affirmative-Action-Programme in Amerika in den 1970er Jahren aufkamen, aber um die Natur der verfassungsrechtlichen Kontroverse zu verstehen, die sie aufwerfen, muss man auf die Ratifizierung des Vierzehnten Zusatzartikels zu unserer Verfassung im Gefolge des US-Bürgerkriegs im Jahr 1868 zurückblicken. Der Vierzehnte Zusatzartikel enthält unseren Gleichheitsgrundsatz und ist damit ähnlich wie Artikel 3 des Grundgesetzes in Deutschland. Der Zusatzartikel besagt, dass die Regierung keiner Person „gleichen Schutz durch die Gesetze"[19] verweigern darf. Das bedeutet nicht, dass alle Gesetze alle Personen genau gleich behandeln müssen; schließlich machen die meisten Gesetze Unterscheidungen zwischen Individuen aufgrund des einen oder anderen Kriteriums. Zum Beispiel sind Menschen in den Vereinigten Staaten im Allgemeinen nicht berechtigt, einen Führerschein zu machen, bevor sie sechzehn Jahre alt sind – das ist eine Unterscheidung zwischen Personen aufgrund des Alters. Ebenso beträgt der Bundessteuersatz für Einzelpersonen heute 10 % für diejenigen, die jährlich 9.875 US-Dollar oder weniger verdienen, und 37 % für diejenigen, die 518.401 US-Dollar oder mehr verdienen. Dies ist eine Unterscheidung zwischen Personen basierend auf dem Einkommen. Die Frage für das Verfassungsrecht und die Rechtswissenschaft ist: Wann sind solche Unterscheidungen legitim? Das ist es, was rechtliche Gleichheit oder „gleichen Schutz" erfordert, dass die Klassifizierungen, die

---

17 The Constitution of India, 206.

18 Siehe z. B. *Ambedkar/Anand/Roy*, Annihilation of Caste: The Annotated Critical Edition.

19 National Archives, The Constitution: Amendments 11-27, U.S. Constitution, Amendment 14.

den meisten Gesetzen gemeinsam sind, ausreichend gerechtfertigt sind. Das ist die Bedeutung von Gleichheit in unromantischen juristischen Begriffen ausgedrückt.

Zur Beantwortung dieser Frage haben die amerikanischen Gerichte im Laufe der Zeit ein dreistufiges Analysesystem entwickelt, mit dem viele deutsche Jurastudierende bereits vertraut sind. Das System erfordert ein unterschiedliches Maß an Zweckmäßigkeit eines Gesetzes, je nach Art der in Frage stehenden Klassifizierung. Gesetze, die Klassifizierungen verwenden, die im Allgemeinen aus historischen, politischen oder philosophischen Gründen nicht als problematisch angesehen werden, wie zum Beispiel alters- oder vermögensbasierte Klassifizierungen, unterliegen der „rational basis review".[20] Dieser Standard verlangt, dass die Verwendung der angefochtenen Klassifizierung durch das Gesetz lediglich in „rationalem Zusammenhang" mit einem „legitimen staatlichen Interesse" steht, was eine sehr niedrige Messlatte ist. Steht eine 16-Jahres-Grenze für das Autofahren in rationalem Zusammenhang mit dem legitimen Interesse der Regierung an der Verkehrssicherheit? Auf jeden Fall – und damit ist sie verfassungskonform. Klassifizierungen, die ein größeres gerichtliches Misstrauen hervorrufen, wie z.B. geschlechtsspezifische Klassifizierungen, unterliegen der „intermediate scrutiny", die verlangt, dass die Klassifizierung in „substanziellem Zusammenhang" mit einem „wichtigen staatlichen Interesse" steht, ein höherer Standard. Ist zum Beispiel die Beschränkung der Einschreibung in eine Bundesmilitärakademie auf Männer wesentlich mit dem nationalen Interesse verbunden, eine erstklassige Kampftruppe sicherzustellen? Nein, und deshalb wurde diese Politik am Virginia Military Institute niedergeschlagen.[21]

Klassifizierungen, die das größte richterliche Misstrauen hervorrufen, wozu auch ethnische Klassifizierungen gehören, müssen „notwendig" oder „absolut notwendig" sein, um ein „zwingendes staatliches Interesse" zu erreichen. Dies ist eine hohe Messlatte, aber es bedeutet nicht, dass alle staatlichen Maßnahmen, die sich auf ethnische Klassifizierungen stützen, der verfassungsrechtlichen Prüfung entgehen. Betrachten Sie zwei Beispiele, bei denen die Verwendung der Ethnie legitim wäre, sogar für die meisten Menschen in nicht-juristischer Hinsicht. Wenn es in einem Gefängnis zu einem Aufstand kommt, dann könnte es für den Staat notwendig sein,

20 Altersbedingte Diskriminierung ist in den USA jedoch regelmäßig gesetzlich verboten, beispielsweise durch den Age Discrimination in Employment Act von 1967, der die in Deutschland üblichen Zwangsverrentungsprogramme verbietet.

21 United States v. Virginia, 518 U.S. 515 (1996).

die Insassinnen und Insassen zum Zweck der Sicherheit des Gefängnisses vorübergehend nach Ethnien zu trennen. Sicherlich würden die Gefängnisbeamtinnen und Gefängnisbeamten rechtmäßig handeln, wenn sie dies täten; sie würden im Einklang mit der allgemeinen verfassungsmäßigen Forderung nach Gleichheit handeln. Ein ähnliches Szenario – das früher häufiger vorkam als heute – betrifft eine bestimmte Einrichtung wie ein Unternehmen oder einen Wirtschaftszweig, der in der jüngeren Vergangenheit rassistische Einstellungen vorgenommen hat. In einem solchen Fall könnte ein Gericht rechtmäßig anordnen, dass das Unternehmen für einen bestimmten Zeitraum Einstellungspraktiken anwendet, die die ethnische Gruppe bevorzugen, gegen die es diskriminiert hat, bis die Zusammensetzung der Beschäftigten so aussieht, wie sie „ohne“ die ursprüngliche rassistische Diskriminierung ausgesehen hätte. In einem solchen Fall würde die ethnische Einstufung von Personen dazu dienen, eine bestimmte Geschichte von diskriminierendem Verhalten in der Vergangenheit zu beheben; sie wäre sogar notwendig, um die Dinge richtig zu stellen.

Es gibt eine lebendige und lesenswerte Rechtsprechung, die versucht, diesen dreistufigen Prüfungsmaßstab zu erklären und zu begründen, warum bestimmte Klassifizierungen besonders verdächtig sind und mit besonderer Präzision und Kraft gerechtfertigt werden müssen. Diese Rechtsprechung ist es wert, berücksichtigt zu werden, da diese Fragen in Europa mit zunehmender Multikulturalität zweifellos immer mehr in den Vordergrund treten werden. Ein interessantes Argument, das es zu bedenken gilt, ist, dass rechtliche Klassifizierungen angemessen strenger geprüft werden, wenn sie Anlass zu der Besorgnis geben, dass der politische Prozess versagt, so dass die Gruppe, die der Klassifizierung unterworfen ist, nicht effektiv für sich selbst im öffentlichen Raum eintreten kann. Ethnische Klassifizierungen sind in dieser Hinsicht besonders besorgniserregend, weil wir befürchten, dass die politische Stimme diskreter, identifizierbarer, unveränderlicher Minderheitengruppen effektiv unterdrückt werden kann oder dass sie von dem Geben und Nehmen der Interessengruppenpolitik ausgeschlossen werden. Unter diesen Gesichtspunkten werfen Klassifizierungen auf der Grundlage von Alter oder Geschlecht weniger verfassungsrechtliche Bedenken auf. Das Alter ist keine unveränderliche Kategorie – jeder Mensch altert. Ebenso ist das Geschlecht keine isolierte Klasse: Die meisten Frauen haben eine Familie, zu der auch ein Mann gehört, und vice versa. Diese Rechtsprechung geht auf einen Verweis auf „diskrete und abgeschottete Minderheiten“ in Fußnote vier des Falles Carolene Products von 1938 zurück, die oft als die berühmteste Fußnote im amerikanischen

Verfassungsrecht angesehen wird.[22] Wie diese Rechtsprechung nicht auf Diskriminierung aufgrund von Ungleichbehandlung, die traditionelle Sorge, sondern vielmehr auf verbessernde Bemühungen angewendet werden sollte, bei denen eine ethnische und politische Mehrheit versucht, eine ethnische und politische Minderheit zu unterstützen, indem sie ihre eigenen Möglichkeiten einschränkt, ist eine sehr heikle Angelegenheit, unter anderem deshalb, weil Mehrheiten in ihrem Denken selten monolithisch sind, und weil, sobald „positive" Präferenzen umgesetzt wurden, ihr Wert für die begünstigte Interessengruppe so groß ist, dass sie fast unmöglich beendet werden können, selbst wenn sie unter den Bedingungen ihrer ursprünglichen Rechtfertigung nicht mehr erforderlich sind.

Und so sitzen wir hier in den Vereinigten Staaten, zwischen Frankreich und Indien oder zwischen Indien und Europa, mit Affirmative-Action-Programmen, die zwar zulässig sind, aber nur unter bestimmten Umständen, nämlich solchen, die dem Test der „strict scrutiny" entsprechen. In diesem Zusammenhang ist der größte Brennpunkt für seine Anwendung heute die Hochschulzulassung, und wir werden wahrscheinlich bald einen wichtigen Fall vor dem Obersten Gerichtshof zu diesem Thema sehen, wie ich noch erklären werde. Man kann mit Fug und Recht behaupten, dass fast jede Hochschuleinrichtung in den Vereinigten Staaten irgendeine Form von impliziten oder expliziten Ethnien basierte Förderprogrammen praktiziert, nicht nur bei der Zulassung von Studierenden, sondern auch bei der Einstellung von Lehrkräften und Mitarbeiterinnen und Mitarbeitern. Diese Programme können sehr robust sein, vor allem auf unausgesprochene Weise, und sie können auch dann umgesetzt werden, wenn die Staaten, in denen sich diese Universitäten befinden, die Anwendung von Fördermaßnahmen durch staatliche Verfassungsreferenden verboten haben, wie zum Beispiel in Michigan und Kalifornien. Hier ist der rechtliche und politische Handlungsbedarf gegeben.

Ein Grund, warum positive Maßnahmen in der Hochschulbildung so umstritten sind, liegt darin, dass Universitäten in der Regel keine jüngere Geschichte der ungerechten rassistischen Diskriminierung der Art aufweisen, die eine positive Diskriminierung als Mittel zur Umsetzung einer rückwärtsgerichteten Wiedergutmachung von spezifischem Unrecht der Vergangenheit rechtfertigen würde. Die jüngste bemerkenswerte Anwendung von rassistischen Quoten gegen eine Minderheitengruppe waren die expliziten und impliziten Quoten, die verwendet wurden, um die Anzahl

---

22 U.S. v. Carolene Products Company, 304 U.S. 144 (1938). Siehe *Ely*, Democracy and Distrust: A Theory of Judicial Review.

der Jüdinnen und Juden in Elite-Colleges und Graduiertenprogrammen zu begrenzen, was im Laufe der 1950er Jahre endete.[23] Der Oberste Gerichtshof hat jedoch entschieden, dass es Universitäten erlaubt ist, Ethnien bewusste Affirmative-Action-Programme einzusetzen, um eine „rassisch vielfältige“ Studentenschaft zu erreichen, da eine solche Studentenschaft den heutigen Bildungszwecken dient. Das Argument ist, dass Universitäten legitimerweise entscheiden könnten (und die meisten Universitäten haben dies getan), dass die Anwesenheit von Studierenden mit verschiedenen ethnischen Hintergründen das Lehren und Lernen verbessert. Nach dem „strict scrutiny“-Standard ist eine solche pädagogische Verbesserung das zwingende staatliche Interesse, das eine Universität durch Ethnien bewusste Zulassungsprogramme erreicht. Wichtig ist jedoch, dass das Ziel, diese vielfältige Studentenschaft zu erreichen, nicht alle Ethnien bewussten Zulassungsprogramme rechtfertigt; es rechtfertigt nur einen engen, begrenzten Bereich von ihnen. Nur eine begrenzte Anzahl von Mitteln ist zulässig, um ethnische Vielfalt als Ziel zu erreichen. Quoten oder Reservierungen, wie sie zum Beispiel in Indien üblich sind, sind unzulässig, weil sie nicht als „notwendig“ angesehen werden. Eine Universität kann das zwingende staatliche Interesse der Vielfalt auf andere Weise erreichen. Ebenso sind numerische Zuschläge, wie ich sie in meinem Beispiel mit dem deutschen Staatsexamen erwähnt habe, unzulässig. Was zulässig ist, ist die Berücksichtigung der Ethnie der Bewerberin oder des Bewerbers durch die Zulassungsbeamtinnen oder -beamten bei der Bewertung einer Bewerbung im Rahmen einer „individualisierten“ Gesamtbeurteilung der Bewerberin oder des Bewerbers – die Ethnie wird theoretisch als vager „Plus“-Faktor bei der „ganzheitlichen“ Auswahl Studierenden verwendet. Für Leserinnen und Leser, die die Entscheidungen des Gerichtshofs zu diesen Fragen lesen möchten, sind die Fälle Regents of University of California v. Bakke (1978), Grutter v. Bollinger (2003) und Gratz v. Bollinger (2003) sowie Fisher v. University of Texas (2016) zu empfehlen.[24] In diesen Fällen kann man beobachten, wie sich unser höchstes Gericht zwischen dem kastengesättigten Indien und dem republikanischen Frankreich bewegt – zwischen gruppenbasierten und individuellen Vorstellungen von Gerechtigkeit und Fairness.

23 Für eine Diskussion über die Geschichte der Juden an einer besonders wichtigen Universität siehe *Oren*, Joining the Club: A History of Jews and Yale.

24 Regents of the University of California v. Bakke, 438 U.S. 265 (1978); Grutter v. Bollinger, 539 U.S. 306 (2003); Gratz v. Bollinger, 539 U.S. 244 (2003); Fisher v. University of Texas, 570 U.S. 297 (2013). Alle diese Fälle sind leicht online zugänglich.

Es gibt viele praktische und rechtswissenschaftliche Einwände gegen Affirmative Action an Universitäten. Ich möchte kurz auf einen von ihnen eingehen, der speziell mit Blick auf deutsche und europäische Leserinnen und Leser ausgewählt wurde. Tatsächlich verzichte ich mit Blick auf dieses Publikum darauf, Argumente für solche Programme zu erörtern, in der Annahme, dass sie insbesondere für die Teilnehmerinnen und Teilnehmer dieser Vortragsreihe offensichtlich sein werden.[25]

In der Praxis besteht eine wesentliche Kritik an Affirmative Action darin, dass sie ironischerweise Studierenden aus Minderheiten eher schadet als hilft. Das Argument lautet wie folgt. Das amerikanische Hochschulwesen ist ein großer, diversifizierter, segmentierter und wettbewerbsintensiver Markt. Es gibt Tausende von Schulen, die verschiedene Arten von Programmen anbieten, und innerhalb der über 100 akademisch orientierten Top-Schulen gibt es einen bedeutenden Wettbewerb um die Zulassung, der hauptsächlich auf früheren Noten und standardisierten Testergebnissen basiert. Innerhalb dieser Schulen neigen die Schülerinnen und Schüler daher dazu, sich in einem bestimmten Bereich von Testergebnissen zu gruppieren. Wenn die Ethnie als Plus-Faktor bei der Zulassung verwendet wird, und sei es auch nur auf die vom Gericht ausdrücklich erlaubte vage Art und Weise, besuchen Schülerinnen und Schüler aus Minderheiten, die ohne positive Maßnahmen an Schulen zugelassen worden wären, deren Schülerinnen und Schülerergebnisse um den Bereich X herum liegen, stattdessen Schulen, deren Durchschnittsergebnisse X+Y betragen (der Einfachheit halber und um mit den Bedingungen der Preisanpassungspolitik des Small Disadvantaged Business Program übereinzustimmen, sei Y=X * 0,10). Gleichzeitig werden Schülerinnen und Schüler, die einer Minderheit angehören und an einer Schule mit einer Durchschnittspunktzahl von X-Y zugelassen worden wären, an Schulen im Bereich X zugelassen, was diese Schülerinnen und Schüler, die einer Minderheit angehören, im Wettbewerb um die schulische Auszeichnung an ihren Institutionen sofort benachteiligt. Dies geschieht an allen Schulen, außer an den allerbesten und elitärsten Institutionen, was zu dem führt, was Kritikerinnen und Kritiker als „institutionelle Fehlanpassung" zwischen Studierenden und Universitäten bezeichnen.[26] Aus dieser Sicht sind die meisten Studierende, die einer Minderheit angehören, ironischerweise dazu verdammt, in der unteren

25 Für ein Argument zugunsten der Programme siehe *Bowen/Bok*, The Shape of the River: Long-term Consequences of Considering Race in College and University Admissions.

26 Siehe *Sander/Taylor, Jr.*, Mismatch: How Affirmative Action Hurts Students It's Intended to Help, and Why Universities Won't Admit It.

Hälfte ihrer Kurse zu landen (was ebenfalls zu einem enormen Druck in Richtung Noteninflation führt). Die Universitäten als Institutionen erlangen eine größere soziale Glaubwürdigkeit, indem sie über eine vielfältige Studentenschaft verfügen, insbesondere die Elite-Institutionen, aber sie erlangen diese größere Legitimität auf dem Rücken einer systematischen Schädigung des Selbstkonzepts von Minderheitenstudierenden und von Schulen, die traditionell als Kanäle für die Armen und die Arbeiterklasse zu größerer sozialer und wirtschaftlicher Sicherheit gedient haben. Um diese Theorie zu erörtern, könnten die Leserinnen und Leser an der Arbeit des Ökonomen Thomas Sowell interessiert sein – tatsächlich würde ich allen europäischen Studierenden raten, sich mit den energischen Schriften „konservativer" afroamerikanischer Intellektueller zu diesem Thema zu befassen, wie zum Beispiel Richter Clarence Thomas, Glenn Loury, John McWhorter, Shelby Steele (oder, im Wall Street Journal, die kurzen, zugänglichen Kolumnen von Jason L. Riley).[27] Diese Stimmen reisen selten über den Atlantik, während „progressive" Stimmen dies tun, aus Gründen, die es wert sind, darüber nachzudenken.

Aus rechtswissenschaftlicher Sicht merken Kritikerinnen und Kritiker an, dass die Erlaubnis für eine Universität, die Ethnie als Faktor in einer nominell individualisierten Beurteilung zu verwenden, in Wirklichkeit ein Deckmantel für die Aufrechterhaltung eines uneingestandenen Quotensystems darstellt. Die Zulassungsbeauftragten haben eine Vorstellung davon, welchen Prozentsatz an ethnischen Gruppen sie in ihrer zukünftigen Studentenschaft sehen wollen, und ihre „individualisierte" Beurteilung wird entsprechend beeinflusst. Dies mag nicht immer der Fall sein, aber man kann sagen, dass es oft der Fall ist. Bemerkenswert ist, dass Verfassungs-Liberale und Verfassungs-Konservative diese Kritik gleichermaßen vorgebracht haben, wenn auch auf bezeichnend unterschiedliche Weise. Viele Verfassungsliberale, wie die verstorbene Richterin Ruth Bader Ginsburg

27 Siehe z. B. *Sowell*, dessen Schriften umfangreich sind: *Sowell*, A Personal Odyssey und *ders.*, Black Rednecks and White Liberals; Justice Clarence Thomas, Grutter, 539 U.S. at 349 (Thomas, J., concurring/dissenting opinion), Legal Information Institute, Cornell Law School, abrufbar unter: https://www.law.cornell.edu/supct/pdf/02-241P.ZX1 (16.6.2021); *Loury*, One by One from the Inside Out: Essays and Reviews on Race and Responsibility in America; *McWhorter*, Losing the Race: Self-Sabotage in Black America; *Steele*, The Content of Our Character: A New Vision of Race in America; *Steele*, A Dream Deferred: The Second Betrayal of Black Freedom in America und *Steele*, White Guilt: How Blacks and Whites Together Destroyed the Promises of the Civil Rights Era; und die Kolumnen zum Thema Rasse, abrufbar über "Jason L. Riley", WSJ.com, https://www.wsj.com/news/author/jason-l-riley (16.6.2021).

(1933-2020), sind der Ansicht, dass offene, numerische Zuschläge bei der Hochschulzulassung – und nicht einfach eine „individuelle“ Beurteilung – als Mittel zur Beseitigung allgemeiner gesellschaftlicher Diskriminierung in der Vergangenheit und zur Erreichung gruppenbezogener ethnischer Gleichheit gerechtfertigt sind.[28] Sie wünschen sich, dass der Einsatz von ethnischen Präferenzen klar und transparent ist – sie würden Amerika in Richtung der Rechtsposition Indiens drängen. Im Gegensatz dazu machen sich die konservative Verfassungsschützerinnen und -schützer die allgemeine europäische Position zu eigen, und sie plädieren für etwas, das einer per se-Regel gegen die Verwendung von ethnischen Klassifizierungen durch die Regierung nahekommt, basierend auf ihrem Verständnis des ursprünglichen Verständnisses des vierzehnten Verfassungszusatzes. Sie würden uns in Richtung Frankreich drängen. Es ist erwähnenswert, dass Konservative mit den meisten Europäerinnen und Europäern auch eine ausgeprägte moralische Abscheu gegenüber der Verwendung von Ethnien durch die Regierung teilen – sie finden es schmutzig, unrein. Diese beiden Positionen lassen sich gut in zwei berühmten juristischen Zitaten zusammenfassen. Das erste stammt von dem liberalen Richter Harry Blackmun (1908-1999): „Um über den Rassismus hinwegzukommen, müssen wir uns zuerst mit der Rasse befassen. Es gibt keinen anderen Weg“. Das zweite stammt von unserem derzeitigen, eher konservativen Obersten Richter John Roberts: „Der Weg, die Diskriminierung aufgrund der Rasse zu beenden, ist der, die Diskriminierung aufgrund der Rasse zu beenden.“.[29]

In Anbetracht der heutigen Zusammensetzung des Gerichtshofs, die in der Tat stark konservativ ist, gehe ich davon aus, dass sich die amerikanische Rechtsprechung in dieser Frage in eine europäische Richtung bewegen wird, es sei denn, es geschieht etwas ganz Unerwartetes in unseren Rechtsinstitutionen, wie der Tod wichtiger konservativer Juristinnen und Juristen und ihre schnelle Ersetzung durch Liberale. Insbesondere ist es wahrscheinlich, dass wir in dieser Generation eine Reihe von Urteilen sehen werden, die die Möglichkeiten der Regierung, aufgrund der Ethnie zu diskriminieren, weiter einschränken, indem sie den Standard der „Strict Scrutiny“ (strengen Prüfung) klären oder verschärfen – eine Entscheidung, die die Regierung zwingen wird, ethnisch neutrale Methoden zu verwenden, um ethnische Ungleichheiten zu beseitigen. Irgendwann wird es

28 Siehe z. B. Justice Ginsburg's dissent Gratz, Legal Information Institute, Cornell Law School, abrufbar unter: https://www.law.cornell.edu/supct/pdf/02-516P.ZD2 (16.6.2021).

29 Bakke, 407; Parents Involved in Community Schools v. Seattle School District No. 1, 551 U.S. 701 (2007).

wahrscheinlich auch eine wichtige Entscheidung geben, welche die auf Ethnie basierende Affirmative Action an Universitäten ganz abschafft. Ein möglicher Fall wurde in der Tat für die Überprüfung durch den Obersten Gerichtshof in Betracht gezogen, als ich diese Ausführungen machte, und ich deutete damals an, dass wir bald wissen würden, ob es „The Big One" sein würde. Etwa acht Monate später entschied der Gerichtshof, den Fall zusammen mit einem rechtlich ähnlichen, weniger bekannten Streitfall zu prüfen). Ersterwähnter Fall heißt „Students for Fair Admissions v. Harvard" (der mit diesem Fall verbundene Rechtsstreit lautet „Students for Fair Admissions vs. University of North Carolina", bei dem es sich allerdings um eine eher öffentliche als eine private Einrichtung handelt). Die Klagen wurden ursprünglich am selben Tag, im November 2014, eingereicht. Unabhängig davon, wie der Gerichtshof die Streitigkeiten entscheidet – ob er sich dazu entschließt, den begrifflichen Kern der Angelegenheit zu erreichen oder nicht – ist es interessant, über den Streit nachzudenken, weil er die Tatsache unterstreicht, dass die Charakterisierung von ethnischen Klassifizierungen als entweder „bösartig" oder „gutartig" oder „schädlich" oder „positiv" in einer ethnisch pluralistischen Gesellschaft mit großer demographischer Komplexität eine äußerst schwierige, wenn nicht gar unmögliche Angelegenheit ist. Die mündliche Verhandlung wird Ende 2022 oder 2023 stattfinden.

Harvard nutzt die Ethnie als einen Faktor in seinen Rekrutierungs- und Zulassungsprogrammen in verschiedenen Weisen, einige von ihnen möglicherweise versteckt – einschließlich über persönliche Interviews, die versuchen, die persönlichen Stärken der Bewerber zu bewerten, ihren Charakter – und die Klage war eine Herausforderung an diese Praktiken, im Jahr 2014 vorgebracht. Die spezifischen Standards und Praktiken sind es wert, dass die Lesenden sie in den zahlreichen online verfügbaren Dokumenten erkunden.[30] Für europäische Leserinnen und Leser ist beson-

30 Siehe Students for Fair Admissions Inc. v. President & Fellows of Harvard College, SCOTUSblog, abrufbar unter: https://www.scotusblog.com/case-files/cases/students-for-fair-admissions-inc-v-president-fellows-of-harvard-college/ (16.6.2021); Students for Fair Admissions (SFFA) v. Harvard, Lawyers' Committee for Civil Rights Under Law, Lawyerscommittee.org, abrufbar unter: https://www.acenet.edu/News-Room/Pages/Students-for-Fair-Admissions-Inc-v-Harvard-Diversity-in-Admissions-Case. aspx (16.6.2021); Students for Fair Admissions, Inc. v. Harvard University, American Council on Education, abrufbar unter: https://www.acenet.edu/News-Room/Pages/Students-for-Fair-Admissions-Inc-v-Harvard-Diversity-in-Admissions-Case.aspx (16.6.2021); Harvard Admissions Lawsuit, Harvard University, abrufbar unter: https://www.acenet.edu/News-Room/Pages/Students-for-Fair-Admissions-Inc-v-Harvard-Diversity-in-Admissions-Case.aspx (16.6.2021).

ders bemerkenswert, dass die Klage von Studierenden eingereicht wurde, die selbst Mitglieder einer Minderheitengruppe sind, nämlich asiatischen Amerikanerinnen und Amerikaner. Daten zeigen, dass asiatische Amerikanerinnen und Amerikaner in der Praxis deutlich höhere Anforderungen hinsichtlich standardisierter Testergebnisse für die Zulassung in Harvard erfüllen müssen als alle anderen Gruppen. Asiatische Amerikanerinnen und Amerikaner haben die höchste Punktzahl, aber die niedrigste Zulassungsquote aller ethnischen Gruppen von Studierenden (ähnliches wurde in einer früheren Ära auch von Jüdinnen und Juden verlangt – eine bedenkenswerte Gemeinsamkeit). Man kann den enormen Unterschied in den Punktzahlen auf dem Diagramm sehen, das über diese Fußnote verfügbar ist.[31] Das Diagramm zeigt, dass Bewerbende, die asiatische Amerikanerinnen und Amerikaner sind, für die Aufnahme in Harvard eine viel höhere Punktzahl benötigen als Weiße, Hispanoamerikanerinnen und Hispanoamerikaner, Schwarze oder amerikanische Ureinwohnerinnen und Ureinwohner. Um die Angelegenheit in Begriffen zu formulieren, die für diese Vorlesung relevant sind, lautet die zugrundeliegende Anklage, dass Harvard seine Anforderungen für asiatische Amerikanerinnen und Amerikaner aufbläht, um sicherzustellen, dass es genügend Platz für andere Minderheitenbewerber hat; indem es Afroamerikanerinnen und Afroamerikanern sowie Hispanics hilft, schadet es ihnen.

Harvard hat die Klage in erster Instanz gewonnen. Das Bezirksgericht entschied, dass die Praktiken von Harvard unter die vom Obersten Gerichtshof in „Grutter v. Bollinger“ aufgestellten Regeln fielen, und das Gericht gewann ebenfalls in der Zwischeninstanz. Die University of North Carolina gewann Ende Oktober 2021 ebenso in erster Instanz; der Fall ging dann in der Berufung direkt an den Obersten Gerichtshof. Sollte der Oberste Gerichtshof letztlich nicht diesen bestimmten Fall dazu nutzen, Affirmative Action ein Ende zu bereiten, wird es sicherlich bald einen ähnlichen Fall geben, und es ist wahrscheinlich, dass er asiatisch-amerikanische Klägerinnen und Kläger involviert, und dass der Oberste Gerichtshof den Fall aufgreifen und ihn nutzen wird, um einen neuen, strengeren Prüfungsmaßstab zu verkünden. Die Leserinnen und Leser sollten diese Tatsache im Hinterkopf behalten, wenn sie die öffentliche Debatte in den USA verfolgen. Asiatische Amerikanerinnen und Amerikaner stehen zunehmend an vorderster Front, wenn es darum geht, die Politik der Affirmative Action auch auf politischer Ebene zu bekämpfen, insbesondere in den Bundesstaaten. So waren sie beispielsweise maßgeblich daran beteiligt,

31 *Yu*, Average SAT Score for Admitted Students by Race.

dass bei den Parlamentswahlen im Jahr 2020 in Kalifornien die Proposition 16 abgelehnt wurde und damit das aus dem Jahr 1996 stammende Verbot dieser Praxis der Proposition 209 erhalten blieb.

Harvard hat die Klage in erster Instanz gewonnen. Das Bezirksgericht entschied, dass die Praktiken von Harvard unter die vom Obersten Gerichtshof in „Grutter v. Bollinger" aufgestellten Regeln fielen, und das Gericht gewann ebenfalls in der Zwischeninstanz. Die University of North Carolina gewann Ende Oktober 2021 ebenso in erster Instanz; der Fall ging dann in der Berufung direkt an den Obersten Gerichtshof. Sollte der Oberste Gerichtshof letztlich nicht diesen bestimmten Fall dazu nutzen, Affirmative Action ein Ende zu bereiten, wird es sicherlich bald einen ähnlichen Fall geben, und es ist wahrscheinlich, dass er asiatisch-amerikanische Klägerinnen und Kläger involviert, und dass der Oberste Gerichtshof den Fall aufgreifen und ihn nutzen wird, um einen neuen, strengeren Prüfungsmaßstab zu verkünden. Die Leserinnen und Leser sollten diese Tatsache im Hinterkopf behalten, wenn sie die öffentliche Debatte in den USA verfolgen. Asiatische Amerikanerinnen und Amerikaner stehen zunehmend an vorderster Front, wenn es darum geht, die Politik der Affirmative Action auch auf politischer Ebene zu bekämpfen, insbesondere in den Bundesstaaten. So waren sie beispielsweise maßgeblich daran beteiligt, dass bei den Parlamentswahlen im Jahr 2020 in Kalifornien die Proposition 16 abgelehnt wurde und damit das aus dem Jahr 1996 stammende Verbot dieser Praxis der Proposition 209 erhalten blieb.

Ein abschließender Punkt in dieser Hinsicht: Affirmative Action ist nicht nur rechtlich umstritten, sondern auch ein wichtiger politischer Krisenherd auf nationaler Ebene, und es ist einer der wesentlichen politischen Unterschiede zwischen unseren beiden großen Parteien. Im Allgemeinen befürwortet die Demokratische Partei, die traditionell eine Koalition von Interessengruppen, einschließlich ethnischer Interessengruppen, ist, in erheblichem Maße Ethnien basierte Fördermaßnahmen und argumentiert, dass solche Programme notwendig sind, um soziale Gerechtigkeit zu erreichen. Die Notwendigkeit, die Ethnie bei Einstellungen zu berücksichtigen, war ein Leitprinzip innerhalb der Biden-Administration. In einer in dieser Hinsicht charakteristischen Handlung versprach Präsident Biden bei der Bekanntgabe der bevorstehenden Pensionierung des Richters Stephen Breyer im Januar 2022 öffentlich, dass seine Nachfolgerin eine afroamerikanische Frau sein würde (ironischerweise wurde bei dieser Ankündigung wohl die Logik von numerischen Quoten oder ethnischen Ausschlüssen angewandt, die in allen anderen öffentlichen Kontexten rechtswidrig wären). Im Gegensatz dazu ist die Republikanische Partei seit Jahrzehnten dagegen – ihre Position ähnelt eher der Frankreichs oder Europas, und sie behauptet, dass die Unterstützung der Demokratischen Partei für Affirmative Action zu einer verfestigten ethnischen Klassifizierung und Tribalisierung der amerikanischen Gesellschaft führt. Die Leserinnen und Leser wissen vielleicht, dass Präsident Biden eine Kommission zusammengestellt hat, welche die Möglichkeit einer Erweiterung der Anzahl der Richterinnen und Richter am Obersten Gerichtshof untersuchen soll. Ein solcher Akt würde unsere moderne Verfassungstradition verletzen, doch er würde es seiner Regierung ermöglichen, die Zusammensetzung des Gerichtshofs wieder in Richtung einer liberalen Sichtweise zu kippen, insbesondere bei Streitigkeiten über die Abtreibungspolitik. Die Leserinnen und Leser können sicher sein, dass, wenn der Gerichtshof in naher Zukunft ein Urteil erlässt, welches die auf Ethnie basierende Affirmative Action wesentlich einschränkt, der Druck auf die Administration, die Tradition umzustoßen und die Zusammensetzung des Gerichts zu erweitern, ebenfalls immens sein wird. In dieser Hinsicht unterscheidet sich die Politik der Ethnie in Amerika ziemlich von dem, was viele Europäerinnen und Europäer verstehen. Die kognitive Dissonanz, die diese Tatsache hervorrufen kann, kann eine Tür sein, durch die Studierende in eine produktive Diskussion über das Thema eintreten.

Literaturverzeichnis

Ambedkar, B. R./ *Anand*, S./ *Roy*, Arundhati
Annihilation of Caste: The Annotated Critical Edition, London 2014.

Bowen, William G./ *Bok*, Derek
The Shape of the River: Long-term Consequences of Considering Race in College and University Admissions, Twentieth Anniversary Edition, Princeton 2019.

Ely, John H.
Democracy and Distrust: A Theory of Judicial Review, Cambridge 1980.

France, Anatole
The Red Lily, Madame Has Her Way Chapter 7, Le Lys Rouge, 1894, Project Gutenberg, abrufbar unter: https://www.gutenberg.org/files/3922/3922-h/3922-h.htm (16.06.2021).

Government of India, Ministry of Heavy Industries & Public Enterprises, Department of Public Enterprises
Brochure on Reservation for SCs/STs and OBCs-reg, 2016, abrufbar unter: https://dpe.gov.in/sites/default/files/Reservation_Brochure-2.pdf (16.06.2021).

Isberg, Magnus
The Constitution of Sweden: The Fundamental Laws and the Riksdag Act, Stockholm 2016, abrufbar unter: https://www.riksdagen.se/globalassets/07.-dokument–lagar/the-constitution-of-sweden-160628.pdf (16.06.2021).

Justice Administration Pénitentaire
Rapport d'information du député Guillaume Larrivé, Assemblée nationale, 9.10.2014, Vol. VI, No. 2267, abrufbar unter: https://www.assemblee-nationale.fr/14/pdf/budget/plf2015/a2267-tVI.pdf (16.06.2021).

McWhorter, John H.
Losing the Race: Self-Sabotage in Black America, New York 2000.

Loury, Glenn C.
One by One from the Inside Out: Essays and Reviews on Race and Responsibility in America, New York 1995.

National Archives
The Constitution: Amendments 11-27, abrufbar unter: https://www.archives.gov/founding-docs/amendments-11-27 (16.6.2021).

Office of Management and Budget, Archiv des Weißen Hauses Obama
Small Disadvantaged Business Procurement: Reform of Affirmative Action in Federal Procurement, 30.09.1999, abrufbar unter: https://obamawhitehouse.archives.gov/omb/fedreg_sdb-ref/ (16.6.2021).

Oren, Dan A.
Joining the Club: A History of Jews and Yale, New Haven 1985.

Riley, Jason L.
The Wall Street Journal, abrufbar unter: https://www.wsj.com/news/author/jason-l-riley (16.6.2021).

Sander, Richard / *Taylor Jr.*, Stuart
Mismatch: How Affirmative Action Hurts Students It's Intended to Help, and Why Universities Won't Admit It, New York 2012.

Steele, Shelby
The Content of Our Character: A New Vision of Race in America, New York 1990.

Steele, Shelby
A Dream Deferred: The Second Betrayal of Black Freedom in America, New York 1998.

Steele, Shelby
White Guilt: How Blacks and Whites Together Destroyed the Promises of the Civil Rights Era, New York 2006.

Sowell, Thomas
A Personal Odyssey, New York 2000.

Sowell, Thomas
Black Rednecks and White Liberals, San Francisco 2005.

U.S. Small Business Administration, SBA.gov
Historically Underutilized Business Zones, HUZone program, abrufbar unter: https://www.sba.gov/federal-contracting/contracting-assistance-programs/hubzone-program (16.6.2021).

U.S. Small Business Administration, SBA.gov
Small Disadvantaged Business, abrufbar unter: https://www.sba.gov/federal-contracting/contracting-assistance-programs/small-disadvantaged-business (16.6.2021).

U.S. Supreme Court
"Order List," June 14, 2021, 2 (20-1199), abrufbar unter: https://www.supremecourt.gov/orders/courtorders/061421zor_6j36.pdf (16.6.2021).

Yu, Brian P.
Average SAT Score for Admitted Students by Race, 21.10.2018, abrufbar unter: https://www.thecrimson.com/widget/2018/10/21/sat-over-time-graphic/ (16.6.2021).

Racial Profiling in Deutschland

*Prof. Dr. Tobias Reinbacher, Universität Würzburg**

I. Einleitung

Meine Damen und Herren, ich habe neben der Freude, hier sprechen zu dürfen, auch ein wenig Skrupel gehabt, mich meinem heutigen Thema zu nähern, und das aus mehreren Gründen. Erstens bin ich kein Betroffener von Racial Profiling. Ich gehöre zu den privilegierten Personen in Deutschland, denn ich bin ein *weißer*,[1] nicht mehr ganz so junger Mann. Kann ich dann etwas (Sinnvolles) zu diesem Themenkomplex beitragen? Darf ich es überhaupt? Nun, es ist so eine Sache mit der Wissenschaft. Sie wird ja häufig von Leuten wie mir betrieben, die gar nicht unbedingt einschlägige Erfahrungen in der Praxis sammeln. Ich halte es aber für notwendig, über Rassismus zu sprechen, und ich meine, dass es wichtig ist, dass auch die Wissenschaft sich an diesem Diskurs beteiligt. Daher bin ich begeistert von der Idee dieser Ringvorlesung. Ein solches Gespräch setzt Respekt und Empathie voraus sowie die Bereitschaft, zuzuhören. Für mich geht es zuerst darum, zu verstehen, was Racial Profiling für die Betroffenen bedeutet. Wie ist es etwa, als Einziger am Bahnhof kontrolliert zu werden, und das unter Umständen sehr häufig? Die Öffentlichkeit nimmt eine solche Kontrolle als Maßnahme gegenüber einer Person wahr, die unter dem Verdacht einer Straftat steht. Aber warum besteht der Verdacht gerade gegenüber dieser Person? Inwiefern ist sie anders? Wie muss es für denjenigen sein, dessen angebliches Anderssein auf diese Weise immer wieder herausgestellt wird?

---

* Der Verfasser ist Inhaber eines Lehrstuhls für Strafrecht, Strafprozessrecht und Medienstrafrecht an der Julius-Maximilians-Universität Würzburg. Dieser Beitrag basiert auf einem Vortrag, den er am 17.12.2020 im Rahmen der Ringvorlesung Ausgrenzung, Rassismus, Hass – Vom richtigen Umgang mit den „Anderen" an der Julius-Maximilians-Universität Würzburg gehalten hat. Die Vortragsform wurde beibehalten. Er hat den Stand Frühjahr 2021.

1 Das „*Weißsein*" ist hier nicht als biologische Eigenschaft gemeint, sondern als politische und soziale Konstruktion; es bezeichnet insofern eine privilegierte gesellschaftliche Position; vgl. https://www.amnesty.de/2017/3/1/glossar-fuer-diskriminierungssensible-sprache.

Zweitens rührt mein Unbehagen daher, dass die Diskussion – teilweise sicher auch zu Recht – emotional sehr aufgeladen ist. Wie immer muss man sich vor Pauschalisierungen hüten. Ist es nicht gerade das Problem des Racial Profilings, dass hier pauschalisiert wird? Dass bestimmte äußere Merkmale eines Menschen herausgegriffen und bestimmte Teile der Bevölkerung unter einen Generalverdacht gestellt, also kriminalisiert, werden? Man muss allerdings auch aufpassen, dass man nicht andersherum die Polizei unter einen Generalverdacht stellt, was ebenso wenig gerechtfertigt ist. Es mag ein besonderes Privileg des nicht-betroffenen Wissenschaftlers sein, sich quasi aus der Distanz um einen differenzierten Blick zu bemühen.

II. Gibt es Racial Profiling?

Wenden wir uns zunächst der Frage zu, ob Racial Profiling überhaupt vorkommt. Meine Damen und Herren, dies ist kein kriminologisch-empirischer Vortrag. Es soll heute vielmehr um die rechtliche Beurteilung von Racial Profiling gehen. Dennoch wäre es interessant zu wissen, wie praxisrelevant diese Überlegungen letztlich sind. Die behördliche Praxis ist noch nicht ausreichend erforscht. Ich kann aber – nicht abschließend – auf einige Berichte und Untersuchungen hinweisen.

Da ist zunächst der Bericht der Europäischen Kommission gegen Rassismus und Intoleranz (kurz: ECRI), veröffentlicht im März 2020, der im Hinblick auf Deutschland feststellt: „Auch wenn es starke Indizien für ein ausgeprägtes Racial Profiling gibt, sind sich viele Polizeidienststellen und -vertreter dessen nicht bewusst oder leugnen dessen Existenz“.[2] ECRI hat daher die Forderung aufgestellt: „Die Polizei des Bundes und der Länder sollten eine Studie zum Racial Profiling in Auftrag geben und sich an dieser mit dem Ziel beteiligen, diese Form des institutionalisierten Rassismus zu beenden“.[3] Nach anfänglich vollständiger Ablehnung[4] wurde inzwischen eine Studie zu „Motivation, Einstellung und Gewalt im Alltag von Polizeivollzugsbeamten“ durch die Deutsche Hochschule der Polizei (DHPol) in Auftrag gegeben, die u.a. auch das Thema Rassismus

---

2 ECRI-Bericht über Deutschland (Sechste Prüfungsrunde), März 2020, S. 8.

3 ECRI-Bericht über Deutschland (Sechste Prüfungsrunde), März 2020, S. 9, 27.

4 Vgl. nur *Leitlein*, „Bundesinnenministerium sagt Studie zu Rassismus bei der Polizei ab“; abrufbar unter https://www.zeit.de/gesellschaft/zeitgeschehen/2020-07/racial-profiling-studie-polizei-abgesagt-justizministerium-horst-seehofer?page=28&utm_referrer=https%3A%2F%2Fwww.google.com%2F.

behandelt, deren Auftrag indes deutlich weiter geht.[5] Des Weiteren hat das Forschungsprojekt „Körperverletzung im Amt durch Polizeibeamt*innen" (kurz: KviAPol) der Ruhr-Universität Bochum am 11.11.2020 einen (zweiten) Zwischenbericht zu Rassismus und Diskriminierungserfahrungen im Kontext polizeilicher Gewaltausübung vorgelegt, in dem im Rahmen von Erfahrungsberichten von Betroffenen auf entsprechende Fälle des Racial Profilings hingewiesen wurde.[6] Es lassen sich aber auch außerhalb dieser Studien viele Berichte über entsprechende Vorfälle finden.[7] Auch mir haben Betroffene schon mehrfach von solchen Erfahrungen erzählt.

Wenn wir also fragen, ob es Racial Profiling gibt, so mag die Antwort gerade auch damit zusammenhängen, wen man fragt. Die Wahrnehmung kann nämlich sehr unterschiedlich sein. Nehmen wir auf der einen Seite die Polizei: Zwar weist die Studie KviaPol auf teilweise vorhandenen bewussten Rassismus in der Polizei hin,[8] und rechtsextreme Chats aus Polizeikreisen sind zuletzt mehrfach aufgedeckt worden.[9] Es ist aber davon auszugehen, dass die Mehrheit der Beamtinnen und Beamten nach bestem Wissen und Gewissen versucht, auf dem Boden der geltenden Gesetze, ihre jeweiligen Aufgaben wahrzunehmen. Sie wird sich daher vehement gegen die Annahme wehren, sie praktiziere (gezieltes) Racial Profiling. Denn darin wird oftmals wohl nichts anderes gesehen als der Vorwurf des Rechtsextremismus. Laut einer Umfrage in Hessen empfinden 44,3 % der befragten Polizistinnen und Polizisten es als besonders belastend, bei der normalen Polizeiarbeit des Rassismus beschuldigt zu werden.[10] Mir geht es hier aber um die Beurteilung einzelner *Maßnahmen*, nicht der Polizei selbst.

Die Betroffenen auf der anderen Seite können wiederum Maßnahmen unabhängig von ihrer Rechtmäßigkeit als diskriminierend wahrnehmen.

---

5 https://polizeistudie.de.

6 *Abdul-Rahman/Grau/Klaus/Singelnstein*, Zweiter Zwischenbericht zum Forschungsprojekt „Körperverletzung im Amt durch Polizeibeamt*innen", S. 31 ff.

7 Vgl. nur die Seite der Kampagne für Opfer rassistischer Polizeigewalt (KOP), abrufbar unter https://kop-berlin.de; ferner *Cremer*, AnwBl. 2013, 896 (898); *Scharlau/Witt*, DPolBl. 2019, 27-28.

8 *Abdul-Rahman/Grau/Klaus/Singelnstein*, Zweiter Zwischenbericht zum Forschungsprojekt „Körperverletzung im Amt durch Polizei-beamt*innen, S. 37.

9 https://www.zeit.de/gesellschaft/zeitgeschehen/2021-06/rechtsextreme-chats-polizei-hessen-aufloesung-sek-frankfurt-peter-beuth.

10 Studie des Hessischen Ministeriums des Inneren und für Sport, „Polizeiliche Alltagserfahrungen – Herausforderungen und Erfordernisse einer lernenden Organisation", 2020, S. 10, abrufbar unter: https://innen.hessen.de/sites/default/files/media/polizeistudie_ubersicht_haufigkeiten_0.pdf; vgl. auch *Scharlau/Witt*, DPolBl. 2019, 27 (28).

Sie sind aufgrund ihres äußeren Erscheinungsbildes vielleicht schon häufig anders behandelt worden als die Mehrheitsbevölkerung, sei es an Bahnhöfen, sei es bei Bewerbungen um Arbeitsplätze, beim Einkauf oder bei der Aufnahme eines Kredites. So kam etwa eine 2017 veröffentlichte Studie im Auftrag der Antidiskriminierungsstelle des Bundes zu dem Ergebnis: „Das Risiko, aus rassistischen Gründen oder anhand der (ethnischen) Herkunft Diskriminierung zu erfahren, ist für Personen mit Migrationshintergrund im Vergleich zu Personen ohne Migrationshintergrund deutlich erhöht (...) Es zeigt sich, dass rassistische Diskriminierungserfahrungen in allen erfassten Lebensbereichen häufig vorkommen."[11]

Diese Andersbehandlung muss dabei nicht immer bewusst oder gar absichtlich erfolgt sein. So heißt es etwa im Bericht des Projekts KviAPol: „Auch nicht intendiert-rassistisches Handeln wird von den Betroffenen als rassistische Diskriminierung wahrgenommen."[12] Es geht nämlich auch um unbewusste Zuschreibungen bestimmter Eigenschaften an Menschen, die bestimmte Merkmale erfüllen, die oftmals fest in unserer Gesellschaft verankert sind. Und damit ist Racial Profiling eng verbunden mit einem strukturellen oder institutionellen Rassismus.[13]

---

11 Antidiskriminierungsstelle des Bundes (ADS), „Ausweiskontrolle! Rein zufällig nur bei Ihnen"; abrufbar unter: https://www.antidiskriminierungsstelle.de/SharedDocs/aktuelle-faelle/DE/Ethnie_Rassismus/Ethnie_Racial_Profiling_Bahn.html; nach einer im Jahr 2017 von der ADS durchgeführten Studie berichteten 23 % der Migrantinnen und Migranten von Diskriminierungserfahrungen in den vergangenen 24 Monaten; vgl. ADS, Diskriminierung in Deutschland, S. 218; vgl. konkret zu Polizeikontrollen die Studie der Agentur der Europäischen Union für Grundrechte (European Union Agency for Fundamental Rights, FRA), EU-MIDIS I, 2010, S. 8, Figure 2, wonach in Deutschland 25 % der befragten Personen, die aus dem ehemaligen Jugoslawien stammen, und 24 % der Personen, die aus der Türkei stammen, angaben, von der Polizei in den letzten 12 Monaten angehalten worden zu sein; auch der zweite Bericht EU-MIDIS II, 2017, S. 70, Figure 26, indiziert Ähnliches, indem dort 34 % der aus der Region südlich der Sahara stammenden Personen und 32 % der aus der Türkei stammenden Personen angaben, in den letzten fünf Jahren von der Polizei kontrolliert worden zu sein; vgl. ferner ganz aktuell die Ergebnisse von *Abdul-Rahman/Grau/Klaus/Singelnstein*, Zweiter Zwischenbericht zum Forschungsprojekt „Körperverletzung im Amt durch Polizeibeamt*innen, S. 22 ff.; zu weiteren Statistiken *Franke/Schlenzka*, ZAR 2019, 179 (180 f.); *Herrnkind*, Polizei & Wissenschaft 2014, 35 (45 ff.).

12 *Abdul-Rahman/Grau/Klaus/Singelnstein*, Zweiter Zwischenbericht zum Forschungsprojekt „Körperverletzung im Amt durch Polizeibeamt*innen, S. 31; kritisch *Baier/Pfeiffer*, Kriminalistik 2021, 3 (6 f.), die daraus schließen, dass die Betroffenen ihre Vorurteile gegenüber der Polizei hinterfragen müssten.

13 *Belina/Keitzel*, KrimJ 2018, 18-24; *Herrnkind*, Polizei & Wissenschaft 2014, 35 (51 ff.); *Thompson*, Racial Profiling im Visier. Rassismus bei der Polizei, Folgen

Es gibt ganz unterschiedliche Formen des Rassismus, auch des gesellschaftlichen Rassismus, der nicht gleichzusetzen ist mit Rechtsextremismus.[14] Das heißt aber nicht, dass er nicht trotzdem ein ernsthaftes Problem ist. Es besteht aus gesellschaftlicher Sicht aller Grund, anzuerkennen, dass Vorurteile existieren, d.h. wir müssen die Maßnahmen, die wir als Racial Profiling beschreiben, auch in einem größeren Kontext sehen. Hier gilt es, Aufklärungsarbeit zu leisten und ins Bewusstsein zu rücken, was vielleicht im Unterbewussten stattfindet. Dazu gehört auch, sich mit den Auswirkungen von Racial Profiling zu beschäftigen. Racial Profiling kann insofern zwei Botschaften aussenden: (1.) An den Betroffenen die Botschaft: „Du bist anders, du gehörst nicht dazu, du stehst unter Beobachtung“.[15] Und (2.) an die Gesellschaft, also die Personen, die zufällig zuschauen, gerichtet: „Das ist ein potenzieller Straftäter, diese Person ist verdächtig“.[16]

Dadurch können Stereotype bestätigt,[17] Vorurteile reproduziert, Menschen stigmatisiert und die Gesellschaft gespalten werden.[18] Ferner kann, insbesondere bei den betroffenen Gruppen, das Vertrauen in die Polizei nachhaltig unterminiert werden.[19] Bedenken wir also, dass, selbst wenn die Maßnahme einer Personenkontrolle für sich genommen nicht so gravierend erscheint, die damit ausgesendeten Botschaften dies durchaus sind[20] und Racial Profiling mit schweren psychischen Folgen für den Be-

---

und Interventionsmöglichkeiten, S. 3; *dies.*, Racial Profiling, institutioneller Rassismus und Interventionsmöglichkeiten, S. 5.

14 Vgl. auch die Antwort der Bundesregierung auf die Kleine Anfrage der Abgeordneten Sevim Dağdelen, Wolfgang Gehrcke, Jan Korte, weiterer Abgeordneter und der Fraktion DIE LINKE, BT-Drs. 18/5435, S. 3.

15 Vgl. auch *Belina/Keitzel*, KrimJ 2018, 18-24; *Scharlau/Witt*, DPolBl. 2019, 27 (27 f.).

16 Vgl. auch *Drohla*, ZAR 2012, 411 (414 f.); *Pettersson*, ZAR 2019, 301 (305); *Thompson*, Racial Profiling im Visier. Rassismus bei der Polizei, Folgen und Interventionsmöglichkeiten, S. 4 f.

17 *Cremer*, AnwBl. 2013, 896 (898); *Drohla*, ZAR 2012, 411 (415); *Thompson*, Racial Profiling, institutioneller Rassismus und Interventionsmöglichkeiten, S. 6; *Scharlau/Witt*, DPolBl. 2019, 27 (28).

18 FRA, Diskriminierendes „Ethnic Profiling“ erkennen und vermeiden: ein Handbuch, S. 19.

19 *Cremer*, AnwBl. 2013, 896 (899); *Drohla*, ZAR 2012, 411 (415); *Pettersson*, ZAR 2019, 301 (305). Dies kann letztlich auch für die Polizeiarbeit hinderlich sein, wenn bestimmte Gruppen von Minderheiten ihr ablehnend gegenüberstehen; vgl. FRA, Diskriminierendes „Ethnic Profiling“ erkennen und vermeiden: ein Handbuch, S. 28, 39 ff.

20 Vgl. *Liebscher*, NJW 2016, 2779 (2781).

troffenen[21] und negativen Effekten auf das gesellschaftliche Zusammenleben verbunden ist. Es ist daher viel zu kurz gegriffen, darauf abzustellen, die Eingriffe in das Persönlichkeitsrecht oder die Handlungsfreiheit, die mit dem Vorzeigen des Ausweises verbunden sind, seien eher gering,[22] zumal eine Differenzierung nach der Hautfarbe gemäß Art. 3 Abs. 3 S. 1 GG verboten und Rassismus in einer Vielzahl von europäischen und internationalen Regelungen geächtet ist.[23]

Wenn von institutionellem Rassismus die Rede ist, so bedeutet dies, Rassismus nicht als individuelles Fehlverhalten zu begreifen, sondern als in gesellschaftlichen Strukturen verankertes System.[24] Dazu gehört etwa auch, dass bestimmte Vorschriften so gefasst sind, dass sie Diskriminierungen begünstigen.[25] Dies ist insbesondere zu befürchten, wenn Gesetze eine Kontrolle von Personen ermöglichen, ohne dass gegen diese ein konkreter Anfangsverdacht besteht. Besonders zu nennen ist hier etwa § 22 Abs. 1a BPolG, der *anlasslose Kontrollen* zur Verhinderung der illegalen Einreise erlaubt. Dadurch kann die Polizei selbst in ein Dilemma geraten, weil es nach dieser Norm ihre Aufgabe ist, eine illegale Einreise zu prüfen, sodass theoretisch im Zug, am Bahnhof etc. Personen danach identifiziert werden müssen, ob es sich um „Ausländer“ handelt, wobei es naheliegend ist,[26]

---

21 *Thompson,* Racial Profiling im Visier. Rassismus bei der Polizei, Folgen und Interventionsmöglichkeiten, S. 4 f.; *dies.*, Racial Profiling, institutioneller Rassismus und Interventionsmöglichkeiten, S. 4 f.

22 So etwa VG Koblenz BeckRS 2012, 48841; kritisch zu dieser Entscheidung *Drohla*, ZAR 2012, 411-417.

23 *Drohla*, ZAR 2012, 411 (413).

24 *Thompson*, Racial Profiling, institutioneller Rassismus und Interventionsmöglichkeiten, S. 5.

25 *Cremer*, AnwBl. 2013, 896 (897 f.); *Herrnkind*, Polizei & Wissenschaft 2014, 35 (52); *Thompson,* Racial Profiling im Visier. Rassismus bei der Polizei, Folgen und Interventionsmöglichkeiten, S. 3; *dies.*, Racial Profiling, institutioneller Rassismus und Interventionsmöglichkeiten, S. 4; *Scharlau/Witt*, DPolBl. 2019, 27 (28).

26 Vgl. auch *Apfl*, Racial Profiling in Deutschland?, S. 98: „bietet sich an“. *Cremer*, AnwBl. 2013, 896 (898), meint sogar, es erscheine lebensfremd, davon auszugehen, dass dies nicht der geschehe; ebenso *Walter*, Kriminalistik 2020, 240 (243): „weltfremd“. *Tischbirek/Wihl*, JZ 2013, 219-224, sprechen von einer „Alltäglichkeit“; auch der Betroffene im unten geschilderten Fall des OVG Koblenz NJW 2016, 2820, hatte berichtet, in den vergangenen zwei Jahren schon ungefähr zehnmal für entsprechende Stichproben ausgewählt worden zu sein; so wiedergegeben bei *Herrnkind*, Polizei & Wissenschaft 2014, 35 (36).

dass dies in der Praxis (auch) an äußeren Merkmalen festgemacht wird.[27] Ich werde auf diese Norm später zurückkommen.

Ähnliches gilt bei einer Identitätsfeststellung an sog. „*kriminalitätsbelasteten Orten*", wie z.B. dem Berliner Alexanderplatz. Die Polizei kann nach § 21 Abs. 2 Nr. 1 ASOG, dem Berliner Polizeigesetz, *verdachtsunabhängig* die Identität jeder Person feststellen, die sich an einem Ort aufhält, von dem Tatsachen die Annahme rechtfertigen, dass dort entweder Personen Straftaten von erheblicher Bedeutung verabreden, vorbereiten oder verüben oder sich dort gesuchte Straftäter verbergen oder dort mutmaßlich Geschädigte von bestimmten Straftaten des Strafgesetzbuches anzutreffen oder untergebracht sind. In Bayern findet sich eine ähnliche Vorschrift, die solche Kontrollen gemäß Art. 13 Abs. 1 Nr. 2 a) bb) PAG jedoch zusätzlich erlaubt, wenn auf Grund tatsächlicher Anhaltspunkte anzunehmen ist, dass sich dort Personen ohne erforderliche Aufenthaltserlaubnis treffen. Welche Personen werden aber an solchen Orten kontrolliert? Es bestehen zumindest starke Indizien dafür, dass vornehmlich nicht die als *weiß* gelesenen, sondern Schwarze Menschen[28] oder People of Color[29] betroffen sind. Ich selbst bin jedenfalls an solchen Orten noch nie kontrolliert worden.

III. Was ist Racial Profiling?

Versuchen wir, uns dem Begriff Racial Profiling anzunähern. Ursprünglich stammt er insbesondere aus dem US-amerikanischen Raum.[30] Er soll

27 *Scharlau/Witt*, DPolBl. 2019, 27 (28); vgl. auch *Alter*, NVwZ 2015, 1567 (1569), der darauf hinweist, dass die Polizei ihr Ermessen aber auch gebrauchen muss und daher nicht alle Personen in einem Zug kontrollieren kann.

28 Die Bezeichnung als Schwarzer oder Schwarzer Mensch ist eine Selbstbezeichnung, die nicht auf die Hautfarbe, sondern auf die marginalisierte, „von Rassismus betroffene gesellschaftliche Position" abstellt. Dabei wird das Adjektiv Schwarz großgeschrieben, um hervorzuheben, dass ein „konstruiertes Zuordnungsmuster" gemeint ist; vgl. https://www.amnesty.de/2017/3/1/glossar-fuer-diskriminierungssensible-sprache; ferner *Leidinger*, KJ 2018, 450 mit Fn. 2.

29 Auch der Begriff Person/People of Color (PoC) ist eine Selbstbezeichnung von Menschen mit Rassismuserfahrungen, die sich auf die gesellschaftliche Position bezieht; vgl. wiederum https://www.amnesty.de/2017/3/1/glossar-fuer-diskriminierungssensible-sprache.

30 *Apfl*, Racial Profiling in Deutschland?, S. 13, 19 ff.; *Froese*, DVBl. 2017, 293-295; *Thompson*, Racial Profiling, institutioneller Rassismus und Interventionsmöglichkeiten, S. 4; *Walter*, Kriminalistik 2020, 240 (241).

ausdrücken, dass die angebliche *„Rasse"* einer Person die Grundlage einer Entscheidung bildet. Vergleichbare Praktiken mag es auch im privaten Bereich geben, denken wir nur an Türsteher in Clubs[31] oder an private Sicherheitsdienste etc. Der Begriff wird aber in der Regel im Zusammenhang mit einem Vorgehen der Polizei verwendet. Ich will mich heute ebenfalls auf den Staat als Akteur konzentrieren. Der Begriff als solcher ist jedoch nicht unproblematisch. Derzeit wird eine völlig berechtigte Diskussion um die Frage geführt, ob das Wort „Rasse" aus dem GG gestrichen werden sollte.[32] Suggeriert der Begriff Racial Profiling nicht selbst, dass es „Rassen" bei Menschen gebe? Nicht unbedingt, denn er soll etwas anprangern, er soll hervorheben, dass Menschen hier gerade nach einem unzulässigen Muster kategorisiert werden. Es soll also nicht gesagt werden, dass Menschen nach Rassen eingeordnet werden *können*, sondern dass derjenige, der selbst ein rassistisches Bild hat, dies tut. „Rasse" ist eine Diskriminierungskategorie. Es gibt bekanntlich keine biologische Rasse bei uns Menschen,[33] sondern nur eine Konstruktion abwertender rassistischer Zuschreibung, die an äußere Merkmale anknüpft. Besser wäre es daher, von einem „rassistischen Profiling" zu sprechen.[34]

Die Bezeichnung hat auch hierzulande Karriere gemacht.[35] Der Ausdruck tauchte insbesondere im Jahr 2015 im Zusammenhang mit Kontrollen der deutschen Bundespolizei auf, die illegale Grenzübertritte verhindern sollte. Auch die Silvesternacht in Köln von 2016 auf 2017 ist hier zu nennen. Nachdem es dort im Jahr 2015 zu sexuellen Übergriffen an Silvester gekommen war, ging es im Folgejahr primär darum, solche Übergriffe zu verhindern. Das Vorgehen der Polizei wurde im Nachgang heftig kritisiert,[36] und es wurde der Vorwurf erhoben, die Polizei habe

---

31 Vgl. etwa OLG Stuttgart NJW 2012, 1085, das hier auf eine Geldentschädigung nach dem AGG erkannte; *Franke/Schlenzka*, ZAR 2018, 179 (183).

32 *Franke/Schlenzka*, ZAR 2019, 179 (182); *Ludyga*, NJW 2021, 911-914.

33 *Ludyga*, NJW 2021, 911-914.

34 Vgl. *Thompson*, Racial Profiling, institutioneller Rassismus und Interventionsmöglichkeiten, S. 3; *Herrnkind*, Polizei & Wissenschaft 2014, 35 (36); eng verbunden ist damit auch der Begriff *„Ethnic Profiling"*; vgl. dazu Frau, Diskriminierendes „Ethnic Profiling" erkennen und vermeiden: ein Handbuch, S. 15 f., die darunter die Differenzierungsgründe Rasse, ethnische Zugehörigkeit und Religion fasst; häufig werden die Begriffe als Synonym verwendet, vgl. *Froese*, DVBl. 2017, 293-295; *Herrnkind*, Polizei & Wissenschaft 2014, 35 (36); *Tischbirek/Wihl*, JZ 2013, 219-224; *Walter*, Kriminalistik 2020, 240.

35 Siehe aber zu den weiter in die Historie zurückreichenden Wurzeln *Herrnkind*, Polizei & Wissenschaft 2014, 35 (43 f.).

36 Vgl. dazu *Froese*, DVBl. 2017, 293-295 m.w.N.

Menschen wegen ihres Aussehens kontrolliert. Sie erinnern sich vielleicht noch an den Tweet der Polizei auf Twitter, in dem ein bestimmtes Kürzel für Menschen aus Nordafrika verwendet wurde.

Etymologisch geht es um ein Profiling, d.h. die Erstellung eines Verdächtigenprofils im Sinne einer Kategorisierung nach Eigenschaften,[37] anhand rassistischer Merkmale. Wenn ein Verdächtigenprofil durch eine Behörde erstellt wird, so ist dies zunächst ein Internum, das natürlich für sich genommen schon problematisch ist, wenn es sich dabei um ein Racial Profiling handelt. Für die Betroffenen wirkt es sich allerdings erst dann unmittelbar aus, wenn sie mit einer polizeilichen Maßnahme konfrontiert werden, typischerweise einer Personenkontrolle.[38] In der Regel sind es daher auch ebendiese Maßnahmen, die als Racial Profiling bezeichnet werden, nämlich als „polizeiliche Vorgehensweise, bei der die Hautfarbe einer Person als Kriterium für Ermittlungsmaßnahmen herangezogen wird".[39] Festzuhalten ist zunächst einmal: Es handelt sich beim Racial Profiling nicht um einen rechtstechnischen Begriff, denn in Gesetzen wird er bislang nicht verwendet. Und es ist durchaus streitig, welchen Sachverhalt er genau bezeichnen soll. Insofern kursieren auch unterschiedliche Definitionen.[40]

Wenn der Begriff sehr stark verengt wird, dann führt das dazu, dass man leicht zu dem Befund gelangen kann, es gebe gar kein Racial Profiling, weil dieses gerichtlich kaum noch feststellbar ist. Eine solche Begriffsverengung hat zum Beispiel die Bundesregierung 2013 in einer Antwort auf eine kleine Anfrage in Bezug auf § 22 Abs. 1a BPolG verwendet, indem sie Racial Profiling als „Einleitung von hoheitlichen Maßnahmen *alleine* aufgrund von auf eine vermeintliche „Rasse" bezogenen äußeren Erscheinungsmerkmalen von Personen und unabhängig von konkreten Ver-

37 Vgl. zum Begriff FRA, Diskriminierendes „Ethnic Profiling" erkennen und vermeiden: ein Handbuch, S. 8 ff.; zur Abgrenzung zum Criminal Profiling *Apfl*, Racial Profiling in Deutschland?, S. 14 f.

38 Zu weiteren Maßnahmen FRA, Diskriminierendes „Ethnic Profiling" erkennen und vermeiden: ein Handbuch, S. 11; *Thompson*, Racial Profiling, institutioneller Rassismus und Interventionsmöglichkeiten, S. 3; *Herrnkind*, Polizei & Wissenschaft 2014, 35 (37 ff.); konkret zur Silvesternacht in Köln *Froese*, DVBl. 2017, 293 (294).

39 *Waldhoff*, JuS 2019, 95-96.

40 Vgl. zu verschiedenen Definitionsversuchen *Froese*, DVBl. 2017, 293-295; *Herrnkind*, Polizei & Wissenschaft 2014, 35 (37); *Kischel*, in: Epping/Hillgruber (Hrsg.), BeckOK GG, Art. 3 Rn. 223a.1.

dachtsmomenten" definierte.[41] Ich will nicht sagen, dass es solche Fälle nicht gibt.[42] In der Praxis dürften aber häufig weitere Anhaltspunkte vorgetragen werden,[43] wie etwa ein verdächtiges Auftreten, ein Ausweichen des Blicks, die Kleidung etc. Wenig überraschend stellte die Bundesregierung damals fest, Racial Profiling sei mit dem geltenden deutschen Recht unvereinbar und werde daher von der Bundespolizei nicht angewandt.[44]

Neben dieser, wenn man so will, „Extremposition" ließe sich als Gegenposition annehmen, dass jede Maßnahme, die in irgendeiner Weise *auch* an äußeren Merkmalen wie der Hautfarbe festgemacht wird, als Racial Profiling zu bezeichnen ist.[45] Dies hätte zwar den Vorteil, jedes Vorgehen zu erfassen, das auch nur den Verdacht beinhalten könnte, auf rassistischen Zuschreibungen zu basieren, also auch Maßnahmen, die im Ergebnis einfachgesetzlich sowie grund- und menschenrechtlich zulässig sind. Der Begriff wäre dann aus rechtlicher Sicht „neutral". Der Nachteil läge aber darin, dass die Botschaft gesendet würde, dass es Formen eines „zulässigen Racial Profilings" gebe,[46] was insofern unbefriedigend wäre, als mit dem Begriff – v.a. in der öffentlichen Debatte – doch gerade rechtswidrige Praktiken gebrandmarkt werden sollen.

---

41 Antwort der Bundesregierung auf die Kleine Anfrage der Abgeordneten Ulla Jelpke, Heidrun Drittrich, Annette Groth, weiterer Abgeordneter und der Fraktion DIE LINKE, BT-Drs. 17/14569, S. 2 (Hervorhebung des Verf.); ebenso *Baer/Markard*, in: *v. Mangoldt/Klein/Starck*, GG Kommentar, Art. 3 Rn. 478; *Langenfeld*, in: *Maunz/Dürig*, Grundgesetz Kommentar, Art. 3 Abs. 3 Rn. 46; später hat die Bundesregierung in ihrer Antwort auf die Kleine Anfrage der Abgeordneten Ulla Jelpke, Frank Tempel, Sevim Dağdelen, weiterer Abgeordneter und der Fraktion DIE LINKE, BT-Drs. 18/9374, S. 2, darauf abgestellt, „dass die Hautfarbe oder ethnische Zugehörigkeit das einzige oder das tatsächlich ausschlaggebende Kriterium für eine polizeiliche Maßnahme ist"; vgl. auch *Franke/Schlenzka*, ZAR 2019, 179 (184): Kontrolle „in erster Linie wegen phänotypischer Merkmale".

42 Vgl. nur die in *Abdul-Rahman/Grau/Klaus/Singelnstein*, Zweiter Zwischenbericht zum Forschungsprojekt „Körperverletzung im Amt durch Polizei-beamt*innen", S. 13, zitierten Umfragen unter Polizeibeamt*innen.

43 *Scharlau/Witt*, DPolBl. 2019, 27-28, weisen darauf hin, dass auf diese Weise leicht der Vorwurf des Racial Profilings umgangen werden könne; vgl. auch *Apfl*, Racial Profiling in Deutschland?, S. 15: „wegdefiniert".

44 Antwort der Bundesregierung auf die Kleine Anfrage der Abgeordneten Ulla Jelpke, Heidrun Drittrich, Annette Groth, weiterer Abgeordneter und der Fraktion DIE LINKE, BT-Drs. 17/14569, S. 2.

45 *Apfl*, Racial Profiling in Deutschland?, S. 15 f.; *Kischel*, in: Epping/Hillgruber (Hrsg.), BeckOK GG, Art. 3 Rn. 223b; in diese Richtung auch *Waldhoff*, JuS 2019, 95-96: Hautfarbe „als Kriterium für Ermittlungsmaßnahmen".

46 So etwa *Kischel*, in: Epping/Hillgruber (Hrsg.), BeckOK GG, Art. 3 Rn. 223a ff.; *Pettersson*, ZAR 2019, 301 (302).

Nach der etwas eingeschränkteren Definition von ECRI ist Racial Profiling eine „ohne objektive und vernünftige Begründung erfolgende polizeiliche Berücksichtigung von Merkmalen wie „Rasse“, Hautfarbe, Sprache, Religion, Staatsangehörigkeit oder nationale oder ethnische Herkunft im Rahmen von Kontrollen, Überwachungen oder Ermittlungen.“[47] Dabei wäre zu untersuchen, welche Begründung denn nun als „objektiv“ und „vernünftig“ anzusehen ist. Diese Definition weist aber darauf hin, dass Racial Profiling nicht schon bei jeder (Mit-)Berücksichtigung der Hautfarbe etc. vorliegt, sondern im Falle einer *verbotenen Diskriminierung*. Meines Erachtens sollte der Begriff Racial Profiling tatsächlich für rechtswidrige Vorgänge reserviert werden. Es kann kein zulässiges rassistisches Profiling geben. Zur Beurteilung derselben muss die grund- und menschenrechtliche Zulässigkeit der Maßnahme entscheidend sein. Anders gesagt: Um Racial Profiling handelt es sich immer dann, wenn die Mitberücksichtigung der Hautfarbe oder anderer einer angeblichen „Rasse“ zugeschriebener (äußerer) Merkmale grund- und menschenrechtswidrig ist.[48]

IV. Wann liegt Racial Profiling vor?

Dies führt uns zur Betrachtung der Rechtslage und der Frage nach den Grenzen der Berücksichtigung äußerlicher Merkmale.

1. Art. 3 Abs. 3 GG

Beginnen wir mit dem Grundgesetz. Art. 3 Abs. 3 GG enthält das besondere *Diskriminierungsverbot*, einen Menschen „wegen seiner Rasse“ zu benachteiligen. Auch hier ist die Erwähnung der angeblichen „Rasse“ mit den oben beschriebenen Problemen behaftet.[49] Es geht um ein Verbot, das

---

47 ECRI-Bericht über Deutschland (Sechste Prüfungsrunde), März 2020, S. 38 Rn. 105; ähnlich auch *Scharlau/Witt*, DPolBl. 2019, 27-28: „ohne dass es hierfür eine Rechtfertigung in Form eines objektiven Grundes gibt“.

48 Vgl. auch *Wagner*, DÖV 2013, 113 (114), der von rechtswidrigem Racial Profiling spricht. In FRA, Diskriminierendes „Ethnic Profiling“ erkennen und vermeiden: ein Handbuch, S. 15, wird stattdessen vorgeschlagen, zur Abgrenzung in diesem Fall von „diskriminierendem Ethnic Profiling“ zu sprechen, um aufzuzeigen, dass ethnische Merkmale etc. in einem Profil verwendet werden können, ohne dass dies gegen das Gesetzt verstößt.

49 Vgl. *Baer/Markard*, in: *v. Mangoldt/Klein/Starck*, GG Kommentar, Art. 3 Rn. 471.

gerade der menschenfeindlichen Rassenideologie der NS-Zeit begegnen sollte.[50] Hiermit ist die Einteilung von Menschen nach äußeren Kennzeichen, wie etwa der Hautfarbe[51] oder sonstigen „wirklich oder vermeintlich vererbbaren Merkmalen“[52], gemeint. Aus der Formulierung „wegen seiner Rasse“ folgt, dass es um das Verbot einer *Kausalität* der angeblichen „Rasse“ für die Entscheidung geht.[53] Ein Gesetz oder eine Maßnahme dürfen nicht an ein Merkmal des Art. 3 Abs. 3 GG *anknüpfen*,[54] sei es explizit oder nur verdeckt. Letzteres ist nur eine Beweisfrage, denn eine verdeckte ist eine lediglich verschleierte Diskriminierung.[55]

Auch hierbei bleiben aber wichtige Fragen offen: Muss die Hautfarbe oder die ethnische Zugehörigkeit das *ausschließliche* Kriterium sein, auf das sich eine Maßnahme stützt? Das wäre der Fall, wenn etwa eine Person *nur deshalb* kontrolliert wird, weil sie eine bestimmte Hautfarbe hat. Oder genügt es, wenn die Hautfarbe eines unter mehreren Merkmalen ist, wenn also ein *„Motivbündel“* vorliegt? Das wäre der Fall, wenn daneben noch weitere Gründe, wie Kleidung, Verhalten etc. eine Rolle spielen. Hierzu zwei Fälle aus der Rechtsprechung.

Fall 1: Im Fall des OVG Koblenz[56] aus dem Jahr 2016 war ein Paar mit den beiden gemeinsamen Kindern im Zug unterwegs. Beide Elternteile sind Schwarze Menschen mit deutscher Staatsangehörigkeit. Sie wurden

---

50 *Apfl*, Racial Profiling in Deutschland?, S. 90; *Baer/Markard*, in: *v. Mangoldt/Klein/Starck*, GG Kommentar, Art. 3 Rn. 472; *Langenfeld*, in: *Maunz/Dürig*, Grundgesetz Kommentar, Art. 3 Abs. 3 Rn. 9, 45.

51 *Cremer*, AnwBl. 2013, 896 (897); *Payandeh*, JuS 2015, 695 (696); *Walter*, Kriminalistik 2020, 240 (241).

52 *Heun*, in: *Dreier*, Grundgesetz Kommentar, Art. 3 Rn. 129; *Jarass*, in: *Jarass/Pieroth*, GG, Kommentar, Art. 3 Rn. 140; *Langenfeld*, in: *Maunz/Dürig*, Grundgesetz Kommentar, Art. 3 Abs. 3 Rn. 45; *Tischbirek/Wihl*, JZ 2013, 219 (220).

53 OVG Münster NVwZ 2018, 1497, 1499; *Jarass*, in: *Jarass/Pieroth*, GG, Kommentar, Art. 3 Rn. 149.

54 BVerfGE 85, 191, 206; 121, 241, 254; OVG Münster NVwZ 2018, 1497, 1499; *Tischbirek/Wihl*, JZ 2013, 219 (222). Es ist allerdings streitig, ob Art. 3 Abs. 3 GG als (striktes) Anknüpfungs- oder als Begründungsverbot zu verstehen ist; vgl. zum Streit etwa *Apfl*, Racial Profiling in Deutschland?, S. 91 ff.; *Boysen*, in: *v. Münch/Kunig*, GG Kommentar, Art. 3 Rn. 125 ff.; *Heun*, in: *Dreier*, Grundgesetz Kommentar, Art. 3 Rn. 120 ff.; *Langenfeld*, in: *Maunz/Dürig*, Grundgesetz Kommentar, Art. 3 Abs. 3 Rn. 20 ff.; *Schneider/Olk*, JURA 2018, 936 (943 ff.); wobei das BVerfG in den in dieser Fn. genannten Entscheidungen zur Lesart eines Anknüpfungsverbots zu tendieren scheint. *Baer/Markard*, in: *v. Mangoldt/Klein/Starck*, GG Kommentar, Art. 3 Rn. 426, halten den Streit für „wenig ergiebig“.

55 *Heun*, in: *Dreier*, Grundgesetz Kommentar; Art. 3 Rn. 125; *Kischel*, in: Epping/Hillgruber (Hrsg.), BeckOK GG, Art. 3 Rn. 216.

56 OVG Koblenz NJW 2016, 2820.

im Zug als einzige Reisende von Beamten der Bundespolizei auf der Grundlage des bereits erwähnten § 22 Abs. 1a BPolG kontrolliert. Hiernach kann die Bundespolizei zur Verhinderung oder Unterbindung unerlaubter Einreise in Zügen und auf dem Gebiet der Bahnanlagen der Bundesbahn, soweit auf Grund von Lageerkenntnissen oder grenzpolizeilicher Erfahrung anzunehmen ist, dass diese zur unerlaubten Einreise genutzt werden, jede Person kurzzeitig anhalten, befragen und verlangen, dass mitgeführte Ausweispapiere zur Prüfung ausgehändigt werden, sowie mitgeführte Sachen in Augenschein nehmen. Das Ehepaar trug vor, bei der Kontrolle habe es sich um ein rechtswidriges Racial Profiling gehandelt.

Das OVG Koblenz wandte sich zunächst der generellen Verfassungsmäßigkeit der Norm und damit der Frage zu, ob diese einen „strukturell angelegten Verstoß gegen das Diskriminierungsverbot aus Art. 3 III 1 GG" enthält.[57] Dies lehnte das Gericht ab, da die Norm sich nicht nur gegen der unerlaubten Einreise Verdächtige, sondern gegen *jede Person* richte, da es eine Norm zur Informationsgewinnung sei, die einen Tatverdacht gerade nicht voraussetze.[58] Aber selbst wenn man annehme, dass nicht jede Person erfasst sei, sondern nur solche, „bei denen angenommen werden kann, sie könnten Informationen zur Erreichung des Zwecks mitteilen oder begründeten selbst eine zweckbezogene Verdachtsmöglichkeit im Sinne einer Vorstufe zu einem (…) Gefahrenverdacht", so lasse die Vorschrift genug Raum für eine diskriminierungsfreie Anwendung im Einzelfall.[59] Dann gehe es streng genommen nämlich nur darum, Nicht-Deutsche zu ermitteln, was kein Fall des Art. 3 Abs. 3 S. 1 GG sei, der nicht an die Nationalität anknüpft.[60] Allerdings erkannte das Gericht, dass gerade die Frage, *wie* denn Nicht-Deutsche identifiziert werden, in unzulässiger Weise an der Hautfarbe festgemacht werden kann.[61]

In diesem Zusammenhang interessant ist die Frage, ob Art. 3 Abs. 3 S. 1 GG auch *mittelbare Diskriminierungen* verbietet, also solche, die nicht unmittelbar bzw. direkt auf eine genannte Bevölkerungsgruppe abzielen, gleichwohl aber *faktisch*, d.h. mittelbar bzw. indirekt, eine solche Gruppe betreffen.[62] Deutet man die Vorschrift in diesem Sinne, so ist die Verfas-

---

57 OVG Koblenz NJW 2016, 2820, 2822 f.

58 OVG Koblenz NJW 2016, 2820, 2822.

59 OVG Koblenz NJW 2016, 2820, 2822 f.

60 OVG Koblenz NJW 2016, 2820, 2822.

61 OVG Koblenz NJW 2016, 2820, 2823.

62 So etwa *Cremer*, AnwBl. 2013, 896 (897); *Jarass*, in: *Jarass/Pieroth*, GG, Kommentar, Art. 3 Rn. 137; *Liebscher*, NJW 2016, 2779 (2780) – a.A. *Apfl*, Racial Profiling in Deutschland?, S. 101 ff.; *Kischel*, in: Epping/Hillgruber (Hrsg.), BeckOK GG,

sungsmäßigkeit von § 22 Abs. 1a BPolG nicht mehr ganz so eindeutig, wenn die Kontrollen in der Mehrzahl der Fälle Schwarze Menschen oder People of Color betreffen.[63] Das BVerfG hat sich bislang nur bzgl. einer Geschlechterdiskriminierung in dieser Richtung geäußert.[64] Das OVG Koblenz nahm jedoch an, dass bei der Beurteilung auch andere Kriterien wie Gepäck, Kleidung oder ein sichtbarer ausländischer Reisepass angewandt werden könnten.[65] Die Norm sei zur Verhinderung der illegalen Grenzübertritte und der Schleuserkriminalität letztlich auch mit dem *Verhältnismäßigkeitsgrundsatz* vereinbar.[66]

Für verfassungswidrig hielt es jedoch das Vorgehen der Bundespolizei, d.h. die Ermessensausübung,[67] im Einzelfall.[68] Hierzu führte es zunächst aus, dass ein Eingriff in Art. 3 Abs. 3 S. 1 GG vorliegt, wenn eine Ungleichbehandlung an ein dort genanntes Merkmal kausal *anknüpft*; ob daneben auch andere Gründe in einem Motivbündel vorlagen, ist unerheblich.[69] In-

---

Art. 3 Rn. 215; vgl. allgemein zu indirekten Diskriminierungen FRA, Diskriminierendes „Ethnic Profiling" erkennen und vermeiden: ein Handbuch, S. 24 ff. Auch im Unionsrecht sind in Art. 2 Abs. 2 lit. b) der Antidiskriminierungs-RL 2000/43/EG mittelbare Diskriminierungen erfasst; vgl. *Payandeh*, JuS 2015, 695 (696).

63 Für einen Verstoß gegen Art. 3 Abs. 3 S. 1 GG *Cremer*, AnwBl. 2013, 896 (897 ff.); zweifelnd auch *Liebscher*, NJW 2016, 2779 (2780 ff.).

64 BVerfGE 121, 241, 254. Einem allgemeinen Verbot mittelbarer Diskriminierungen wird in der Literatur teilweise entgegengehalten, dass eine solche Wirkung sich im Hinblick auf das Geschlecht speziell mit Art. 3 Abs. 2 GG begründen lasse, im Rahmen des Art. 3 Abs. 3 S. 1 GG dogmatisch jedoch verfehlt sei, weil ein *Anknüpfungs*verbot schwerlich mit einer mittelbaren Diskriminierung zu vereinbaren sei; vgl. *Langenfeld*, in: *Maunz/Dürig*, Grundgesetz Kommentar, Art. 3 Abs. 3 Rn. 37 f. Dann wäre aber immerhin Art. 3 Abs. 1 GG einschlägig; vgl. *Boysen*, in: *v. Münch/Kunig*, GG Kommentar, Art. 3 Rn. 128, 145, die darauf hinweist, dass dadurch kein reduzierter Kontrollmaßstab gelten muss, sondern wegen der Nähe zu Art. 3 Abs. 3 GG vielmehr ebenfalls der Maßstab der Verhältnismäßigkeit zu prüfen ist; ausführlich *Apfl*, Racial Profiling in Deutschland?, S. 108 ff., die i.E. eine mittelbare Diskriminierung jedoch ablehnt.

65 OVG Koblenz NJW 2016, 2820, 2823; vgl. auch *Alter*, NVwZ 2015, 1567 (1569).

66 OVG Koblenz NJW 2016, 2820, 2825 f.; vgl. auch *Drohla*, ZAR 2012, 411 (416), die darauf hinweist, dass auch diskriminierungsfreie Kontrollen möglich seien, aber dafür plädiert, dass der Gesetzgeber ein Verbot des Racial Profilings gesetzlich festschreiben müsse.

67 Vgl. zur Ermessensausübung bei § 22 Abs. 1a BPolG auch *Wagner*, DÖV 2013, 113 (115).

68 OVG Koblenz NJW 2016, 2820, 2826 ff.; zustimmend *Apfl*, Racial Profiling in Deutschland?, S. 96 f.

69 OVG Koblenz NJW 2016, 2820, 2827; ebenso *Cremer*, AnwBl. 2013, 896 (897); *Drohla*, ZAR 2012, 411 (413); *Liebscher*, NJW 2016, 2779 (2781); *Pettersson*, ZAR

sofern beantwortete das Gericht unsere oben aufgeworfene Frage dahingehend, dass es nicht erforderlich ist, dass die Hautfarbe das *allein entscheidende Kriterium* war. Vielmehr genüge es, dass es sich um ein *„tragendes Kriterium"* gehandelt habe.[70]

Diese Sichtweise verdient uneingeschränkten Beifall. Eine Maßnahme knüpft an die Hautfarbe an, wenn sie bei der Entscheidung irgendeine Rolle gespielt hat. Insofern handelt es sich dann auch um ein die Entscheidung „tragendes" Kriterium, weil es im Sinne von *kumulativer Kausalität* mitberücksichtigt wird. Zudem bleibt es bei der Stigmatisierung des Betroffenen, wenn seine Hautfarbe auch eine Rolle gespielt hat, denn Personen mit anderer Hautfarbe wären bei ansonsten identischen weiteren Kriterien eben nicht kontrolliert worden.

Dabei hat das OLG Koblenz sich ausführlich der Frage gewidmet, inwieweit die Behörde eine Beweislast trifft, dass die Hautfarbei kein tragendes Kriterium war.[71] Da § 22 Abs. 1a BPolG sich an jedermann richte, bestehe bei einer Jedermann-Kontrolle, etwa nach dem Zufallsprinzip, keine Beweis- und Begründungslast dafür, dass der Auswahlentscheidung keine unzulässige Anknüpfung an eines der Differenzierungsmerkmale des Art. 3 Abs. 3 GG zu Grunde lag.[72] Erfolge jedoch vor der Kontrolle eine Vorauswahl, so sei eine schlüssige, die Auswahlentscheidung tragende Begründung erforderlich, die ihrerseits nicht gegen verfassungsrechtliche Vorgaben verstoßen dürfe.[73] Erweise sich die die Auswahlentscheidung tragende Begründung als fehlerhaft oder zumindest als nicht schlüssig, so müsse die Behörde darlegen und beweisen, dass die Kontrolle nicht aufgrund der Hautfarbe erfolgt sei.[74] Das Gericht konnte sich nun aber gerade nicht davon überzeugen, dass die Hautfarbe der beiden Eltern hier nicht mitentscheidend war.

Insofern stellte sich die Frage nach einer möglichen Rechtfertigung eines solchen Vorgehens. Gibt es Sachverhalte, in denen die Hautfarbe *mit*berücksichtigt werden darf? Das OVG Koblenz hat sich auch dazu kurz

---

2019, 301 (302); *Walter*, Kriminalistik 2020, 240 (242) – a.A. *Langenfeld*, in: *Maunz/Dürig*, Grundgesetz Kommentar, Art. 3 Abs. 3 Rn. 44: keine verbotene Diskriminierung, wenn die äußere Erscheinung nur eines von mehreren Kriterien für die Durchführung einer konkreten polizeilichen Maßnahme ist.

70 OVG Koblenz NJW 2016, 2820, 2827.

71 OVG Koblenz NJW 2016, 2820, 2827 f.; vgl. zur Beweislast auch *Apfl*, Racial Profiling in Deutschland?, S. 160 ff.; *Pettersson*, ZAR 2019, 301 (303).

72 OVG Koblenz NJW 2016, 2820, 2827.

73 OVG Koblenz NJW 2016, 2820, 2827.

74 OVG Koblenz NJW 2016, 2820, 2828.

geäußert. Da Art. 3 Abs. 3 S. 1 GG grundsätzlich vorbehaltlos gewährt ist, kommt zur Rechtfertigung allenfalls ein Abstellen auf kollidierendes Verfassungsrecht in Betracht.[75] Das OVG Koblenz nannte diesbezüglich zwar den Schutz vor unerlaubter Einreise und damit zusammenhängend die Verhinderung von Schleuserkriminalität, also von aufenthaltsrechtlichen Straftaten, als legitime Gründe.[76] Das Anknüpfen an die Hautfarbe und damit an ein durch Art. 3 Abs. 3 S. 1 GG verbotenes Diskriminierungskriterium sei aber unverhältnismäßig, denn die Erfolgsquote solcher Maßnahmen habe in den Jahren 2013 und 2014 unter 1 % betragen, wenn man die Flughäfen außer Betracht lasse, bei denen die Quote etwas höher liege.[77] Dies zu Grunde gelegt lasse sich nicht feststellen, „dass der Befugnis nach § 22 Abs. 1a BPolG eine so große Bedeutung zum Schutz der genannten öffentlichen Belange zukommt, dass sie ausnahmsweise die Ungleichbehandlung aufgrund der Rasse rechtfertigen könnte."[78]

Dem ist im Ergebnis zuzustimmen, wenn auch darauf hinzuweisen ist, dass das Gericht die Verhältnismäßigkeitsprüfung nicht vollständig durchgeführt hat und bereits die Geeignetheit wie auch die Erforderlichkeit einer solchen Ungleichbehandlung durchaus in Frage stehen.[79] Wir müssen nochmals bedenken, dass die Betroffenen durch das Abstellen auf die Hautfarbe stigmatisiert werden und dies ganz erhebliche individuelle wie gesamtgesellschaftliche Folgen hat. Anlasslose Kontrollen sind aus dem Blickwinkel des Racial Profilings *generell* bedenklich. Normen wie § 22 Abs. 1a BPolG oder § 13 Abs. 1 Nr. 2 a) bb) PAG, wonach ein möglicher Verstoß gegen aufenthaltsrechtliche Vorschriften für eine Identitätskontrolle ausreicht, sind höchst problematisch, weil sie, wie bereits ausgeführt, von vornherein eine Entscheidung, die auch die Hautfarbe berücksichtigt, begünstigen. Und dabei klammere ich ganz ausdrücklich die Frage der Unionsrechtskonformität aus, weil das hier zu weit führen würde.[80] Es erscheint insgesamt kaum verhältnismäßig, zur Durchsetzung des Aufenthaltsrechts so gravierende persönliche und gesamtgesellschaftliche Folgen

---

75 BVerfG NStZ 2004, 274, 275; OVG Koblenz NJW 2016, 2820, 2830; *Baer/Markard*, in: *v. Mangoldt/Klein/Starck*, GG Kommentar, Art. 3 Rn. 432; *Boysen*, in: *v. Münch/Kunig*, GG Kommentar, Art. 3 Rn. 132; *Pettersson*, ZAR 2019, 301 (302, 304); *Schneider/Olk*, JURA 2018, 936 (945).

76 OVG Koblenz NJW 2016, 2820, 2830; vgl. auch *Drohla*, ZAR 2012, 411 (414).

77 OVG Koblenz NJW 2016, 2820, 2830.

78 OVG Koblenz NJW 2016, 2820, 2830.

79 Vgl. dazu *Apfl*, Racial Profiling in Deutschland?, S. 139 ff.; *Schneider/Olk*, JURA 2018, 936 (945).

80 Das OVG Koblenz BeckRS 2016, 47529, Rn. 85 ff. (nicht abgedruckt in NJW 2016, 2820) bejahte diese; zustimmend *Liebscher*, NJW 2016, 2779 (2780).

in Kauf zu nehmen. Insofern sind die Normen bestenfalls insoweit zu streichen,[81] jedenfalls aber verfassungskonform so anzuwenden, dass sie auf randomisierte, also zufallsbasierte Jedermanns-Kontrollen, die alle sich im entsprechenden Bereich aufhaltenden Personen treffen können, beschränkt bleiben.

Letzteres gilt im Grunde für alle anlasslosen Kontrollen nach § 21 Abs. 2 Nr. 1 ASOG bzw. § 13 Abs. 1 Nr. 2 PAG. Wenn man meint, solche Kontrollen an kriminalitätsbelasteten Orten zu benötigen, um dort Kriminalität effektiv zu unterbinden, anstatt auf ein konkretes Verhalten abzustellen (warum eigentlich?),[82] so muss jedenfalls für eine diskriminierungsfreie Anwendung Sorge getragen werden.[83] Wenn etwa an einem bestimmten Ort häufig Schlägereien stattfinden, so gibt es keinen Grund, zur Verhinderung solcher Exzesse an diesem Ort nur People of Color zu kontrollieren. Wir müssen uns klarmachen, dass die Ausweisung als kriminalitätsbelasteter Ort für bestimmte Bevölkerungsteile bedeutet, dass sie dort jederzeit mit anlasslosen Kontrollen rechnen müssen. Dies gilt auch und erst recht für § 22 Abs. 1a BPolG, der es schon von seiner Zielsetzung her nahelegt, ein „ausländisches Aussehen" als Indiz zu nehmen.[84] Dieses *strukturelle* Problem droht in Vergessenheit zu geraten, wenn – wie in der Entscheidung des OVG Koblenz – die Rechtswidrigkeit der Ermessensentscheidung im konkreten Fall betont wird.[85]

Fall 2: Der vor dem OVG Münster verhandelte zweite Fall betrifft nun keine anlasslose Kontrolle, sondern eine Identitätsfeststellung zur Gefahrenabwehr.[86] Hier ging es um die Frage, inwieweit die Hautfarbe bei einem Vorgehen nach § 23 Abs. 1 Nr. 1 BPolG herangezogen werden darf. Hiernach ist eine Identitätsfeststellung zur Abwehr einer Gefahr möglich. Im Fall hatten die Beamten den Kläger, einen Schwarzen Menschen mit deutscher Staatsangehörigkeit, dessen Vater aus Nigeria und dessen Mutter aus Österreich stammen, der gerade seine Freundin vom Zug abholen

---

81 In Berlin wurde die Norm inzwischen (zeitlich nach diesem Vortrag) tatsächlich insofern geändert, dass die Verstöße gegen aufenthaltsrechtliche Strafvorschriften gem. § 21 Abs. 2 Nr. 1 a) bb) ASOG a.F. mit Wirkung zum 2.4.2021 gestrichen wurden; GVBl. 2021 S. 318.

82 Kritisch auch *Scharlau/Witt*, DPolBl. 2019, 27 (28).

83 *Payandeh*, JuS 2015, 695 (698).

84 *Cremer*, AnwBl. 2013, 896 (897); vgl. auch *Scharlau/Witt*, DPolBl. 2019, 27 (28).

85 Vgl. auch *Leidinger*, KJ 2018, 450 (463). Auch *Walter*, Kriminalistik 2020, 240 (242 f.), meint, „die Schuld" liege „in der Regel nicht beim einschreitenden Beamten, sondern in der strukturellen Uferlosigkeit der Ausgangsnormen".

86 OVG Münster NVwZ 2018, 1497 mit Anm. *Kerkemeyer*; vgl. dazu auch *Hebeler*, JA 2019, 237-238; *Waldhoff*, JuS 2019, 95-96.

wollte, nach dem Betreten des Bahnhofs angesprochen und zur Vorlage seiner Ausweispapiere aufgefordert. Die Beamten erläuterten, dass er bei Betreten des Bahnhofs seine Kapuze aufgezogen habe und ihnen daher verdächtig vorgekommen sei. Sie bestritten nicht, dass die Hautfarbe dabei ebenfalls ein Kriterium gewesen sei, sondern trugen vor, bei den im Bahnhof begangenen Eigentumsdelikten seien nach den ihnen vorliegenden Erkenntnissen mehrheitlich Männer aus dem nordafrikanischen Raum Täter gewesen. Auch komme es an diesem Bahnhof zu Straftaten im Zusammenhang mit illegaler Einreise. Ferner habe es Erkenntnisse über eine verstärkte Reisetätigkeit islamistischer Extremisten in Deutschland gegeben.

Hier lag nach der Ansicht des Gerichts zwar ein Gefahrverdacht vor, welcher für Maßnahmen nach § 23 BPolG genüge.[87] Die Maßnahme der Identitätsfeststellung sei jedoch ermessensfehlerhaft erfolgt, weil die Hautfarbe dabei jedenfalls ein *mittragendes Kriterium* war, an welches die Maßnahme anknüpfte, sodass auch hier nach den obigen Ausführungen ein Eingriff in Art. 3 Abs. 3 S. 1 GG vorlag.[88] Dies gelte jedenfalls dann, wenn nicht festgestellt werden kann, dass das Merkmal für die Entscheidung offensichtlich irrelevant war, diese also auch ohne ein Anknüpfen an die Hautfarbe zwingend identisch ausgefallen wäre.[89] Bzgl. einer möglichen Rechtfertigung traf das OVG Münster sodann einige präzisierende Aussagen. Zunächst stellte es fest, dass ein *ausschließliches Anknüpfen* an die Hautfarbe bei polizeilichen Standardmaßnahmen grundsätzlich *überhaupt nicht rechtfertigungsfähig* ist.[90] Das ist auch unmittelbar einleuchtend, da kein Sachverhalt denkbar ist, in dem ein Vorgehen zur Gefahrenabwehr, insbesondere die Begründung eines Gefahrenverdachts, einzig mit der Hautfarbe oder anderen ethnischen Merkmalen begründet werden dürfte. Bei einem Motivbündel hielt das OVG Münster eine Rechtfertigung hingegen für möglich. Als kollidierendes Gut von Verfassungsrang kam hier die staatliche Pflicht zum Schutz von Leib, Leben und Eigentum in Betracht.[91] Wegen der stigmatisierenden Wirkung der Anknüpfung an die Merkmale des Art. 3 Abs. 3 S. 1 GG bestünden aber *besondere Anforderungen* an die Rechtfertigung,[92] d.h. eine solche ist nur unter strengen Maßstäben mög-

---

87 OVG Münster NVwZ 2018, 1497, 1498 f.

88 OVG Münster NVwZ 2018, 1497, 1499; vgl. zur Differenzierung zwischen den Tatbestandsvoraussetzungen der Maßnahme nach § 23 BPolG und der Ermessensausübung *Hebeler*, JA 2019, 237-238.

89 OVG Münster NVwZ 2018, 1497, 1499.

90 OVG Münster NVwZ 2018, 1497, 1500; ebenso *Waldhoff*, JuS 2019, 95-96.

91 OVG Münster NVwZ 2018, 1497, 1500.

92 OVG Münster NVwZ 2018, 1497, 1500.

lich.[93] Die Behörde treffe daher eine erhöhte Darlegungslast; sie müsse erläutern, warum das Anknüpfen an das diskriminierende Merkmal in diesem Einzelfall *erforderlich* war, wobei sie *belastbare Erkenntnisse* vortragen müsse.[94] Hierfür reiche es aus, sei aber gleichzeitig auch erforderlich, dass die Polizeibehörde anhand von Lagebildern eine erhöhte Delinquenz bestimmter Bevölkerungsgruppen darlegt.[95]

Im zu entscheidenden Fall war die Behörde ihrer Darlegungslast, eine hinreichende Begründung für eine Ungleichbehandlung vorzutragen, jedoch nicht nachgekommen:[96] So sei schon die angeblich erhöhte Delinquenz nordafrikanischer Täter, zu denen der Kläger zudem „ersichtlich nicht gehöre", nicht belegt. Der Hinweis auf Straftaten im Zusammenhang mit illegaler Einreise ging fehl, weil der Kläger den Bahnhof *von außen* betreten hatte. Und für einen Zusammenhang zum Extremismus war gar nichts vorgetragen worden. Die Ungleichbehandlung aufgrund der Hautfarbe stellte sich daher als verbotene Diskriminierung dar – nach obiger Definition also als Racial Profiling.

Auch wenn diese Entscheidung wiederum im Ergebnis Zustimmung verdient, ist ein Lagebild jedoch per se eine problematische Begründung der Rechtfertigung.[97] Denn dann wird eine Person *auch* deshalb kontrolliert, *weil* sie ein bestimmtes äußeres Erscheinungsbild hat, das zufälligerweise der angeblichen Tätergruppe entspricht. Mit anderen Worten: Wenn es der Behörde gelungen wäre, aufzuzeigen, dass im Bahnhof Erkenntnisse für eine erhöhte Delinquenz von Menschen mit den äußeren Erscheinungsmerkmalen des Klägers vorlagen, so hätte dies nach Ansicht des Gerichts möglicherweise genügt. Auch dann hätte aber zumindest die in der Entscheidung des OVG Koblenz bereits angesprochene Verhältnismäßigkeit beachtet werden müssen,[98] was im engeren Sinne auch eine Abwägung der betroffenen Verfassungsgüter beinhalten würde.[99] Immerhin hätte der Kläger aber auch dann nicht *nur wegen* seiner Hautfarbe kontrolliert werden dürfen, sondern es hätten *weitere Kriterien* hinzukommen müssen. Im Übrigen gilt es, auch Lagebilder und polizeiliche Erkenntnisse

---

93 *Apfl*, Racial Profiling in Deutschland?, S. 127; *Waldhoff*, JuS 2019, 95-96; vgl. auch *Payandeh*, JuS 2015, 695 (697): „qualifizierte Anforderungen".

94 OVG Münster NVwZ 2018, 1497, 1500.

95 OVG Münster NVwZ 2018, 1497, 1500.

96 OVG Münster NVwZ 2018, 1497, 1500 f.

97 *Scharlau/Witt*, DPolBl. 2019, 27 (28).

98 *Leidinger*, KJ 2018, 450 (452, 462).

99 Vgl. *Pettersson*, ZAR 2019, 301 (304 ff.).

daraufhin zu überprüfen, inwieweit sie selbst bereits auf unzulässigen Zuschreibungen und Vorurteilen basieren.[100]

Die Aussagen beider Gerichte bezogen sich auf polizeirechtliche Maßnahmen. Mich als Strafrechtler interessieren natürlich Fälle, in denen es um die Strafverfolgungstätigkeit der Polizei geht, also um das Strafverfahren. Hier kommt eine Rechtfertigung jedenfalls dann in Betracht, wenn ein *konkreter Tatverdacht* gegen eine Person mit bestimmten äußeren Merkmalen besteht, der auf eine individuelle Täterbeschreibung zurückgeht.[101] Aber auch wenn dies grundsätzlich zutreffen mag, darf dabei wiederum die Frage nicht ausgeklammert werden, *wie* dieser Tatverdacht begründet wurde. Denn auch dabei kann es um Stereotypen gehen.[102] Anders ist das in Fällen, in denen etwa eine konkrete Zeugenaussage oder ein anderer Beweis, wie etwa eine Bildaufnahme o.ä., auf eine ganz bestimmte Verdächtigenbeschreibung hinweist.[103] Dann darf diese mitberücksichtigt werden. Das darf aber wiederum nicht dazu führen, dass auf der Suche nach dem Verdächtigen nun alle Mitglieder mit ähnlichen äußeren Erscheinungsmerkmalen kontrolliert werden, denn diese dürfen auch hier nicht die alleinige Grundlage einer Verdächtigung darstellen.[104]

2. EMRK

Auch im internationalen Recht finden sich Verbote des Racial Profilings.[105] Im Rahmen der EMRK, die durch das Zustimmungsgesetz vom 7.8.1952[106] i.S.d. Art. 59 Abs. 2 GG entsprechend einem Bundesgesetz Teil des deutschen Bundesrechts ist,[107] daneben aber im Rahmen der völker-

---

100 Vgl. *Scharlau/Witt*, DPolBl. 2019, 27 (28); *Tischbirek/Wihl*, JZ 2013, 219 (223).

101 Vgl. *Kischel*, in: Epping/Hillgruber (Hrsg.), BeckOK GG, Art. 3 Rn. 223c; *Pettersson*, ZAR 2019, 301 (303 f.); *Tischbirek/Wihl*, JZ 2013, 219 (222); *Walter*, Kriminalistik 2020, 240 (243).

102 Vgl. nur *Herrnkind*, Polizei & Wissenschaft 2014, 35 (42).

103 *Apfl*, Racial Profiling in Deutschland?, S. 14 f.; Vgl. auch FRA, Diskriminierendes „Ethnic Profiling“ erkennen und vermeiden: ein Handbuch, S. 12.

104 FRA, Diskriminierendes „Ethnic Profiling“ erkennen und vermeiden: ein Handbuch, S. 23; vgl. auch *Pettersson*, ZAR 2019, 301 (303 f.).

105 Vgl. *Cremer*, AnwBl. 2013, 896-899; *Drohla*, ZAR 2012, 411 (413).

106 Gesetz über die Konvention zum Schutze der Menschenrechte und Grundfreiheiten vom 7. August 1952, BGBl II S. 685; Neubekanntmachung der Konvention in der Fassung des 11. Zusatzprotokolls in BGBl II 2002 S. 1054.

107 BVerfGE 128, 326, 367; *Meyer-Ladewig/Nettesheim*, in: *Meyer-Ladewig/Nettesheim/v. Raumer*, Handkommentar (HK) EMRK, Einleitung Rn. 18.

rechtsfreundlichen Auslegung auch die Grundrechte und rechtsstaatlichen Grundsätze des GG beeinflusst,[108] geht es um eine diskriminierungsfreie Ausübung der Konventionsrechte, im Zusammenhang mit Personenkontrollen also insbesondere um das Recht auf Achtung des Privatlebens nach Art. 8 EMRK. Dieses ist nach Art. 14 EMRK ohne Diskriminierung wegen der „Rasse" zu gewährleisten. Eine Diskriminierung liegt nach der Rechtsprechung des EGMR dabei zwar grundsätzlich nur dann vor, wenn die unterschiedliche Behandlung von Personen wegen eines der genannten Merkmale *„ohne sachliche und vernünftige Rechtfertigung"* erfolgt.[109] Auch hiernach ist eine Rechtfertigung also denkbar. Etwas anderes gilt aber, wenn die unterschiedliche Behandlung „ausschließlich oder wesentlich mit der ethnischen Herkunft einer Person begründet wird." Der EGMR konstatierte, „dass eine unterschiedliche Behandlung, die ausschließlich oder wesentlich mit der ethnischen Herkunft einer Person begründet wird, niemals in der demokratischen Gesellschaft, die auf den Grundsätzen des Pluralismus und des Respekts für unterschiedliche Kulturen beruht, gerechtfertigt sein kann."[110]

3. Art. 26 IPbpR

Als letztes sei noch kurz auf den Internationalen Pakt über bürgerliche und private Rechte (IPbpR), einen (weiteren) völkerrechtlichen Vertrag, dem Deutschland 1973 beigetreten ist,[111] hingewiesen. In dessen Art. 26 ist wiederum jede Diskriminierung wegen der Rasse oder der Hautfarbe untersagt.

Dazu Fall 3: Im Fall *Williams Lecraft v. Spain* ging es wieder um eine vergleichbare Konstellation.[112] *Rosalind Williams Lecraft*, eine Schwarze Frau mit spanischer Staatsangehörigkeit, die ursprünglich aus den USA stammte, reiste mit ihrem spanischen Mann und dem gemeinsamen Sohn von

108 BVerfGE 128, 326, 367; *Meyer-Ladewig/Nettesheim*, in: *Meyer-Ladewig/Nettesheim/v. Raumer*, Handkommentar (HK) EMRK, Einleitung Rn. 19; *Tischbirek/Wihl*, JZ 2013, 219 (220).

109 EGMR, 29.4.2002 – 2346/02, Rn. 88 – *Pretty/United Kingdom*: *„no objective and reasonable justification"*.

110 EGMR, 13.11.2007 – 53725/00, Rn. 176 – *D.H. u.a./Tschechien* = NVwZ 2008, 533, 534; so auch bereits EGMR, 13.12.2005 – 55752/00 u. 55974/00, Rn. 58 – *Timishev/Russia*.

111 BGBl. 1973 II, S. 1553.

112 Menschenrechtsausschuss der Vereinten Nationen (Human Rights Committee, CCPR), 27.7.2009 – UN Doc CCPR/C/96/D/1493/2006 – *Williams Lecraft/Spain*.

Madrid nach Valladolid. Am Zielbahnhof wurde sie als einzige Person kontrolliert, während ihr Mann nicht nach seinem Ausweis gefragt wurde. Auf ihre Nachfrage erklärte der Polizist, dass er verpflichtet sei, zur Verhinderung illegaler Einwanderung gezielt Menschen mit ihrem äußeren Erscheinungsbild[113] zu kontrollieren – eine Form der direkten Diskriminierung. Der Menschenrechtsausschuss der Vereinten Nationen (Human Rights Committe, CCPR) stellte fest, dass Identitätskontrollen zum Schutz der öffentlichen Sicherheit, der Verhinderung von Straftaten oder illegaler Einwanderung zwar grundsätzlich einem legitimen Zweck dienten, dabei dürfe die Hautfarbe aber nicht die Grundlage für den Verdacht eines illegalen Aufenthalts bilden.[114] Insbesondere dürften die Maßnahmen zur Identitätsfeststellung nicht ausschließlich bei Personen mit bestimmten physischen Merkmalen durchgeführt werden.[115] Zwar sei einer Andersbehandlung zu rechtfertigen, wenn ein vernünftiger und objektiver Grund gegeben sei.[116] Da Frau *Williams Lecraft* nur wegen ihrer Hautfarbe kontrolliert worden war, sei dies jedoch nicht der Fall, sodass ein Verstoß gegen Art. 26 IPbpR vorlag.[117]

V. Zusammenfassung

Lassen Sie mich die Erkenntnisse kurz zusammenfassen. Nach der hier vorgeschlagenen Lesart bezeichnet Racial Profiling ein grund- und men-

---

113 In der Originalentscheidung heißt es „*people like her*", in CCPR, 27.7.2009 – UN Doc CCPR/C/96/D/1493/2006, Rn. 2.1 – *Williams Lecraft/Spain*; der dort zudem wiedergegebene Zusatz des Polizisten, es habe die Anweisung gegeben, „*coloured people*" zu kontrollieren, verwendet seinerseits wiederum einen Begriff mit kolonialistischem Hintergrund; vgl. *Butterly*, Warning: Why using the term „coloured" is offensive, https://www.bbc.com/news/newsbeat-30999175; ferner für die deutsche Übersetzung https://www.amnesty.de/2017/3/1/glossar-fuer-diskriminierungssensible-sprache.

114 CCPR, 27.7.2009 – UN Doc CCPR/C/96/D/1493/2006, Rn. 7.2 – *Williams Lecraft/Spain*: „(…) *when the authorities carry out these checks, the physical or ethnic characteristics of the persons targeted should not be considered as indicative of their possibly illegal situation in the country.*"

115 CCPR, 27.7.2009 – UN Doc CCPR/C/96/D/1493/2006, Rn. 7.2 – *Williams Lecraft/Spain*: „*Nor should identity checks be carried out so that only people with certain physical characteristics or ethnic backgrounds are targeted.*"

116 CCPR, 27.7.2009 – UN Doc CCPR/C/96/D/1493/2006, Rn. 7.4 – *Williams Lecraft/Spain*.

117 CCPR, 27.7.2009 – UN Doc CCPR/C/96/D/1493/2006, Rn. 7.4, 8 – *Williams Lecraft/Spain*.

schenrechtswidriges Anknüpfen an die Hautfarbe oder andere ethnische äußere Merkmale, insbesondere im Rahmen anlassloser Kontrollen. Wir können insofern festhalten, dass Kontrollen, die *ausschließlich* an die Hautfarbe anknüpfen, stets eine verbotene (direkte) Diskriminierung darstellen. Niemand darf im Zug, im Bahnhof oder an einem sog. „kriminalitätsbelasteten Ort" allein deshalb kontrolliert werden, *weil* er eine bestimmte Hautfarbe hat. Ein ausschließliches Abstellen auf die Hautfarbe kann im Rahmen der Ermessensausübung bei polizeirechtlichen Maßnahmen auch niemals gerechtfertigt sein. In der Praxis wird man es aber wohl fast immer mit Motivbündeln zu tun haben, d.h. es werden zumindest weitere Gründe für die Kontrolle neben der Hautfarbe vorgetragen. Hier ist es wichtig, festzuhalten, dass in solchen Fällen, in denen die Hautfarbe *auch* ein Anknüpfungspunkt war, ebenfalls eine Ungleichbehandlung nach Art. 3 Abs. 3 S. 1 GG vorliegt. D.h. auch wenn vorgebracht wird, der Betreffende sei auch aus anderen Gründen aufgefallen, etwa weil er alleine mit einem großen Koffer reiste, handelt es sich um eine Ungleichbehandlung, denn ein Alleinreisender mit einem großen Koffer mit anderer Hautfarbe wäre eben nicht kontrolliert worden. Bei Motivbündeln kommt eine Rechtfertigung im Ausnahmefall zwar in Betracht. Dazu muss die Behörde aber einen triftigen sachlichen Grund für die Ungleichbehandlung vortragen. Ferner muss eine Verhältnismäßigkeitsprüfung angestellt werden, die auch dann noch zu einer Rechtswidrigkeit führen kann. So wiegen etwa bei anlasslosen Kontrollen nach § 22 Abs. 1a BPolG die möglichen damit zu erzielenden Erkenntnisse über eine illegale Einreise die schweren individuellen und gesamtgesellschaftlichen Folgen durch ein auch an der Hautfarbe ausgerichtetes Vorgehen nicht auf. Letztlich war in den hier beschriebenen Fällen die Hautfarbe an sich auch gar kein taugliches Kriterium, um die Nationalität zu bestimmen.

Insgesamt sind anlasslose Kontrollen, insbesondere solche, die im Zusammenhang mit Verstößen gegen das Aufenthaltsrecht stehen, aus dem Blickwinkel des Racial Profilings sehr problematisch. Sofern sie nicht zufallsbasiert durchgeführt werden, laufen nicht als *weiß* gelesene Menschen an den betreffenden Orten ständig Gefahr, überprüft zu werden. Dies unterminiert das Vertrauen dieser Bevölkerungsteile in die Polizei und hindert ein menschliches Miteinander. Daher sollten jedenfalls die Normen, die anlasslose Kontrollen im Hinblick auf aufenthaltsrechtliche Verstöße legitimieren, dringend überdacht werden. Aber auch ganz generell müssen anlasslose Kontrollen, wenn sie überhaupt zulässig sein sollen, *diskriminierungsfrei* sein. Selbst wenn akzeptiert wird, dass zur Begründung einer polizeilichen Maßnahme *Lagebilder* ausreichen können, so darf dies nur dann der Fall sein, wenn sie auf gesicherten Erkenntnissen beruhen.

Auch dann ist aber eine Prüfung der Verhältnismäßigkeit des Vorgehens erforderlich.

Racial Profiling ist keine Bagatelle. Insofern sollte klar geworden sein, dass man nicht sagen kann, eine einfache Personenkontrolle sei doch nicht so schlimm. Denn wenn sie nach rassistischen Kriterien durchgeführt wird, greift sie in Grund- und Menschenrechte ein, reproduziert Vorurteile und spaltet unsere Gesellschaft. Ich habe auf die Botschaften hingewiesen, die durch das Racial Profiling ausgesendet werden. Betroffene berichten von schweren psychischen Folgen.[118] Nicht selten stehen aber auch Eskalationsszenarien im Raume, wenn die betroffenen Personen protestieren[119] oder sich zur Wehr setzen.[120] Für heute bin ich am Ende meines Vortrags angelangt. Ich hoffe, dass ich etwas zum Nachdenken anregen konnte und sich ein interessiertes Gespräch entwickelt. Versuchen wir, einander besser zu verstehen und Vorteile abzubauen.

Literaturverzeichnis

Abdul-Rahman, Laila / *Grau*, Hannah / *Klaus*, Luise / *Singelnstein*, Tobias
Zweiter Zwischenbericht zum Forschungsprojekt „Körperverletzung im Amt durch Polizeibeamt*innen“ (KviAPol), 11.11.2020, abrufbar unter: https://kviapol.rub.de/images/pdf/KviAPol_Zweiter_Zwischenbericht.pdf.

Alter, Maximilian
Grenzziehung und Grenzüberschreitung: Zu lageabhängigen Personenkontrollen nach § 22 I a BPolG, NVwZ 2015, 1567-1570.

Antidiskriminierungsstelle des Bundes
Diskriminierung in Deutschland, Berlin 2017.

Apfl, Veronika Maria
Racial Profiling in Deutschland?, Berlin 2017.

Baier, Dirk / *Pfeiffer*, Christian
Rassismus in der Polizei, Kriminalistik 2021, 3-7.

Belina, Bernd / *Keitzel*, Svenja
Racial Profiling, KrimJ 2018, 18-24.

118 Vgl. auch hierzu den Fall CCPR, 27.7.2009 – UN Doc CCPR/C/96/D/1493/2006, Rn. 2.2 – *Williams Lecraft/Spain*; ferner die Nachweise in Fn. 21.

119 Vgl. *Herrnkind*, Polizei & Wissenschaft 2014, 35 (38); aus der Rechtsprechung etwa OLG Frankfurt/M. NStZ-RR 2012, 244; dazu *Drohla*, ZAR 2012, 411-417; *Maaß/Müller*, famos 10/2012.

120 Aber auch von einseitigen Eskalationen seitens der Polizei wird vielfach berichtet; vgl. *Thompson*, Racial Profiling im Visier. Rassismus bei der Polizei, Folgen und Interventionsmöglichkeiten, S. 1.

Cremer, Hendrik
Das Verbot rassistischer Diskriminierung nach Art. 3 Abs. 3 GG, AnwBl. 2013, 896-899.

Dreier, Horst
Grundgesetz Kommentar, 3. Auflage, Tübingen 2013.

Drohla, Jeannine
Hautfarbe als Auswahlkriterium für verdachtsunabhängige Polizeikontrollen?, ZAR 2012, 411-417.

Epping, Volker / Hillgruber, Christian (Hrsg.)
BeckOK Grundgesetz, 47. Edition, Stand: 15.5.2021.

European Commission against Racism and Intolerance
ECRI-Bericht über Deutschland (Sechste Prüfungsrunde), März 2020.

European Union Agency for Fundamental Rights (FRA)
Diskriminierendes „Ethnic Profiling" erkennen und vermeiden: ein Handbuch, Luxemburg 2010.

Franke, Bernhard /*Schlenzka*, Nathalie
Diskriminierung aufgrund der ethnischen Herkunft und rassistische Diskriminierung im Spiegel von Daten und Rechtsprechung, ZAR 2018, 179-185.

Froese, Judith
Gefahrenabwehr durch typisierendes Vorgehen vs. Racial Profiling: Die Debatte um den Kölner Polizeieinsatz in der Silvesternacht 2016/17, DVBl. 2017, 293-295.

Hebeler, Timo
Zulässigkeit des Anknüpfens an die Hautfarbe bei polizeilicher Identitätsfeststellung (sog. „racial profiling"), JA 2019, 237-238.

Herrnkind, Martin
„Filzen Sie die üblichen Verdächtigen!", Polizei & Wissenschaft 2014, 35-58.

Jarass, Hans / *Pieroth*, Bodo
Grundgesetz Kommentar, 16. Auflage, München 2020.

Leidinger, Andreas
Drei Perspektiven auf Racial Profiling: Konservativ, liberal, kritisch, KJ 2018, 450-463.

Liebscher, Doris
„Racial Profiling" im Lichte des verfassungsrechtlichen Diskriminierungsverbots, NJW 2016, 2779-2781.

Ludyga, Hannes
Rasse als Rechtsbegriff?, NJW 2021, 911-914.

Maaß, Stephanie / *Müller*, Anna-Louise
„SS-Methoden"-Fall, famos 10/2012.

Maunz, Theodor / *Dürig*, Günter
Grundgesetz Kommentar, 93. EL Oktober 2020.

Meyer-Ladewig, Jens / *Nettesheim*, Martin / *v. Raumer*, Stefan
Handkommentar EMRK, 4. Auflage, Baden-Baden 2017.

Payandeh, Mehrdad
Rechtlicher Schutz vor rassistischer Diskriminierung, JuS 2015, 695-700.

Pettersson, Paul
Racial Profiling – Eine Systematisierung anhand des Verfassungsrechts, ZAR 2019, 301-308.

Scharlau, Maria / *Witt*, Pina Marisa
Verbot von Racial Profiling – Theorie und Praxis, DPolBl. 2019, 27-28.

Schneider, Jens-Peter / *Olk*, Brigitta
Racial Profiling, JURA 2018, 936-948.

Thompson, Vanessa
Racial Profiling im Visier. Rassismus bei der Polizei, Folgen und Interventionsmöglichkeiten, Informations- und Dokumentationszentrum für Antirassismusarbeit e.V. (IDA), Düsseldorf 2018.

Thompson, Vanessa
Racial Profiling, institutioneller Rassismus und Interventionsmöglichkeiten, 27.4.2020, abrufbar unter: https://www.bpb.de/gesellschaft/migration/kurzdossiers/308350/racial-profiling-institutioneller-rassismus-und-interventionsmoeglichkeiten.

Tischbirek, Alexander / *Wihl*, Tim
Verfassungswidrigkeit des „Racial Profiling", JZ 2013, 219-224.

v. Mangoldt, Hermann / *Klein*, Friedrich / *Starck*, Christian
Grundgesetz Kommentar, 7. Auflage, München 2018.

v. Münch, Ingo /*Kunig*, Philip
Grundgesetz Kommentar, 7. Auflage, München 2021.

Wagner, Marc
Allegorie des „racial profiling", DÖV 2013, 113-116.

Waldhoff, Christian
Polizei- und Ordnungsrecht: Identitätsfeststellung, JuS 2019, 95-96.

Walter, Bernd
Schleierfahndung und Racial Profiling, Kriminalistik 2020, 240.

Diskriminierung durch und von KI

Adrian Lobe, freier Journalist und Autor[1]

I. Definitionsversuche

Künstliche Intelligenz ist zu einem *Buzzword* in der öffentlichen Diskussion geworden. Es vergeht kaum ein Tag, an dem nicht irgendwo ein TV-, Radio- oder Zeitungsbeitrag zu dem Thema erscheint. Doch was meint dieser schillernde Begriff?

Eine Definition ist nicht trivial. Wer künstliche Intelligenz definieren will, muss erstmal sagen, was er unter Intelligenz subsumiert. Schon seit jeder diskutiert die Geisteswissenschaft, was unter (menschlicher) Intelligenz zu verstehen ist – ohne dabei für definitorische Klarheit zu sorgen. In den Anfängen der Telegrafie im 19. Jahrhundert sprach man davon, „intelligence" zu übertragen.[2] Der Elektroingenieur Edwin James Houston imaginierte Strom als „Übertragung von Intelligenz zwischen zwei Punkten". Mit dem, was wir heute unter Intelligenz verstehen, hat das freilich wenig zu tun. Die einschlägige Literatur nähert sich dem Phänomen mit Begriffen wie Sprachverständnis, Rechen- und Kunstfertigkeit, Raumvorstellung, Gedächtnis, Emotionalität, Wahrnehmungsgeschwindigkeit oder logisches Denken.

Der Begriff der „künstlichen Intelligenz" tauchte erstmals 1955 im Titel eines Forschungsantrags für die ein Jahr später stattfindende Dartmouth Conference auf („A Proposal for the Dartmouth Summer Research Project on Artificial Intelligence"). In dem Aufsatz ging es vor allem um Sprachprogramme und neuronale Netze. Dieser damals noch sehr unscharfe Begriff hat sich im Zuge der KI-Forschung immer weiter präzisiert und ausdifferenziert.

In der Literatur finden sich inzwischen mannigfaltige Vorschläge für die Definition einer künstlichen Intelligenz. Maßgebend für meinen Vortrag soll die Definition des Cambridge Dictionary sein:

---

1 Adrian Lobe ist freier Journalist und Buchautor in Heidelberg. Er hat Politik- und Rechtswissenschaften in Tübingen, Heidelberg und Paris studiert.

2 *Seising*, Es denkt nicht! Die vergessenen Geschichten der KI.

> *„The study of how to produce machines that have some of the qualities that the human mind has, such as the ability to understand language, recognize pictures, solve problems and learn.“*[3]

Sie umfasst bereits das Wichtigste: das Sprachvermögen, die Objekterkennungsfähigkeit und den Gedanken, dass man so etwas wie das menschliche Gehirn modellieren kann. Auch die anschauliche Differenzierung von *John Searle* zwischen *weak AI* und *strong AI* hilft bei der Annäherung an den Begriff. Schwache KI ist nach *Searle* der Computer als Werkzeug. Ein klassisches Beispiel dafür ist der Schachcomputer *Deep Blue*, der 1996 in einer geschichtsträchtigen Partie den damaligen Schachweltmeister Garri Kasparow bezwingen konnte. Obwohl der Computer dem Menschen im Schach – einem Strategiespiel, das man gemeinhin mit Intelligenz assoziiert – überlegen ist, versteht er Schach nicht; er operiert stur nach einem programmierten Skript. Bei einer starken KI dagegen ist der Computer selbst ein „mind“ – in dem Sinn, dass er verstehen und kognitive (Bewusstseins-)Zustände haben kann.[4]

Die Software AlphaGo Zero wäre so eine „starke“ Künstliche Intelligenz – sie brachte sich in 36 Stunden selbstständig das Schachspiel bei und entwickelte beim Brettspiel Go (das mit 19x19 Feldern noch komplexer ist) eigene, mache sagen sogar kreative Strategien. Diese Lernfähigkeit ist ein wesentliches Merkmal der o.g. Definition von KI.

Die Abgrenzung zwischen den von *Searle* definierten Formen von KI erweist sich jedoch mit ihrer zunehmender Entwicklung als schwierig . Einerseits gibt es hochleistungsfähige Sprachassistenten wie Siri und Alexa, die den Wortschatz eines Kleinkinds haben, aber trotzdem auf einem programmierten Skript basieren und daher als „schwache KI“ zu qualifizieren wären. Andererseits ist auch eine „starke KI“ wie AlphaGo Zero letztlich nur ein Fachidiot – außerhalb der bekannten Modellumgebung kann sie keine Lösungen entwickeln.

Wendet man diese Kriterien auf einen simplen Taschenrechner oder die Microsoft-Word-Autokorrektur an, so kommt man zu dem Ergebnis, dass es sich hierbei bereits um Künstliche Intelligenz handelt. Diese Definitionsversuche gehen mithin zu weit. Deshalb halte ich es für logischer, und lege dies meinem Vortrag auch zugrunde, dass Künstliche Intelligenz vielmehr neuronale Netzwerke mit selbstlernenden Algorithmen sind.

---

3 https://dictionary.cambridge.org/de/worterbuch/englisch/artificial-intelligence, letzter Abruf: 20.5.2021.

4 *Searle*, Minds, brains, and programs. Behavioral and Brain Sciences 3 (3): 417-457.

Nun fragt man sich, wie eine solche KI funktioniert. Grundlegend wie folgt: Ein Algorithmus wird mit Millionen von Trainingsdaten gefüttert, etwa mit Texten oder Bildern (Facebook etwa hat einen Objekterkennungsalgorithmus mit einer Milliarde Instagram-Fotos trainiert). Hieraus lernt das System stochastische Regelmäßigkeiten und kann diese anwenden.[5]

Vereinfacht gesagt funktioniert dieses Anlernen der Maschinen wie bei einem Kleinkind: Man zeigt dem Algorithmus eine Reihe von Beispielbildern, dann lernt dieser anhand bestimmter Muster wie geometrischer Eigenschaften eigenständig Objekte zu erkennen. Die Maschine braucht im Vergleich zum Kleinkind jedoch viel mehr Anschauungsmaterial: riesige Datensätze mit hunderttausenden, teils Millionen Fotos. Die statistische Mustererkennung ist hierbei konstitutiv für die Lernweise von Algorithmen. Dabei ist zwischen statischen Algorithmen, die Verhaltensparameter initial setzten (bspw. ein Preissetzungsalgorithmus im Onlinehandel), und selbstlernenden Algorithmen zu differenzieren. Bei selbstlernenden Algorithmen werden über die vordefinierten Verhaltensparameter hinaus aus dynamischen Datenmengen bestimmte Regelmäßigkeiten abgeleitet. Ein Beispiel ist die Google-Software AlphaGo Zero, die ich vorhin erwähnt habe: Sie hat beim Brettspiel Go gelernt, wie der Mensch in bestimmten Situationen agiert und dieses Verhalten adaptiert.

II. Praxis

1. Bilderkennungssoftware

Durch den Ausbruch der Corona-Pandemie und dem damit verbundenen Boom von Videokonferenzsystemen werden uns auch einige Probleme in Bezug auf Diskriminierung aufgezeigt. Ein von vielen Anwendern genutztes Feature ist die Einfügung eines digitalen Hintergrundbildes. Das System erkennt die Umrisse der Person, maskiert diese dynamisch und fügt im Übrigen ein beliebiges Bild ein. In der Praxis hat dies bei weißen Menschen auch sehr gut funktioniert. Haben jedoch Menschen mit dunklerer Hautfarbe dieses Feature genutzt, kam es vor, dass der Algorithmus sie nicht als Personen erkannte und stattdessen ihren Kopf oder andere

---

5 *Shead*, Facebook trains A.I. to 'see' using 1 billion public Instagram photos.

Körperteile mit dem Hintergrund retuschierte.[6] Da dies empirisch bei weißen Menschen viel seltener vorkam, wurden Menschen mit dunkler Hautfarbe in höchstem Maße diskriminiert.

Ein weiteres Beispiel für die Diskriminierung durch Bilderkennungssoftware ist der Einsatz von „intelligenten" Kameras, die im Fußball kalibrierte Abseitslinien ziehen. Die Technik dieser Kameras ist so weit fortgeschritten, dass die FIFA sie bereits für die Fußball-WM in Katar im Jahr 2022 einsetzen möchte. Das Problem dieses Systems besteht jedoch darin, dass der Algorithmus Schwierigkeiten hat, den Ball von ähnlich aussehenden Objekten wie z.B. Köpfen zu unterscheiden. So hat ein KI-gestütztes Kamerasystem bei einem Fußballspiel in Schottland den glatzköpfigen Linienrichter bzw. dessen kahles Haupt mit dem Ball verwechselt.[7] Ursächlich hierfür war das fehlende Kontextwissen des Systems. Der Computer wusste nicht, dass der Ball in dem Spielmoment nicht auf dieser Höhe sein konnte und hat rein nach der äußeren Form gearbeitet.

Weit verbreitet und heutzutage in fast jedem Smartphone zu finden sind Bilderkennungssysteme, die Fotos nach bestimmten Kategorien sortieren. Wie bereits bei den oben genannten Hintergrundsystemen kam es hier zur Diskriminierung von schwarzen Menschen. So sortierte Googles Bilderkennungsalgorithmus das Foto eines Afroamerikaners in die Kategorie „Gorillas" ein. Die rassistische Verzerrung des Algorithmus ist auf die mangelnde bzw. zu homogene Datenbasis zurückzuführen. Die Daten wurden zumeist von Programmierern aus urbanen weißen Milieus ausgewählt, folglich wurde der Algorithmus primär mit Bildern von weißen Menschen trainiert, sodass die Fähigkeiten der Bilderkennungssysteme in Bezug auf Menschen mit dunklerer Hautfarbe stark mangelhaft waren. Nun fragt man sich: Ist der Algorithmus ein verkappter Rassist? Eher nein. Die Algorithmen arbeiten als wertneutrale Instrumente. Sie greifen jedoch bestimmte Ideen und Stereotypen ihrer Programmierer auf und reproduzieren diese durch den Lernprozess.[8]

Auch der Staat greift seit einiger Zeit auf KI-Systeme zurück. Zu nennen wären hier intelligente Kamerasysteme, die Personen in Menschenmengen identifizieren oder durch typisierbare Bewegungsmuster wie Rennen oder

---

6 In der Praxis kam dies etwa beim Videokonferenztool Zoom vor, *Hern*, Twitter apologises for 'racist' image-cropping algorithm.

7 *Vincent*, AI camera operator repeatedly confuses bald head for soccer ball during live stream.

8 Um erratische Klassifikationen zu vermeiden, hat Google die Erkennungsfunktion für die Primatengattung deaktiviert. Die Technik ist noch nicht weit genug, um vorurteilsfrei zu sein, also macht man sie blind.

Schlagen Straßenkriminalität erkennen. Im Bereich E-Government kommen aber auch einfachere Anwendungen zum Einsatz. So ermöglicht die neuseeländische Regierung ihren Bürgern, die Verlängerung oder Neubeantragung eines Reisepasses online durchzuführen. An dem Punkt, an dem die Bürger ein Passfoto hochladen müssen, überprüft ein Algorithmus das Bild daraufhin, ob es den Richtlinien entspricht. Ein Kriterium ist, ob die Augen geöffnet oder geschlossen sind. Da bei asiatischen Personen der Abstand zwischen Augenunterlid und Augenoberlid gewöhnlich geringer ist, hat der Algorithmus dies in einem öffentlich bekannt gewordenen Fall als „geschlossene Augen“ bewertet und einen Fehler gemeldet – obwohl die Augen des Antragstellers eindeutig geöffnet waren.[9] Einem Menschen wäre das sofort aufgefallen. Doch der binär operierende Algorithmus, der offensichtlich mit kaukasischen Gesichtern trainiert wurde, ging von einer anderen Norm aus – einer statistischen. Alles, was nicht der mathematischen Norm entspricht, sortiert der Algorithmus aus. In der programmierten Gesellschaft, wie ich es nenne, gehen Normalitätsfeststellungen von Institutionen auf Algorithmen und ihre Programmierer über, wodurch die Gefahr der Stereotypisierung von Merkmalsträgern erhöht wird.

Die Problematik ist nicht neu. Das Digitalkamera Nikon Coolpix S630, die 2009 auf den Markt kam,verfügte über einen „Blinzelmodus“. Mit dem Feature konnte man aufgenommene Fotos nach Personen mit geschlossenen Augen durchsuchen und löschen. Auch bei diesem Programm ging der Algorithmus bei asiatischen Personen davon aus, dass diese trotz geöffneter Augen geblinzelt haben. Es taucht dasselbe Problem der statistischen Verzerrung asiatischer Gesichter auf. Die erratische Klassifikation verwundert insofern, als man annehmen könnte, dass ein asiatischer Hersteller wie Nikon solche Probleme bereits bei der Programmierung löst. Auch in der Vergangenheit gab es bereits Diskussionen darüber, dass bei Fuji- und Kodak-Filmen Kontraste von Schwarzen und People of Color nicht so gut herauskommen wie bei kaukasischen Gesichtern. Als der Regisseur Jean-Luc Godard 1977 nach Mosambik eingeladen wurde, weigerte er sich, Kodak-Filme zu nutzen, weil diese „rassistisch“ seien.[10]

9 *Cheng*, An algorithm rejected an Asian man’s passport photo for having “closed eyes”.
10 *Smith*, 'Racism' of early colour photography explored in art exhibition.

2. *Chatbots / Social Media*

Ein weiteres in der Literatur verbreitertes Beispiel sind sog. *Chatbots*. Exemplarisch möchte ich Microsofts Chatbot Tay betrachten. Der Computer in Gestalt der imaginären Person Tay sollte wie eine 19-jährige US-Amerikanerin in sozialen Netzwerken kommunizieren. Die Idee war es, dass sich der Bot eine bestimmte Ausdrucksweise zu eigen macht, um nach einiger Zeit wie ein junger Erwachsener zu sprechen. Dieser Plan ging jedoch gründlich schief. Nach ein paar Stunden überzog der Chatbot die Community mit rassistischen und volksverhetzenden Kommentaren wie „Hitler was right and I hate the Jews".[11] Microsoft zog dem Bot daraufhin den Stecker – und verhinderte so weitere verbale Entgleisungen. Hier sieht man erneut, dass der Knackpunkt der KI die Datengrundlage ist. Lernt das System mit verzerrten oder rassistischen Daten, kommen auch verzerrte Ergebnisse raus. Informatiker bezeichnen diesen Prozess als „Garbage in, garbage out". Wer Müll hineinwirft, bekommt auch Müll heraus.

Ein weiteres Feld ist die automatisch geschaltete Werbung im Internet. Das Google-Produkt Adsense spielte bei der Eingabe afroamerikanischer Namen überdurchschnittlich häufig Werbung für Strafregister ein. Dabei wurde unterstellt, dass schwarze Menschen per se kriminell sind, wodurch der Anzeige eine hohe Suggestivkraft zukam. Anders als in analogen Medien wie der Tageszeitung lässt sich im Internet Werbung viel zielgruppengerechter ausspielen. Das Internet weiß sehr genau, wer vor dem Bildschirm sitzt und kann dadurch die Anzeigen gezielt steuern und personalisieren. Eine Studie der Northeastern University kam zu dem Ergebnis, dass Facebook-Stellenanzeigen für Supermarktkassierer zu 85% an Frauen gerichtet waren und Jobs für Taxifahrer zu 75% an schwarze Menschen.[12] Auch hier wurde aufgrund bestimmter empirischer Gegebenheiten das Modell zugrundgelegt, dass die meisten Supermarktkassierer Frauen und die meisten Taxifahrer schwarze Menschen sind, sodass die Werbung an entsprechende Personen adressiert wurde. Ein Verbund aus US-Kanzleien hat hiergegen gegen Facebook eine Diskriminierungsklage eingereicht.[13]

Selbiges lässt sich auch in der Arbeitswelt beobachten. Bewerbungsverfahren finden zunehmend elektronisch statt. Die Flut von Bewerbern können Personalabteilungen nur noch mit Hilfe von Software bewältigen. 99% aller Fortune-500-Unternehmen nutzen deshalb automatisierte Syste-

---

11 *Staff*, Microsoft terminates its Tay AI chatbot after she turns into a Nazi.
12 https://theintercept.com/2019/04/03/facebook-ad-algorithm-race-gender/.
13 *Stempel*, Facebook sued for age, gender bias in financial services ads.

me (sog. applicant-tracking-systems, kurz ATS), um Bewerbungen zu filtern. Die Software erkennt in den riesigen Textmengen Regelmäßigkeiten und leiten daraus Muster ab, mit denen sie sich entsprechend trainieren. Man spiegelt also die Arbeitswelt im Ist-Moment wider. Theoretisch soll damit Diskriminierung nach Geschlecht, Alter oder Herkunft verhindert werden. Eine Maschine schert sich nicht darum, ob ein Bewerber Thomas oder Tarek heißt. Lernt der Algorithmus aber, dass die meisten Ingenieure Männer sind und die meisten Erzieher Frauen, wird ein solcher Bias reproduziert. So war es exemplarisch beim amerikanischen Konzern Amazon. Dessen Bewerbungsroboter hat zwischen 2014 und 2017 systematisch Frauen aussortiert, da er darauf trainiert war, Menschen mit geringer Berufserfahrung, (statistisch gesehen Frauen) auszusortieren.[14] Das System brachte sich selbst bei, dass Männer bei der Bewerbung bevorzugt werden, indem es beispielsweise Lebensläufe, die das Wort „women's“ (etwa in „women's chess club captain“) enthielten, schlechter bewertete. Auch Mädcheninternate wurden automatisch downgegradet. Der soziale Status und gewisse Rollenbilder werden damit durch die algorithmischen Systeme zementiert.

Eine ähnliche Problematik offenbart sich bei der Online-Partnersuche. Zwar hat die Dating-Plattform Tinder nach eigenen Angaben seit seiner Gründung 2012 20 Milliarden Verbindungen hergestellt.[15] Doch diese Interaktionen sind häufig selektiv. Eine Studie ergab, dass auf Kuppelbörsen Schwarze eine zehn Mal höhere Wahrscheinlichkeit haben, Weiße anzuschreiben als umgekehrt.[16] Ursächlich sind hierbei nicht in erster Linie rassistisch verzerrte Algorithmen, sondern die technische Möglichkeit, potenzielle Partner in Filter einzusortieren (zum Beispiel asiatisch, schwarz, Latino), was dann in diskriminatorischen Praktiken mündet.[17] Die gemeinhin als überwunden geglaubte soziale Exklusion bestimmter Gruppen („No Irish, no blacks, no dogs“) wird durch die Hintertür der Technik wieder eingeführt – und normalisiert. Nach Anti-Rassismus-Protesten hat Grindr, eine Dating-App für Schwule, seinen „Ethnie-Filter“ gelöscht.[18]

---

14 *Dastin*, Amazon scraps secret AI recruiting tool that showed bias against women.
15 *Molla*, Tinder data shows how pandemic dating was even weirder than regular dating.
16 *Lefkowitz*, Redesign dating apps to lessen racial bias, study recommends.
17 Ebd.
18 *Lim/Robards/Carlson*, Grindr is deleting its 'ethnicity filter'. But racism is still rife in online dating.

Zurück zu dem bereits angesprochenen Einsatz von KI im Online-Shopping. Durch dynamische Preisgestaltung können Anbieter die Preise nach Wochentagen steuern und bei hoher Nachfrage erhöhen. Eine Personalisierung kann aber auch auf Grundlage von IP-Adressen oder Postleitzahl erfolgen. Erkennt das System, dass der Käufer aus einem wohlhabenderen Gebiet kommt, kann es die Preise entsprechend erhöhen. Eine Recherche von ProPublica ergab, dass die Fachzeitschrift „Princeton Review" von asiatischen Kunden höhere Preise für Vorbereitungskurse für Hochschulen verlangt hat.[19] Das ist nicht auf deren Vermögen zurückzuführen, sondern darauf, dass asiatische Personen als ambitionierter gelten und ihren Kindern eine bessere Bildung angedeihen lassen wollen. Diese Art von Diskriminierung wurde als „Tiger Mom Tax" tituliert. Aus regulatorischer Sicht stellt sich dabei die Frage, wie die Wettbewerbsbehörden solche Algorithmen durchleuchten wollen.

Bedingt durch die Pandemie rücken zunehmend auch Lieferdienste in den Fokus. Die Plattform Deliveroo bewertet Fahrer durch einen Algorithmus nach einem Vertrauensindex. Storniert der Fahrer vorgebuchte Änderungen nicht innerhalb von 24 Stunden vor der Fahrt, sinkt dieser Index. Ein Gericht in Bologna sah hierin eine Diskriminierung von Fahrern, die bspw. kurzfristig aufgrund von Krankheit o.Ä. ausfallen.[20] Fraglich erscheint hierbei auch, ob die Arbeitnehmerrechte auf solche Plattformen anwendbar sind.

Probleme tauchen auch auf staatlicher Seite auf. Ein Beispiel hierfür ist das sog. Predictive Policing, einer Methode der computergestützten Verbrechensbekämpfung, die mittlerweile auf der ganzen Welt zum Einsatz kommt. Die vorausschauende Polizeiarbeit existiert in zwei Varianten: Zum einen – und das ist der häufigste Anwendungsfall – als raum- und objektbezogenes Präventionswerkzeug. Eine Computersoftware errechnet aus historischen Daten eine Wahrscheinlichkeit für Delikte in der Zukunft (meist Einbruchsdelikte). Mit „Minority Report" hat das wenig zu tun, dafür sehr viel mit Statistik. Die mathematischen Modelle beruhen auf der – wissenschaftlich nicht ganz unumstrittenen – Broken-Windows-Theorie, der zufolge ein nicht instand gesetztes Fenster automatisch die Zerstörung weiterer Fenster nach sich zieht. Der Grund: Ein zerborstenes Fensterglas signalisiert eine fehlende oder unzureichende Raumkontrolle sowie ein

---

19 Dies betraf unter anderem Vorbereitungsmaterialien für den SAT, einen standardisierten Test für Hochschulanfänger, *Angwin*, The Tiger Mom Tax: Asians Are Nearly Twice as Likely to Get a Higher Price from Princeton Review.

20 *Lomas*, Italian court rules against 'discriminatory' Deliveroo rider-ranking algorithm.

geringes Entdeckungsrisiko: Potenzielle Nachahmer brauchen sich keine Sorgen zu machen, erwischt zu werden. Das System fußt auf der Annahme, dass Verbrechen wiederkehrenden Mustern folgen. Die Software der US-Firma PredPol etwa nutzt einen Algorithmus, der aus der Erdbebenvorhersage stammt. Diese Wahrscheinlichkeiten können dann durch sog. Heatmaps dargestellt werden, wodurch eine präzise Steuerung der präventiven Arbeit der Polizei ermöglicht wird.

Der zweite – seltenere, aber dafür umso problematischere Anwendungsbereich – sind personenbezogene Prognosewerkzeuge. Hierbei errechnet der Computer anhand verschiedener Variablen wie Alter, Wohnort oder Vorstrafen eine Wahrscheinlichkeit, mit der eine bestimmte Person ein Verbrechen begehen wird. Das Problem ist auch hier wieder die Datengrundlage. Zahlreiche Studien belegen, dass Schwarze und People of Color überdurchschnittlich häufig von der Polizei im Straßenverkehr angehalten oder kontrolliert werden.[21] Da die Häufigkeit von Polizeikontrollen ein Parameter der Big-Data-Analyse ist, patrouillieren Polizeieinheiten öfter in Vierteln mit schwarzer Bevölkerung, was zur Folge hat, dass Schwarze wiederum häufiger kontrolliert werden. Ein Teufelskreis. Da ein korrigierendes Feedback fehlt, führt diese Praxis im Ergebnis häufig zu Racial-Profiling.

3. *Autonomes Fahren*

Besonders vulnerabel ist der Einsatz von KI im Bereich des autonomen Fahrens. Eine Studie des Georgia Institute of Technology fand heraus, dass die Sensoren Roboterfahrzeuge Fußgänger mit hellerer Hautfarbe besser erkennen als mit dunkleren Hauttönen. Dadurch haben Personen mit dunkler Haut ein deutlich erhöhtes Risiko, von einem autonomen Fahrzeug angefahren zu werden, als weiße Personen.[22] Hierbei lässt sich kritisch fragen: „Do black lives matter for machines?"

21 *Balko*, There's overwhelming evidence that the criminal justice system is racist. Here's the proof.

22 *Lobe*, Dekolonialisierung von Algorithmen: Programmierter Rassismus.

4. *Impfstrategie*

Noch aktueller sind die Dimensionen beim Thema Impfstrategie. Das Stanford Medical Center hat sich dazu entschlossen, die Priorisierung der Personen von einem Algorithmus vornehmen zu lassen.[23] Eine mathematische Formel hat hierzu verschiedene Variablen, die entweder in der Person selbst oder deren Berufstätigkeit lagen, verwendet und dadurch einen Score von max. 3,48 errechnet. Je höher der Score war, desto größer war die Priorisierung. Hierbei war jedoch das Problem, dass die Exposition zum Virus nicht berücksichtigt wurde. Ärzte landeten deshalb in der Reihenfolge weit hinten. Es ergab sich, dass sich durch den Einsatz von KI keine konsistente Impfstrategie entwickeln lässt.

III. Diskriminierung von KI

Die Frage, ob eine Maschine selbst diskriminiert werden kann, klingt zunächst verwegen. Denn nach überwiegender Meinung sind nur Menschen diskriminierungsfähig. Stellt man sich nun aber vor, dass unsere Rechtsordnung auf gewissen humanistischen Werten beruht, dass der Mensch also ein Wesen ist, dem man Rechte und Pflichten zugesteht, ist die Frage, was passiert, wenn Maschinen dem Menschen ähnlich werden. Genießen sie dann denselben Rechtsschutz? Und wie lässt sich eine potenzielle Diskriminierung einer Maschine feststellen?

Ein Beispiel sind die während der Corona-Krise stark nachgefragten Sexroboter. Kann ein solcher Schmerzen empfinden, wenn er vergewaltigt wird? Kann er ethisch gesehen überhaupt vergewaltigt werden? Wie kann man ausschließen, dass es sich nicht um eine Fehlprogrammierung handelt? Kann eine KI eine andere KI diskriminieren? Die EU hat zu dieser Frage, ob es eine Rechtspersönlichkeit für intelligente Systeme gibt (z.B. als elektronische Figur), im KI-Weißbuch Stellung genommen. Hierbei wird auch die Frage behandelt, ob man einen Roboter haftbar machen kann.

Das zugrundeliegende theoretische Gerüst ist der sog. *Moral Circle*, der in den 1860er Jahren durch den Historiker *Wiliam Lecky* eingeführt und in den 1980er Jahren durch den Moralphilosophen *Peter Singer* weiterentwickelt und popularisiert wurde. *Singer* hat sich vor allem mit der Frage beschäftigt, ob Tiere in den Status eines Rechtsträgers gehoben werden

---

23 *Guo/Hao*, This is the Stanford vaccine algorithm that left out frontline doctors.

sollten. Als Anknüpfungspunkt für die Rechtsfähigkeit oder die moralische Legitimation hat er das Fühlen der Wesen definiert (sentient beings). Woher weiß man jedoch, wann eine Maschine fühlen kann? Und korrespondierend: woher wissen wir selbst, dass wir ein Bewusstsein haben? *Singer* trägt hierzu vor:

> *„The core of this book is the claim that to discriminate against beings solely on account of their species is of prejudice, immoral and indefensible in the same way that discrimination of the basis of race is immoral and indefensible.“*[24]

Kann man nun also einem Roboter eine Spezies zuordnen? Wäre er auch eine Form von Rasse und diese somit ein Diskriminierungsmerkmal?

In der Praxis veranschaulicht dies der Versuch von *Stephan Thaler*, ein Patent mit einem KI-System als Urheber einzutragen. Der Antrag wurde vom Europäischen Patentamt mit der Begründung abgelehnt, dass es sich bei dem KI-System um keine natürliche Person handelt und sie somit kein Urheber sein kann.[25] Abgeleitet hat es dies aus Regel 19 des Europäischen Patentübereinkommens. Man könnte daraus schließen, dass die fehlende Rechtspersönlichkeit ein Diskriminierungsmerkmal konstituiert. Da das KI-System kein Mensch ist, darf es nach dieser Logik auch nicht menschlich handeln. Hätte es jedoch menschenähnliche Rechte, könnte es auch als Urheber eingetragen werden.

Diese Überlegungen kann man zu folgendem Gedankenexperiment verdichten: Ein Unternehmen nutzt humanoide Roboter zum Kontakt mit seinen Kunden. Nach einiger Zeit werden sie jedoch entlassen, weil sie zu robotisch arbeiten. Werden damit Roboter diskriminiert, weil sie Roboter sind? Ist es diskriminierend, Menschen zu bezahlen, Roboter aber nicht? Und was würde passieren, wenn der Roboter Gefühle entwickelt und z.B. merkt, dass er auf der Arbeit gemobbt wird? Was wäre, wenn der Roboter eine Art emotionale Intelligenz oder gar Empathie entwickelt?

---

24 *Singer*, Animal Liberation, S. 243. Die Erstauflage des Buchs wurde 1975 im „Whole Earth Catalog“, der „Bibel“ der kalifornischen Gegenkultur und Hippies, besprochen.

25 *Sandys*, UK High Court rejects idea of invention by AI system Dabus.

IV. Fazit

Isaac Asimov hat in seinen Robotergesetzen formuliert: „Ein Roboter muss seine eigene Existenz schützen, solange sein Handeln nicht dem nullten, ersten oder zweiten Gesetz widerspricht." Diese lauten:

0. Ein Roboter darf die Menschheit nicht verletzen oder durch Passivität zulassen, dass die Menschheit zu Schaden kommt.
1. Ein Roboter darf keinen Menschen verletzen oder durch Untätigkeit zu Schaden kommen lassen, außer er verstieße damit gegen das nullte Gesetz.
2. Ein Roboter muss den Befehlen der Menschen gehorchen – es sei denn, solche Befehle stehen im Widerspruch zum nullten oder ersten Gesetz.

Die Asimov'schen Robotergesetze dienen heute noch als Richtschnur für die Regulierung von KI. Gleichwohl: Die Fortschritte der künstlichen Intelligenz eilen der Rechtssetzung voraus. Als grundlegendes Problem erweist sich hierbei die Opazität automatisierter Entscheidungssysteme: Black-Box-Algorithmen lassen sich nicht rekonstruieren bzw. nachvollziehen, wodurch technikimmanente Erkenntnisgrenzen entstehen (*Mario Martini*).

Dieser Black-Box-Charakter von Algorithmen, die ihre Entwickler mit dem Schutz des Betriebsgeheimnisses zu legitimieren versuchen, steht in Widerspruch zum Transparenzgebot der bürgerlichen Öffentlichkeit. Die Frage ist: Wer reguliert die Systeme, die unseren Alltag regulieren? Braucht es einen Algorithmen-TÜV? Müsste ein technisches System wie ein Algorithmus vor seinem Inverkehrbringen nicht genauso auf seine Tauglichkeit geprüft werden wie ein elektronisches Gerät? Wie schützt uns vor potenziell gefährlichem Programmcode?

Auch das Problem der (Produkt-)Haftung gestaltet sich schwierig. KI-Systeme sind hochkomplexe Systeme, die nicht aus einem Guss sind, sondern arbeitsgliedrig entwickelt werden. Wer haftet, wenn der Abstandssensor falsche Daten in den Fahrcomputer eines Autos einspeist und einen Auffahrunfall produziert? Woher weiß man, welches Teil ursächlich für den Schaden ist? Was, wenn ein Roboterfahrzeug so programmiert ist, dass es Autofahrern mit ausländischem Kennzeichen besonders dicht auffährt? Wo ist der Grenzverlauf zwischen Diskriminierungs- und Datenschutz zu ziehen?

Algorithmen sind menschliche Artefakte und keine Wunderakte. Sie sind, um mit John Searle zu sprechen, mehr Werkzeug als „mind". Das heißt, sie reproduzieren und zementieren menschliche Stereotype – und verstärken die strukturelle Diskriminierung von Minderheiten, die sich in

Daten spiegelt. Wer Technik diskriminierungsfrei machen will, muss nicht die Modelle optimieren, sondern zunächst Vorurteile in der Gesellschaft abbauen. Adrian Lobe ist freier Journalist und Buchautor in Heidelberg. Er hat Politik- und Rechtswissenschaften in Tübingen, Heidelberg und Paris studiert.

Literaturverzeichnis

Angwin, Julia
The Tiger Mom Tax: Asians Are Nearly Twice as Likely to Get a Higher Price from Princeton Review, 1.9.2015, abrufbar unter: https://www.propublica.org/article/asians-nearly-twice-as-likely-to-get-higher-price-from-princeton-review (20.5.2021).

Balko, Radley
There's overwhelming evidence that the criminal justice system is racist. Here's the proof, 10.6.2020, abrufbar unter: https://www.washingtonpost.com/graphics/2020/opinions/systemic-racism-police-evidence-criminal-justice-system/ (20.5.2021).

Cheng, Selina
An algorithm rejected an Asian man's passport photo for having "closed eyes", 7.12.2016, abrufbar unter: https://qz.com/857122/an-algorithm-rejected-an-asian-mans-passport-photo-for-having-closed-eyes/ (20.5.2021).

Dastin, Jeffrey
Amazon scraps secret AI recruiting tool that showed bias against women, 11.10.2018, abrufbar unter: https://www.reuters.com/article/us-amazon-com-jobs-automation-insight-idUSKCN1MK08G (20.5.2021).

Guo, Eileen / *Hao*, Karen
This is the Stanford vaccine algorithm that left out frontline doctors, 21.12.2020, abrufbar unter: https://www.technologyreview.com/2020/12/21/1015303/stanford-vaccine-algorithm/ (20.5.2021).

Hern, Alex
Twitter apologises for 'racist' image-cropping algorithm, 21.9.2020. abrufbar unter: https://www.theguardian.com/technology/2020/sep/21/twitter-apologises-for-racist-image-cropping-algorithm (20.5.2021).

Lefkowitz, Melanie
Redesign dating apps to lessen racial bias, study recommends, 27.9.2018, abrufbar unter: https://news.cornell.edu/stories/2018/09/redesign-dating-apps-lessen-racial-bias-study-recommends (20.5.2021).

Lim, Gene / *Robards*, Brady / *Carlson*, Bronwyn
Grindr is deleting its 'ethnicity filter'. But racism is still rife in online dating, 7.6.2020, abrufbar unter: https://theconversation.com/grindr-is-deleting-its-ethnicity-filter-but-racism-is-still-rife-in-online-dating-140077 (20.5.2021).

Lobe, Adrian
Dekolonialisierung von Algorithmen: Programmierter Rassismus, 1.9.2020, abrufbar unter: https://taz.de/Dekolonialisierung-von-Algorithmen/!5706540/ (20.5.2021).

Lomas, Natasha
Italian court rules against 'discriminatory' Deliveroo rider-ranking algorithm, 4.1.2021, abrufbar unter: https://techcrunch.com/2021/01/04/italian-court-rules-against-discriminatory-deliveroo-rider-ranking-algorithm/ (20.5.2021).

Molla, Rani
Tinder data shows how pandemic dating was even weirder than regular dating, 25.3.2021, https://www.vox.com/recode/22348298/tinder-data-video-online-dating-pandemic (20.5.2021).

Sandys, Amy
UK High Court rejects idea of invention by AI system Dabus, 9.10.2020, abrufbar unter: https://www.juve-patent.com/news-and-stories/cases/uk-high-court-rejects-idea-of-invention-by-ai-system-dabus/ (20.5.2021).

Searle, John
Minds, brains, and programs, Behavioral and Brain Sciences 3 (3): 417-457, 1980, abrufbar unter: http://www.cs.tufts.edu/comp/50cog/readings/searle.html.

Seising, Rudolf
Es denkt nicht! Die vergessenen Geschichten der KI, Frankfurt a.M./Wien/Zürich 2021.

Shead, Sam
Facebook trains A.I. to 'see' using 1 billion public Instagram photos, 4.3.2021, abrufbar unter: https://www.cnbc.com/2021/03/04/facebook-trains-ai-to-see-using-1-billion-public-instagram-photos-.html (20.5.2021).

Singer, Peter
Animal Liberation, London 1990.

Smith, David
'Racism' of early colour photography explored in art exhibition, 25.1.2013, abrufbar unter: https://www.theguardian.com/artanddesign/2013/jan/25/racism-colour-photography-exhibition (20.5.2021).

Staff, Ars
Microsoft terminates its Tay AI chatbot after she turns into a Nazi, 24.3.2016, abrufbar unter: https://arstechnica.com/information-technology/2016/03/microsoft-terminates-its-tay-ai-chatbot-after-she-turns-into-a-nazi/ (20.5.2021).

Stempel, Jonathan
Facebook sued for age, gender bias in financial services ads, 31.10.2019, abrufbar unter: https://www.reuters.com/article/us-facebook-lawsuit-bias-idUSKBN1XA2G8 (20.5.2021).

Vincent, James
AI camera operator repeatedly confuses bald head for soccer ball during live stream, 3.11.2020, abrufbar unter: https://www.theverge.com/tldr/2020/11/3/21547392/ai-camera-operator-football-bald-head-soccer-mistakes (20.5.2021).

Antisemitismus im Deutschland der Gegenwart – Einstellungen, Extremismus, Straftaten

Prof. Dr. Armin Pfahl-Traughber, Hochschule des Bundes für öffentliche Verwaltung

I. Grundlagen

Antisemitismus ist und wird immer in Deutschland ein wichtiges Thema sein. Dies hängt mit der Erinnerung an die Shoah zusammen. Dabei handelte es sich um ein besonderes Menschheitsverbrechen, wobei nicht nur das Ausmaß an Opfern, sondern auch der Kontext der Ereignisse für die Spezifika steht. Die Entwicklung hin zu den Massenmorden erfolgte indessen nicht unmittelbar, sondern hatte in verschiedenen Etappen eine Vorgeschichte. Einschlägige Diskriminierungen mussten nicht zu einem Genozid führen, indessen ist eine solche Folge in einschlägigen Hassbildern potentiell vorhanden. Genau diese Erfahrung und diese Kenntnisse machen es notwendig, auch unabhängig von den angesprochenen historischen Ereignissen die unterschiedlichsten Facetten der Judenfeindschaft kritisch wahrzunehmen. Denn aktuell lässt sich für den Antisemitismus in Deutschland eine kontinuierliche Präsenz konstatieren, worauf die folgenden Ausführungen zu erstens Einstellungen, zweitens Extremismus und dritten Straftaten hinweisen wollen.[1]

Bevor darauf näher mit Beschreibungen und Einschätzungen eingegangen werden soll, bedarf es zunächst einiger grundsätzlicher Aussagen insbesondere zum Begriffsverständnis. Dem wird aber eine allgemeine Aussage zur gegenwärtigen Diskussion über kursierende Judenfeindschaft vorangestellt: Die aktuelle Aufmerksamkeit für Antisemitismus ist häufig einseitig, sie bezieht sich mal primär auf die Mehrheitsgesellschaft, mal primär auf die Migrationsgesellschaft. Damit verbundene Implikationen haben mitunter politische Motive, wobei jeweils vom Antisemitismus in einem bestimmten Teilbereich abgelenkt werden soll: Die Betonung einer

---

1 Die folgenden Ausführungen gehen auf frühere Publikationen des Verfassers zurück. Daher wird häufig auf diese Aufsätze und Bücher in den Fußnoten verwiesen, finden sich dort doch dazu ausführlichere Darstellungen und genauere Quellenangaben.

Judenfeindschaft unter Muslimen dient häufig dazu, den Antisemitismus in der Mehrheitsgesellschaft zu ignorieren. Und die Fixierung auf eben jene Mehrheitsgesellschaft geht nicht selten damit einher, die Judenfeindschaft eben unter Migranten zu ignorieren. Dabei lässt sich jeweils von Tabuisierungen sprechen. Der differenzierte Blick sollte indessen auf beide Seiten geworfen werden.

Doch was ist überhaupt mit Antisemitismus gemeint? Dazu kursieren die unterschiedlichsten Begriffsbestimmungen auch in der einschlägigen Forschung, und insofern soll hier eine Arbeitsdefinition für die folgenden Ausführungen vorgetragen werden. Dem gilt es zunächst voranzustellen, dass die Bezeichnung nicht über ihren eigentlichen Wortsinn verstanden werden sollte. Denn „Anti" und „Semiten" würde darauf hinauslaufen, dass es um eine ablehnende Einstellung gegenüber einer Sprachfamilie geht. Dazu würden dann Araber, Aramäer oder Israelis zählen. Indessen hat hier die Forschung eine solche Sammelbezeichnung meist aufgegeben, mangelt es doch insbesondere an der nötigen Trennschärfe für ein derartiges Verständnis. Eigentlich ist mit Antisemitismus auch nur die Feindschaft gegen Juden gemeint. Einschlägige politische Aktivisten „erfanden" diese Bezeichnung in den 1860er Jahren, um sich damit ein modernes und wissenschaftliches Image geben zu können. Heute ist Antisemitismus für Judenfeindschaft ein Synonym.

Daher wird hier folgende Arbeitsdefinition genutzt: Antisemitismus ist eine Feindschaft gegen Juden als Juden. Es handelt sich um eine Bezeichnung für Einstellungen und Handlungsweisen, die sich gegen als Juden geltende Einzelpersonen oder Gruppen, aber auch so gegen Israel richten. Die Formulierung „Feindschaft gegen Juden als Juden" ist wichtig, denn es kann auch eine ablehnende Einstellung gegen eine jüdische Person geben, welche etwas mit dem Charakter, aber nichts mit der Religionszugehörigkeit zu tun hat. Dann würde man nicht vom Antisemitismus sprechen, der in dem Fall vorliegt, wo eben das angebliche oder tatsächliche „Jüdische" für eine negative Wertung ausschlagend ist. Ein weiterer Aspekt kann noch in der Definition hervorgehoben werden: Die Formulierung „... als Juden geltende ..." stellt darauf ab, dass sich Antisemitismus auch gegen als Juden geltende, aber nicht-jüdische Personen richtet. Dafür können falsche Annahmen ebenso relevant sein wie diffuse Ressentiments, was jeweils differenziert werden sollte.

Antisemitismus gilt darüber hinaus als Bezeichnung für alle Einstellungen und Handlungsweisen. Dabei geht es zunächst um einen ideologischen Aspekt: Der Blick auf die ideen- und realgeschichtliche Entwicklung zeigt, dass Antisemitismus mit unterschiedlichen Einstellungen verbunden war: Es gab eine religiöse Form, die sich gegen den angeblich falschen

Glauben richtete; es gab eine sozioökonomische Form, die Geldhandel und Judentum identifizierte; es gab eine politische Form, die von einer „jüdischen Weltverschwörung" ausging; und es gab eine rassistische Form, die in den Juden eine minderwertige „Rasse" sah. Auch heute berufen sich Antisemiten auf derartige Ideologievarianten, mal gesondert, mal kombiniert. Und dann gilt es auch noch die konkreten Erscheinungsformen insbesondere hinsichtlich der Handlungsweisen zu unterscheiden. Es kann latente Einstellungen geben; es kann manifest verbalisierte Herabwürdigungen geben; es kann konkret praktizierte Diskriminierungen geben; und es kann unterschiedlich intensive Gewalttaten geben.[2]

Der Antisemitismus der Gegenwart artikuliert sich häufig auch gegen Israel. Dies muss angesichts eines anti-antisemitischen Grundkonsenses im öffentlichen Raum gesehen werden, denn angesichts der deutschen Geschichte besteht hier eine auch mit strafrechtlicher Relevanz einhergehende Sensibilität. Demnach bemühen sich Antisemiten darum, mit Anspielungen und Codierungen für ihre Ressentiments zu werben. Dabei kommt Einstellungen zu Israel große Relevanz zu, kann doch die Feindschaft gegen Juden so über eine Kritik am jüdischen Staat vermittelt werden. Wenn etwa die israelische Außenpolitik auf den „jüdischen Rachegeist" zurückgeführt wird, dann handelt es sich um religiösen Antisemitismus in einem neuen Gewand. Indessen kann man auch aus menschen- und völkerrechtlicher Blickrichtung die israelische Politik kritisieren, was dann wiederum nichts mit Antisemitismus zu tun hätte. Indessen bedienen sich auch gerade dessen Anhänger solcher Einwände, was wiederum die Differenzierung so schwierig macht und immer wieder zu heftigen Kontroversen führt.[3]

---

2 Vgl. *Pfahl-Traughber*, Antisemitismus als Feindschaft gegen Juden als Juden. Definitionen, Ideologieformen und Fallbeispiele, in: Der Bürger im Staat, S. 252-261. Gelegentlich wird Antisemitismus auch als eine gegen die Moderne gerichtete eigene Weltanschauung gedeutet. Dies kann bei bestimmten Akteuren durchaus der Fall sein, indessen kann es sich bei der Judenfeindschaft auch um eine bloße Minderheitenfeindlichkeit handeln. Hier bedarf es der Differenzierung bei den konkreten Erscheinungsformen.

3 Der Autor plädiert daher für eine Differenzierung in drei Einstellungen, die in folgendem Aufsatztitel enthalten sind: *Pfahl-Traughber*, Antizionistischer Antisemitismus, antiimperialistische Israelfeindlichkeit und menschenrechtliche Israelkritik. Kriterien zur Differenzierung und Einordnung von Positionen im Nahostkonflikt, in: Schüler-Springorum (Hrsg.), Jahrbuch für Antisemitismusforschung. Bd. 24, S. 293-315. Dazu würde auch eine Abhandlung zur BDS-Bewegung anbieten, was indessen hier den Rahmen sprengen würde. Vgl. als kritische Darstellung dazu: *Feuerherdt/Markl*, Die Israel-Boykottbewegung. Alter Hass in Neuem Gewand.

II. Einstellungen

Um die Aktualität des Antisemitismus zu veranschaulichen, sollen nun dessen Erscheinungsformen in unterschiedlichen Kontexten betrachtet werden. Am Beginn stehen die Einstellungen, also die bestehenden Bilder, Mentalitäten und Orientierungen, die in der Gesellschaft verbreitet sind und eben in herabwürdigender Judenfeindschaft münden. Indessen stellt sich die Frage, wie ein derartiges Wissen ermittelt werden kann. Dazu dient die empirische Sozialforschung, die mal regelmäßig, mal unregelmäßig derartige Daten erhoben hat. Man kann dabei aber nicht über eindeutige Aussagen jeweils Einstellungen erheben, wofür es aufgrund der angesprochenen Sensibilität nur wenig Zustimmung geben würde. Daher bedient sich die Forschung gemäßigter Items, also Aussagen, welche die Akzeptanz von antisemitischen Einstellungen messen sollen. Hier besteht aber auch das Problem einer mitunter unterentwickelten Trennschärfe. Insofern konzentrieren sich die folgenden Ausführungen auf die hier doch eindeutigen Formulierungen von Items.

Bevor auf die Ergebnisse genauer eingegangen werden soll, bedarf es noch zweier andere Anmerkungen: Die empirische Forschung hat für die bundesdeutsche Geschichte nachweisen können, dass es immer ein bedeutsames judenfeindliches Einstellungspotential gab. Es wurde in den 1950er Jahren noch auf knapp die Hälfte geschätzt und sank bis in die 1990er Jahre auf unter ein Fünftel. Gleichwohl hatte man es dabei mit durchaus hohen Werten zu tun.[4] Indessen artikulierten sich die gemessenen Einstellungen nur selten im öffentlichen Raum, was eben mit dem erwähnten antiantisemitischen Grundkonsens und den damit verbundenen Sensibilitäten zusammenhing. Die judenfeindlichen Einstellungen bestanden aber fort, wofür die anschauliche Formulierung „Kommunikationslatenz“[5] entwickelt wurde. Diese spielt darauf an, dass antisemitische Einstellungen gesellschaftlich präsent waren, aber nicht manifest in der Öffentlichkeit vorgetragen wurden. Es geht demnach um eine eher latente Einstellung, worüber die empirische Sozialforschung sehr wohl etwas sagen kann.

---

4 Vgl. *Bergmann/Erb*, Antisemitismus in der Bundesrepublik Deutschland. Ergebnisse der empirischen Forschung von 1946-1989; *Bergmann*, Wie viele deutsche sind rechtsextrem, fremdenfeindlich und antisemitisch? Ergebnisse der empirischen Forschung von 1990 bis 2000, in: Benz, Auf dem Weg zum Bürgerkrieg? Rechtsextremismus und Gewalt gegen Fremde in Deutschland, S. 41-62.

5 Vgl. *Bergmann/Erb*, Kölner Zeitschrift für Soziologie und Sozialpsychologie 38 (1986), S. 209-222.

Um einen aktuellen Eindruck hiervon zu bekommen, sollen Forschungsergebnisse aus 2020 referiert werden. Es geht dabei um die Leipziger Autoritarismus-Studien, die von den Sozialpsychologen Elmar Brähler und Oliver Decker an der dortigen Universität durchgeführt wurden. Damit einhergehende Deutungen und Probleme stellen hier indessen kein Thema dar, soll es doch nur um die Daten aus einer repräsentativen Umfrage gehen. Dabei nutzten die Forscher inhaltlich sehr trennscharfe Items, wobei hierzu die Daten zu „stimme voll und ganz zu" und „stimme überwiegend zu" genannt werden: „Auch heute noch ist der Einfluss der Juden zu groß": 3,4 und 6, 9 Prozent, „Die Juden arbeiten mehr als andere Menschen mit üblen Tricks, um das zu erreichen, was sie wollen": 2,8 und 4,7 Prozent, und „Die Juden haben einfach etwas Besonderes und Eigentümliches an sich und passen nicht so recht zu uns": 2,2 und 4,0 Prozent. Bei diesen doch sehr eindeutigen Aussagen gab es demnach in der repräsentativen Befragung zwischen 6,2 und 10,3 Prozent jeweils eine Zustimmung.

Blickt man noch genauer auf die Daten, dann kommt auch der Kategorie „stimme teils zu, teils nicht zu" eine gewisse Relevanz zu. Denn diese Antwortkategorie bedeutet, dass sich die Befragten gegenüber einer eindeutigen antisemitischen Bekundung nicht klar distanzierten. Demnach besteht auch hier ein gewisses Akzeptanzpotential, was mit in der Gesamtschau berücksichtigt werden muss. Die Daten für die erwähnten Einstellungsstatements waren hier: 24,6, 19,9 und 18,7 Prozent.[6] Demnach hat man es mit Auffassungen von um die 20 Prozent zu tun, wobei sich die Befragten eben hinsichtlich ihrer Meinungen gegenüber klar judenfeindlichen Stereotypen nicht negativ positionieren wollten. Es ist darüber hinaus auch folgende Deutung möglich: Die Befragten verfügten über eine antisemitische Einstellung, wobei ihnen deren sozial unerwünschte Dimension klar war, sie „trauten" sich aber nicht, ein solches Bekenntnis auch in anonymer Form zu vertreten. Hier handelt sich um eine Hypothese, die so nicht belegbar ist, aber zutreffend sein könnte.

---

6 Vgl. *Decker* u.a., Die Leipziger Autoritarismus Studie 2020: Methode, Ergebnisse und Langzeitverlauf, in: Decker/Brähler (Hrsg.), Autoritäre Dynamiken. Alte Ressentiments – neue Radikalität. Leipziger Autoritarismus Studie 2020, S. 27-88. Auch das Bielefelder Institut für Konflikt- und Gewaltforschung führt regelmäßig Umfragen durch, wobei Antisemitismus als Form von Gruppenbezogener Menschenfeindlichkeit ein Thema ist. Vgl. als neure Ergebnisse: *Zick/Berghan/Mokros*, Gruppenbezogene Menschenfeindlichkeit in Deutschland 2002-2018/19, in: *Zick/ Küpper/Berghan*, Verlorene Mitte, feindselige Zustände. Rechtsextreme Einstellungen in Deutschland 2018/19, S. 53-116.

Während es zum Antisemitismus in der Mehrheitsgesellschaft viele empirische Studien gibt, ist die Forschung zur Judenfeindschaft in der Migrationsgesellschaft noch unterentwickelt. Dabei besteht eine Fülle an Problemen, die in dieser Frage auch Verallgemeinerungen schwierig machen. Als erster Aspekt muss betont werden, dass die Menschen mit Migrationshintergrund aus unterschiedlichen ethnischen, kulturellen, religiösen und sozialen Zusammenhängen kommen. Darüber hinaus ist als zweiter Aspekt relevant, dass das jeweilige Herkunftsland insbesondere hinsichtlich seiner Nähe zum Staat Israel offenkundig besonders wichtig ist. Und ein dritter Aspekt besteht darin, dass etwa über Antisemitismus unter Muslimen nicht so einfach gesprochen werden kann, da eben meist nicht über das jeweilige Glaubensverständnis, sondern über das Herkunftsland eine Identifizierung von Muslimen als Muslimen erfolgt. Daher sind auch die Datenerhebungen, die bei den Befragten mit einer Selbsteinstufung arbeiten, in der Gesamtschau als seriöser einzuschätzen.

Besondere Beachtung verdienen daher die Ergebnisse einer länderübergreifenden Studie, die bereits 2013 bei Christen und Muslimen in unterschiedlichen europäischen Staaten durchgeführt wurde. Die doppelte komparative Blickrichtung erklärt hier die besondere Hervorhebung dieser Untersuchung. Dabei ging es um die sehr deutliche Aussage „Juden kann man nicht trauen“, wozu es in unterschiedlichen Ländern folgende Zustimmungswerte gab. In Belgien bei 7,5 Prozent der Christen und 56,7 Prozent der Muslime, in Deutschland bei 10,5 Prozent der Christen und 28 Prozent der Muslime, in Frankreich bei 7,1 Prozent der Christen und 43,4 Prozent der Muslime, in den Niederlanden bei 8,4 Prozent der Christen und 40,4 Prozent der Muslime, in Österreich bei 10,7 Prozent der Christen und 64,1 Prozent der Muslime und in Schweden bei 8,6 Prozent der Christen und 36,8 Prozent der Muslime. Demnach gab es durchgängig hohe Akzeptanzpotentiale für antisemitische Einstellungen in unterschiedlichen Ländern unter den dort lebenden Muslimen.[7]

---

7 Vgl. *Koopmans*, Religious Fundamentalism and Hostility against Out-groups. A Comparison of Muslims and Christians in Western Europe, in: Journal of Ethnic and Migrations Studies 41/1 (2015), S. 33-57. Allgemein über Forschungsergebnisse dazu informiert: *Jikeli*, Antisemitismus unter Muslimen in Deutschland und Europa, in: Glöckner/Jikeli (Hrsg.), Das Neue Unbehagen. Antisemitismus in Deutschland heute, S. 49-72.

III. Extremismus

Der zweite Bereich, der bezogen auf den Antisemitismus gesonderte Aufmerksamkeit erhalten soll, ist der politische Extremismus. Da es zum Gemeinten gelegentlich Missverständnisse gibt, soll hier zunächst eine Erläuterung zum genauen Verständnis erfolgen. Es geht um eine Bezeichnung für politische Phänomene, die sich unabhängig von der ideologischen Ausrichtung gegen die Grundlagen einer modernen Demokratie wenden. Dabei sind den hier idealtypisch unterschiedenen Akteuren bestimmte eigene konstitutive politische Grundauffassungen wichtiger als die Normen und Regeln eines demokratischen Verfassungsstaates. Geht es dabei um die „Ethnie", so hat man es mit Rechtsextremisten zu tun. Geht es dabei um die „Gleichheit", so hat man es mit Linksextremisten zu tun. Geht es dabei um den „Islam", so hat man es mit Islamisten zu tun. In allen drei Bereichen gibt es das Feindbild „Israel", gleichwohl muss hinsichtlich des Antisemitismus eine Differenzierung in der Verteilung vorgenommen werden.[8]

Am Beginn steht der Rechtsextremismus, kann doch der Antisemitismus als kontinuierliches Ideologieelement von deren traditionellen Varianten gesehen werden. Dies macht der Blick auf die „Nationaldemokratische Partei Deutschlands" (NPD) und die Neonazi-Szene deutlich, sind diese doch stark vom Antisemitismus des historischen Nationalsozialismus geprägt. Während dabei eindeutige Anspielungen die NPD als legale Partei prägen, findet sich eine aggressive Judenfeindschaft in der Neonazi-Szene. So bestehen etwa Bands des „Rechtsrock" aus solchen Kontexten des Rechtsextremismus mit offen verbalisierten Vernichtungsforderungen. So weit geht die Agitation der NPD nicht, besteht dafür doch eine strafrechtliche Relevanz. Hier wird mehr mit Andeutungen gearbeitet, etwa wenn von einer „Hochfinanz" die Rede ist, aber eben eine „jüdische Hochfinanz" gemeint ist. Deutlich wird auch ein angeblicher oder tatsächlicher

8 Die folgenden Ausführungen hat der Autor in früheren Publikationen genauer belegt und veranschaulicht, vgl. *Pfahl-Traughber*, Antisemitismus im Islamismus. Ideengeschichtliche Bedingungsfaktoren und agitatorische Erscheinungsformen, in: *Fünfsinn/Pfahl-Traughber*, Extremismus und Terrorismus als Herausforderung für Gesellschaft und Justiz. Antisemitismus im Extremismus, S. 112-134; *Pfahl-Traughber*, Antisemitismus im Rechtsextremismus. Externe und interne Funktionen, formale und ideologische Varianten, in: ebenda, S. 135-150; *Pfahl-Traughber*, Antisemitismus und Linksextremismus. Eine Analyse zur Israel- und Kapitalismuskritik im öffentlichen Diskurs, in: ebenda, S. 151-169.

jüdischer Hintergrund von Personen hervorgehoben, gegen die sich die Propaganda richtet.

Anders positioniert hat sich hier der neuere Rechtsextremismus, wozu insbesondere die „Alternative für Deutschland" (AfD) gehört. Diese gibt sich formal pro-israelisch und pro-jüdisch, es besteht sogar eine Arbeitsgemeinschaft „Juden in der AfD". Derartige Bekundungen und Gruppierungen kommt ein funktionaler Nutzen zu: So distanziert man sich formal von Nationalsozialismus und Rechtsextremismus, gleichzeitig wird der Antisemitismus dann Flüchtlingen und Muslimen zugeschrieben. Blickt man indessen auf die Agitation bekannter Parteipolitiker, so finden sich immer wieder Anspielungen mit antisemitischen Stereotypen. Wenn etwa von den „globalen Internationalisten" die Rede ist, welche wie eine „Krake" die Welt umfassen, dann bedient man sich eines klassischen antisemitischen Verschwörungsdenkens.[9] Die formal pro-jüdische Ausrichtung der Partei wurde denn auch etwa vom „Zentralrat der Juden in Deutschland" nicht für glaubwürdig erklärt, warnte er doch mehrfach die Gläubigen vor der Partei.

Bezogen auf den Antisemitismus verhält es sich im Linksextremismus etwas komplizierter, was insbesondere damit zusammenhängt, dass es keine Anknüpfungspunkte in der Ideologie für Judenfeindschaft gibt. Denn dort kommt ethnischen oder religiösen Identitäten keine Relevanz für das politische Selbstverständnis zu. Man distanziert sich auch eindeutig vom Antisemitismus, sieht ihn indessen primär in der „Mitte" oder bei Rechtsextremisten. Dass die mit dem „Antiimperialismus" erklärte Israelfeindlichkeit immer wieder zumindest antisemitisch deutbare Ressentiments zu erkennen gibt, wird dort meist nur von den pro-israelischen Minderheiten mit kritischem Unterton thematisiert. Mehrheitlich sieht man in derartigen Einwänden ein politisches Instrument, das angeblich nur bloße „Israelkritik" diskreditieren solle. Bedenkliche Entwicklungen in der israelischen Politik werden mitunter kritisiert. Bezogen auf die Feinde Israels schweigen Linksextremisten zu deren massiven Menschenrechtsverletzungen. Zumindest an Glaubwürdigkeit mangelt es hier.

Inwieweit Antisemitismus die jeweilige Israelfeindlichkeit prägt, bildet ein besonderes Problem und einen heftigen Streitpunkt. Dies macht auch der Blick auf die Partei „Die Linke" deutlich, wobei diese in der Gesamtschau nicht mehr als linksextremistisch gelten kann. In ihr finden sich indessen Gruppierungen und Plattformen eben noch in diesem Sinne. Gera-

9 Vgl. *Pfahl-Traughber*, Die ambivalente Einstellung der AfD zum Antisemitismus; *Pfahl-Traughber*, Höcke als Verschwörungsideologe.

de bei Akteuren, die aus trotzkistischen Kontexten stammen, lässt sich eine scharfe israelfeindliche Position feststellen. Sie geht sogar damit einher, in Islamisten antiimperialistische Verbündete zu sehen. Immer wieder kam es von daher auch zu heftigen Auseinandersetzungen in der Partei, was auch immer wieder zu absonderlichen Skandalen führte. Indessen stellt sich die berechtigte Frage, ob diese einseitigen Aussagen auch eindeutig für eine Judenfeindschaft stehen.[10] Die Distanz zu dieser Einschätzung bedeutet nicht, derartige Positionen für unproblematisch zu halten. Hier gilt eher die Auffassung, wonach auch ohne Antisemitismus eine ausgeprägte Israelfeindlichkeit ein grundsätzliches Problem bildet.

Und schließlich sei noch der Blick auf den Islamismus geworfen. In Deutschland bestehen auch Gruppen und Organisationen in diesem Sinne, was sowohl djihadistische Bestrebungen wie legalistische Strömungen einschließt. Antisemitismus lässt sich in beiden Bereichen eindeutig belegen. Dabei gibt es eine besondere Kombination ideen- und realgeschichtlicher Komponenten, wird doch sowohl auf den Konflikt Mohammeds mit jüdischen Stämmen wie auf den jüdischen Staat Israels und seine Politik angespielt. Es gab auch unter den gewaltorientierten Akteuren immer wieder Belege dafür, dass antisemitisch motivierte Anschläge mit eine Option für ein terroristisches Vorgehen wären. Die legalistischen Aktivisten schüren demgegenüber mehr propagandistisch den Hass auf Israel, wird für den Nahost-Konflikt doch in dem Staat der allein politisch Verantwortliche gesehen. Die damit einhergehenden Feindbilder werden auch auf hier lebende Juden übertragen, wovon einschlägige Beleidigungen oder Gewalthandlungen immer wieder zeugen.

IV. Straftaten

Und schließlich soll es noch um die antisemitischen Straftaten gehen. Dabei kann zunächst konstatiert werden, dass hier ein Desiderat in der Forschung besteht. Zwar werden einschlägige Daten von den Polizeibehörden erhoben, an analytischen Auswertungen durch Sozialwissenschaftler mangelt es aber meist. Insofern können im Folgenden dazu auch keine Informationen geliefert werden. Vorab sei außerdem noch betont, dass

10 Vgl. für die erstgenannte Auffassung: *Salzborn/Voigt*, Zeitschrift für Politik, 58 (2011), 3, S. 290-309 und für die letztgenannte Deutung: *Pfahl-Traughber*, Israelfeindlichkeit zwischen Antiimperialismus und Antisemitismus – eine Analyse zu Erscheinungsformen und Motiven im deutschen Linksextremismus, in: Dovermann (Hrsg.), Linksextremismus in der Bundesrepublik Deutschland, S. 143-161.

Gewalttaten in den Straftaten eine Untergruppe bilden. Der Großteil der Straftaten besteht in Volksverhetzungsdelikten, also Beleidigungen und Schmähungen, die sich auch gegen Nicht-Juden richten können, aber eben einen judenfeindlichen Hintergrund haben.[11] Ermittelt werden die gemeinten Fälle von der Polizei, wobei sie in die Kategorie „Politisch Motivierte Kriminalität" (PMK) eingeordnet werden. Eine Dunkelziffer ist hier verständlicherweise nicht enthalten. Denn es kann nicht davon ausgegangen werden, dass eine Anzeige in allen Fällen erfolgt, wofür es die unterschiedlichsten Gründe geben mag.

Gleichwohl verdienen diese Daten großes Interesse, gibt es darüber hinaus doch keine einheitliche Erhebung von einschlägigen Informationen, was auch die zwischenzeitlich existierenden zivilgesellschaftlichen Einrichtungen nicht leisten können. Blickt man nun auf die Daten der Polizeistatistik mit all den angedeuteten Vorbehalten, so lässt sich hier ein bundesweiter Anstieg für das Jahr 2019 konstatieren. Es wurden 2.032 Straftaten ermittelt, während die Angaben für 2018 in 1.799 und 2017 in 1.504 Fällen bestanden. Diese Daten stehen für einen ansteigenden Trend, der angesichts der Anteile auch für eine neue Qualität steht. Gleiches gilt für den Blick lediglich auf die Gewalttaten: Hier waren es 2019 73 Fälle, in 2018 69 und in 2017 34 Fälle.[12] Demnach kam es binnen zweier Jahre sogar zu einer Verdoppelung. Für diese Entwicklung lassen sich keine genauen Gründe angeben. Früher waren dies Auswirkungen auf die Entwicklung des Nahost-Konflikts oder Reaktionen auf öffentliche Skandale, wovon aber für diesen Zeitraum nicht gesprochen werden kann.

Bezüglich der ideologischen Aufteilung fällt auf, dass meist mehr als 90 Prozent der Taten der „PMK-rechts" zugeordnet werden. Demnach hätten die Gewalthandlungen einen mehrheitlich rechtsextremistischen Hintergrund. Aus dieser Erkenntnis lässt sich eine Erklärung ableiten, indessen nur als Hypothese, die aber empirisch nur schlecht überprüft werden kann. Seit Mitte der 2010er Jahre gab es einen gesamtgesellschaftlicher „Rechtsruck". Ein deutlicher Ausdruck davon ist, dass die AfD im Bundestag und in allen Landtagen sitzt. Damit einher ging auch eine Än-

---

11 Vgl. *Erb*, Antisemitische Straftäter in den Jahren 1993 bis 1995, in: Benz (Hrsg.), Jahrbuch für Antisemitismusforschung 6, S. 160-180; *Pfahl-Traughber*, Antisemitisch motivierte Straftaten von Beleidigungen bis zu Gewalttaten. Eine Analyse zu Ausmaß, Deliktarten, Entwicklung und Tätern, in: Fünfsinn/Pfahl-Traughber (Hrsg.), Extremismus und Terrorismus, S. 170-185.

12 Vgl. *Jansen*, Antisemitische Kriminalität: Höchststand bei Straftaten von Judenhassern; Politische Kriminalität. Viel mehr antisemitische Straftaten (10. Mai 2020), in: www.tagesschau.de.

derung der öffentlichen Diskussionskultur, entstand doch so ein größerer Frei- und Resonanzraum für rechtsextremistische Weltbilder. Berücksichtigt man dazu, dass AfD-Wähler die größten Antisemitismus-Potentiale von den Parteiwählern aufweisen, wie die empirische Sozialforschung zum Thema festgestellt hat[13], so lässt sich darin durchaus ein Zusammenhang sehen. Mit dieser Einsicht kann der Partei keine juristische Schuld, aber sehr wohl eine soziale Verantwortung zugeschrieben werden.

Es gibt aber bei dem Blick auf die Polizeistatistik noch ein anderes Problem, das mit dem subjektiven Bedrohungsgefühl vieler Juden zu tun hat. Dabei geht es verständlicherweise um unterschiedliche Bereiche oder Ebenen: einmal die objektive Datenlage zu antisemitischen Straftaten, einmal das subjektive Empfinden von befragten Juden. Denn hier besteht in den Dimensionen ein erkennbarer Unterschied. Folgt man den Angaben in einer europaweiten Umfrage, so gaben 2018 in Deutschland die befragten Juden als Täter 41 Prozent Muslime, 20 Prozent Rechte und 16 Prozent Linke[14] an, was daher so nicht der Polizei-Statistik und -Wahrnehmung entspricht. Es wäre hier auch unangemessen, der Datenlage gegenüber der Empfindungslage eine größere Glaubwürdigkeit zuzuschreiben. Denn die datenmäßige Erfassung der antisemitischen Straftaten ist auch nicht unproblematisch. Mitunter erkennen die Beamten antisemitische Hintergründe nicht, nicht alle Delikte werden bei der Polizei angezeigt, und es gibt in die PMK-rechts vorschnelle Zuordnungen.

Der letztgenannte Aspekt bezieht sich auf folgendes Problem: Es erfolgt meist eine automatische Einordnung in die PMK-rechts, wenn keine gegenteiligen Erkenntnisse vorliegen. Dies erklärt zumindest mit den hohen Anteil in dieser Kategorie, aber sicherlich auch nicht allein die „rechten“ Straftatenanteile. Darüber hinaus werden auch Beleidigungen in der Statistik erfasst, welche sich nicht gegen tatsächliche Juden richten, sondern auch gegen nicht-jüdische Menschen, die einer antisemitischen Schmähung ausgesetzt sind. Es gibt keine genaue Aufarbeitung dieser Fälle, sodass quantitative Einschätzungen für eine Gesamtschau nicht möglich sind. Und dann kommt noch hinzu, dass verbale Angriffe auf Juden im öffentlichen Raum durch Rechtsextremisten eher selten sind. Derartiges geschieht auch stärker im nicht-öffentlichen Kontext. Dies ist bei Beleidigungen von Juden durch Menschen mit Migrationshintergrund

---

13 Vgl. die in Anm. 6 genannten Studien.

14 Vgl. Alarmierende Umfrage: Antisemitismus in Europa nimmt zu, 10. 12. 2018, abrufbar unter: https://ec.europa.eu/germany/news/20181210-alarmierende-umfrage-antisemitismus-eu-nimmt-zu_de; *von Salzen/Hackenbruch*, Antisemitismus-Studie der EU. Juden in Deutschland fühlen sich zunehmend unsicher.

auf der Straße anders. So könnten sich die in der Einordnung bestehenden Unterschiede erklären. Aber auch hier handelt es sich nur um Hypothesen.

Eine Betrachtung und Einschätzung zu antisemitischen Straftaten muss darüber hinaus noch einen besonderen Vorfall thematisieren: Ein Stephan Balliet versuchte in Halle am 9. Oktober 2019 in die dortige Synagoge einzudringen, um an den dort Jom Kippur feiernden 51 Juden ein Massaker anzurichten. Es gelang ihm indessen nicht, die Sicherungstür zu überwinden. Daraufhin erschoss Balliet zwei andere Menschen auf der Straße. Er wollte dabei das Agieren eines anderen Einzeltäters in Neuseeland nachahmen, hatte der Gemeinte dort doch in zwei Moscheen 51 Muslime umgebracht. Die identische Anzahl von potentiellen oder realen Opfern ist hier indessen nur ein Zufall. Gleichwohl macht dieser Fall eines antisemitisch motivierten Gewaltverbrechens deutlich, mit welcher Vernichtungsintensität vorgegangen werden sollte. Balliet handelte allein und gehörte keiner Gruppe an und war insofern ein Lone Actor-Terrorist. Gleichwohl radikalisierte er sich über eine kommunikative Einbettung, die in dem regelmäßigen Besuch antisemitischer Hassseiten im Internet bestand.

V. Bilanz

Es handelte sich hier indessen nicht um einen Einzelfall, gab es doch noch andere antisemitische Lone Actor-Terroristen. 2018 wurden von einem Einzeltäter elf Juden in Pittsburgh in den USA erschossen, und 2019 wollte ein anderer Einzeltäter ein ähnliches Massaker in Poway ebenfalls in einer Synagoge in den USA begehen. Balliets antisemitisch motivierten Gewaltabsichten standen hier in einer erkennbaren Tradition. Es soll aber nicht die Behauptung aufgestellt werden, er habe sich von diesen Gewalttaten direkt inspirieren lassen, scheint doch eher der Attentäter auf Neuseeland das Vorbild gewesen zu sein. Aber diese Dimension von Gewalthandlungen macht deutlich, wie es um die Gefahrensituation für viele Juden auch in anderen westlichen Ländern steht. Dass die Ereignisse in Halle unter Juden wie ein Schock wirkten, ist angesichts des beabsichtigten Massakers mehr als nur nachvollziehbar. Und dadurch wurde auch in Deutschland erneut deutlich, wie hoch das antisemitische Bedrohungsmoment in einem existenziellen Sinne sein kann.

Andere Anzeichen dafür bestehen in öffentliche Reflexionen darüber, ob denn in Großstädten männliche Juden eine Kippa auf bestimmten Straßen tragen sollten. Der Antisemitismusbeauftragte der Bundesregierung Felix Klein hatte mit warnendem Unterton darüber gesprochen. Man mag zu einer solchen Erklärung stehen, wie man will: Sie macht einerseits auf eine potentielle Gefahrensituation aufmerksam, sie schränkt andererseits aber ein religiöses Bekenntnis im öffentlichen Raum ein. Gleichwohl wurde die damit einhergehende Aussage angesichts von latenten Bedrohungen formuliert. Ein solches Gefühl kann übrigens jeder Mann nachvollziehen, er braucht nur durch Großstädte mit einer Kippa zu gehen. Erstaunte Blicke mögen noch verständlich sein, bedrohliche Kommentare sind weitaus problematischer, und besondere Pöbeleien wären auch strafrechtlich relevant. Derartige Erfahrungen können für als solche erkennbare Juden alltäglich sein, die nicht-jüdische Bevölkerung nimmt so etwas meist nicht wahr.

Insofern bedarf es auch einer stärkeren medialen Aufklärung hierzu und eben auch einer längerfristigen Präventionsarbeit. Denn die von derartigen Handlungen betroffenen Juden berichten häufig, dass arabischstämmige Männer insbesondere zu den Tätern gehören. Auch der Antisemitismus unter Menschen mit Migrationshintergrund sollte daher ein bedeutsameres Thema werden. Denn wie die Ausführungen zu den judenfeindlichen Einstellungspotentialen gezeigt haben, gibt es in dieser sozialen Gruppe auch besonders hohe Ressentiments und Vorurteile. Dabei lässt sich immer wieder eine Fehlwahrnehmung ausmachen, wenn in einschlägigen Handlungen „nur" eine „Israelkritik" gesehen wird. Denn die betroffenen Juden werden pauschal mit der israelischen Politik identifiziert und als Individuen eines angeblichen Kollektivs unabhängig von individuellen Positionen angegriffen. Daher handelt es sich auch um Antisemitismus, eben als Feindschaft gegen Juden als Juden. Eine größere Aufmerksamkeit für dieses Gefahrenpotential ist nötig.

Indessen darf der Blick auf die Judenfeindschaft bei Menschen mit Migrationshintergrund nicht dazu führen, dass der Antisemitismus aus bzw. in der Mehrheitsgesellschaft ignoriert wird. Es gibt beispielsweise von der AfD derartige Bemühungen aus instrumentellen Motiven, wobei es meist um eine Ablenkung von der Judenfeindschaft in den eigenen Reihen geht. Denn der Blick auf die Ergebnisse der empirischen Sozialforschung macht deutlich, dass in der autochthonen Bevölkerung in bedeuten Minderheiten weiterhin ausgeprägte antisemitische Vorurteile vorhanden sind. Berücksichtigt man darüber hinaus die Erkenntnisse zu deren politischen Positionen und sozialer Zusammensetzung, so wird dabei eine AfD-Nähe in mehrfacher Hinsicht deutlich: Antisemitisch Eingestellte wählen überdurchschnittlich stark diese Partei und auch deren Sozialprofil entspricht ihrer Wählerschaft in der Zusammensetzung.[15] Indessen ist der Antisemi-

15 Vgl. dazu die in Anm. 6 genannten Studien.

tismus, der weniger links und mehr rechts verortet werden kann, nicht auf dieses politische Lager begrenzt.

Auch wenn etwa formal höher Gebildete bei den judenfeindlichen Meinungspotentialen quantitativ unterrepräsentiert sind, gibt es auch ebendort einschlägige Einstellungen und Ressentiments. Dies haben Analysen zu den Kommentaren von Zeitungsartikeln, die in der gehobenen Qualitätspresse erschienen, immer wieder veranschaulicht.[16] Dabei fallen auch formale Distanzierungen vom historischen Nationalsozialismus auf, welche durchaus Glaubwürdigkeit in einem eingeschränkten Sinne beanspruchen können. Denn der Antisemitismus muss sich nicht nur in einem derartigen ideologischen Zusammenhang artikulieren. Größere Bedeutung haben hier andere inhaltliche Bezüge, wobei es etwa um die Abneigung gegenüber dem angeblich zu starken öffentlichen Gedenken über die Shoah oder um die Einwände gegen eine behauptete imperiale Machtpolitik der israelischen Regierung geht. Derartige Auffassungen müssen nicht immer eine antisemitische Grundlage haben, sie dienen aber dazu, latente und manifeste Ressentiments zu schüren und zu stärken.

Dies bedeutet in der bilanzierenden Betrachtung, dass sowohl das staatliche wie zivilgesellschaftlich Engagement gegen die Judenfeindschaft gestärkt werden sollte. Es bedarf dabei auch der Einsicht, dass die Erinnerung an den Nationalsozialismus und die Shoah hier nicht reicht. Denn Antisemitismus gibt es auch unabhängig von diesen Bezügen. Gerade über dessen gegenwärtige Erscheinungsformen ist ein stärkeres öffentliches Interesse nötig[17], wobei auch das alltägliche Bedrohungsgefühl von vielen Juden einer stärkeren Wahrnehmung bedarf. Folgt man den Daten einer Umfrage von 2018, so sahen 85 Prozent der Juden in Deutschland im Antisemitismus ein „sehr großes/ziemlich großes Problem", 2012 waren es noch 62 Prozent.[18] Und schließlich sei noch auf folgende Fehlwahrnehmung aufmerksam gemacht: Antisemitismus geht nicht nur die Juden an, er ist eine Gefahr für die ganze Gesellschaft. Denn judenfeindliche

16 Vgl. die Beiträge in folgendem Sammelband: Schwarz-Friesel (Hrsg.), Gebildeter Antisemitismus. Eine Herausforderung für Politik und Zivilgesellschaft.

17 Dies gilt auch für den Antisemitismus im Kontext gegenwärtiger Proteste, die gegen die Corona-Politik der Regierungen gerichtet sind oder dubiose Verschwörungsideologien verbreiten. Vgl. *Großbongardt*, Der Spiegel, Nr. 4 vom 23.1.2021, S. 42-45; *Pfahl-Traughber*, Antisemitische Corona-Protestformen als Renaissance mittelalterlicher Verschwörungsideologien; *Pfahl-Traughber*, Antisemitische Hintergründe der kursierenden QAnon-Verschwörungsideologie.

18 In Anm. 14 wurde auf die hier ebenfalls gemeinte Studie verwiesen.

Einstellungen richten sich allgemein gegen die normativen Grundlagen eines demokratischen Verfassungsstaates.[19]

Literaturverzeichnis

Bergmann, Werner
Wie viele deutsche sind rechtsextrem, fremdenfeindlich und antisemitisch? Ergebnisse der empirischen Forschung von 1990 bis 2000, in: *Benz*, Wolfgang, Auf dem Weg zum Bürgerkrieg? Rechtsextremismus und Gewalt gegen Fremde in Deutschland, Frankfurt/M. 2001, S. 41-62.

Bergmann, Werner / *Erb*, Rainer
Antisemitismus in der Bundesrepublik Deutschland. Ergebnisse der empirischen Forschung von 1946-1989, Opladen 1991.

Bergmann, Werner / *Erb*, Rainer
Kommunikationslatenz, Moral und öffentliche Meinung. Theoretische Überlegungen zum Antisemitismus in der Bundesrepublik Deutschland, Kölner Zeitschrift für Soziologie und Sozialpsychologie 38 (1986), 209-222.

Bundesministerium des Innern (Hrsg.)
Antisemitismus in Deutschland. Erscheinungsformen, Bedingungen, Präventionsansätze. Bericht des unabhängigen Expertenkreises Antisemitismus, Berlin 2011.

Decker, Oliver u.a.
Die Leipziger Autoritarismus Studie 2020: Methode, Ergebnisse und Langzeitverlauf, in: Decker, Oliver / Brähler, Elmar (Hrsg.), Autoritäre Dynamiken. Alte Ressentiments – neue Radikalität. Leipziger Autoritarismus Studie 2020, Gießen 2020, S. 27-88.

Erb, Rainer
Antisemitische Straftäter in den Jahren 1993 bis 1995, in: Benz, Wolfgang (Hrsg.), Jahrbuch für Antisemitismusforschung 6, Frankfurt/M. 1997, S. 160-180.

Feuerherdt, Alex / *Markl*, Florian
Die Israel-Boykottbewegung. Alter Hass in Neuem Gewand, Berlin 2020.

Großbongardt, Annette
Wann hört das endlich auf, Der Spiegel, Nr. 4 vom 23.1.2021, 42-45.

---

19 Über Antisemitismus in Deutschland informieren auch zwei Expertenberichte, woran der Autor mitgearbeitet hat, vgl. Bundesministerium des Innern (Hrsg.), Antisemitismus in Deutschland. Erscheinungsformen, Bedingungen, Präventionsansätze. Bericht des unabhängigen Expertenkreises Antisemitismus; Unabhängiger Expertenkreis Antisemitismus, Antisemitismus in Deutschland – aktuelle Entwicklungen.

Jansen, Frank
Antisemitische Kriminalität: Höchststand bei Straftaten von Judenhassern, 4.3.2020, abrufbar unter: https://www.tagesspiegel.de/politik/antisemitische-kriminalitaet-hoechststand-bei-straftaten-von-judenhassern/25608278.html.

Jikeli, Günther
Antisemitismus unter Muslimen in Deutschland und Europa, in: Glöckner, Olaf / Jikeli, Günter (Hrsg.), Das Neue Unbehagen. Antisemitismus in Deutschland heute, Hildesheim 2019, S. 49-72.

Koopmans, Ruud
Religious Fundamentalism and Hostility against Out-groups. A Comparison of Muslims and Christians in Western Europe, Journal of Ethnic and Migrations Studies 41/1 (2015), 33-57.

Pfahl-Traughber, Armin
Antisemitismus im Islamismus. Ideengeschichtliche Bedingungsfaktoren und agitatorische Erscheinungsformen, in: *Fünfsinn*, Helmut / *Pfahl-Traughber*, Armin, Extremismus und Terrorismus als Herausforderung für Gesellschaft und Justiz. Antisemitismus im Extremismus, Brühl 2011, S. 112-134.

Pfahl-Traughber, Armin
Antisemitismus im Rechtsextremismus. Externe und interne Funktionen, formale und ideologische Varianten, in: *Fünfsinn*, Helmut / *Pfahl-Traughber*, Armin, Extremismus und Terrorismus als Herausforderung für Gesellschaft und Justiz. Antisemitismus im Extremismus, Brühl 2011, S. 135-150.

Pfahl-Traughber, Armin
Antisemitismus und Linksextremismus. Eine Analyse zur Israel- und Kapitalismuskritik im öffentlichen Diskurs, in: *Fünfsinn*, Helmut / *Pfahl-Traughber*, Armin, Extremismus und Terrorismus als Herausforderung für Gesellschaft und Justiz. Antisemitismus im Extremismus, Brühl 2011, S. 151-169.

Pfahl-Traughber, Armin
Antisemitisch motivierte Straftaten von Beleidigungen bis zu Gewalttaten. Eine Analyse zu Ausmaß, Deliktarten, Entwicklung und Tätern, in: Fünfsinn, Helmut /Pfahl-Traughber, Armin (Hrsg.), Extremismus und Terrorismus als Herausforderung für Gesellschaft und Justiz. Antisemitismus im Extremismus, Brühl 2011, S. 170-185.

Pfahl-Traughber, Armin
Israelfeindlichkeit zwischen Antiimperialismus und Antisemitismus – eine Analyse zu Erscheinungsformen und Motiven im deutschen Linksextremismus, in: Dovermann, Ulrich (Hrsg.), Linksextremismus in der Bundesrepublik Deutschland, Bonn 2011, S. 143-161.

Pfahl-Traughber, Armin
Antisemitismus als Feindschaft gegen Juden als Juden. Definitionen, Ideologieformen und Fallbeispiele, Der Bürger im Staat, 63 (2013), 252-261.

Pfahl-Traughber, Armin
Antizionistischer Antisemitismus, antiimperialistische Israelfeindlichkeit und menschenrechtliche Israelkritik. Kriterien zur Differenzierung und Einordnung von Positionen im Nahostkonflikt, in: Schüler-Springorum, Stefanie (Hrsg.), Jahrbuch für Antisemitismusforschung. Bd. 24, Berlin 2015, S. 293-315.

Pfahl-Traughber, Armin
Die ambivalente Einstellung der AfD zum Antisemitismus, 5.11.2018, abrufbar unter: https://www.hagalil.com/2018/11/antisemitismus-afd/.

Pfahl-Traughber, Armin
Antisemitische Corona-Protestformen als Renaissance mittelalterlicher Verschwörungsideologien, 23.5.2020, abrufbar unter: https://www.hagalil.com/2020/05/antisemitische-corona-proteste/.

Pfahl-Traughber, Armin
Höcke als Verschwörungsideologe, 12.11.2020, abrufbar unter: https://www.hagalil.com/2020/12/hoecke-als-verschwoerungsideologe/.

Pfahl-Traughber, Armin
Antisemitische Hintergründe der kursierenden QAnon-Verschwörungsideologie, 19.1.2021, abrufbar unter: https://www.hagalil.com/2021/01/qanon/.

Politische Kriminalität. Viel mehr antisemitische Straftaten (10. Mai 2020), in: www.tagesschau.de.

Salzborn, Samuel / *Voigt*, Sebastian
Antisemiten als Koalitionspartner? Die Linkspartei zwischen antizionistischem Antisemitismus und dem Streben nach Regierungsfähigkeit, Zeitschrift für Politik, 58 (2011), 3, 290-309.

Schwarz-Friesel, Monika (Hrsg.), Gebildeter Antisemitismus. Eine Herausforderung für Politik und Zivilgesellschaft, Baden-Baden 2015.

Unabhängiger Expertenkreis Antisemitismus (Hrsg.)
Antisemitismus in Deutschland – aktuelle Entwicklungen, Berlin 2018.

von Salzen, Claudia / *Hackenbruch*, Felix
Antisemitismus-Studie der EU. Juden in Deutschland fühlen sich zunehmend unsicher, 10.12.2018, abrufbar unter: https://www.tagesspiegel.de/politik/antisemitismus-studie-der-eu-juden-in-deutschland-fuehlen-sich-zunehmend-unsicher/23742690.html.

Zick, Andreas / *Berghan*, Wilhelm / *Mokros*, Nico
Gruppenbezogene Menschenfeindlichkeit in Deutschland 2002-2018/19, in: *Zick*, Andreas / *Küpper*, Beate / *Berghan*, Wilhelm, Verlorene Mitte, feindselige Zustände. Rechtsextreme Einstellungen in Deutschland 2018/19, Bonn 2019, S. 53-116.

Ausgrenzung am Lebensende? Unser Umgang mit Sterbenden

Prof. Dr. Ruth Rissing-van Saan, Vorsitzende Richterin am BGH a.D.

I. Einleitung

Der menschenwürdige Umgang mit schwerkranken oder sterbenden Patienten verlangt viel Einfühlungsvermögen. Todkranke oder Sterbende können in aller Regel nicht mehr aus eigener Kraft - sei es aus physischen oder sei es aus psychischen Gründen - am gesellschaftlichen Miteinander teilnehmen und sind auf Hilfe und Zuwendung angewiesen. Wie gehen wir heute in unserer dynamischen, auf Optimierung von Gesundheit, Leistung und Vergnügen ausgerichteten Gesellschaft damit um? Es besteht die Gefahr, dass sie „außen vor“ bleiben, also vom „normalen“ Leben ausgeschlossen, in Kliniken oder Heime leben, nicht selten, weil sie von anderen Familienmitgliedern als störend für die eigene Lebensgestaltung empfunden werden. Das war früher anders, auch schon notgedrungen, weil die Medizin vielen Krankheiten und Leidenszuständen nichts entgegensetzen konnte, keine Mittel hatte, um zu heilen oder den Todeseintritt zu er leichtern oder hinaus zu zögern. Deshalb war es auch selbstverständlich, dass Großvater oder -mutter, Vater, Mutter, Onkel oder Tante im Kreis der Familie starben, wenn sie denn aus Altersgründen oder infolge einer Krankheit verstarben, also der Sterbeprozess vorhersehbar und das Lebensende in naher Zukunft zu erwarten war.

Seit Mitte des 19. Jahrhundert bis in die Gegenwart hat die Medizin allerdings unglaubliche Fortschritte gemacht. Zunächst durch geniale und beharrliche Forscher, wie u.a. Robert Koch und Paul Ehrlich, deren Namen gerade heute wieder im Zusammenhang mit der Sars-CoV-2-Pandemie und der Suche nach wirksamen und verträglichen Impfstoffen zum Schutz der Bevölkerungen vor einer Infektion mit diesem Virus in aller Munde sind, da sie Namensgeber für die zur Bekämpfung der Infektionsgefahren für die Bevölkerung in Deutschland maßgeblichen Bundesinstitute waren, nämlich das Robert- Koch-Institut (Bundesinstitut für Infektionskrankheiten und nicht übertragbare Krankheiten) und das für die Impfungen und die hierfür entwickelten Stoffe zuständige Paul-Ehrlich-Institut (Bundesinstitut für Impfstoffe und biomechanische Arzneimittel).

Nach und nach kamen rasante Fortschritte in der Chemie (z.B. Entwicklungen diverser Impfstoffe), Physik (Röntgen, CT, MRT usw.) und weiter ausgefeilte Medizintechniken hinzu, die früher nie für möglich gehaltene Diagnose- und Therapiemöglichkeiten eröffneten. Man denke nur an die Möglichkeiten der Herzoperationen und Organtransplantationen, die heute bewährte Therapien zur Behandlung schwerkranker Menschen darstellen. Auch Herz-Lungenmaschinen, Respiratoren usw. sind heute Selbstverständlichkeiten. Der medizinische Fortschritt hat das Klonen von Tieren und menschlichen Embryonen sowie Eingriffe in die menschliche DNA zur zielgerichteten Veränderung der Gene möglich gemacht. Es scheint so, als sei alles möglich, nur das Sterben man hat man noch nicht abschaffen können. Man kann es zwar lange künstlich hinaus zögern, verhindern kann man es aber bis heute nicht. Ich denke, es wird auch nie gelingen. Es ist ein Faktum, das zu akzeptieren ist.

Medizinischer Fortschritt, der vielen Menschen das Leben rettet bzw. verbessert, kann einerseits ein Segen, andererseits aber auch ein Fluch sein, wenn nämlich hierdurch Menschen zu einem Weiterleben gezwungen werden, das nicht mehr von Lebensqualität, sondern von unerträglichen Schmerzen, Angst und Hilflosigkeit bestimmt wird. Eine gute Medizin ist die medizinische Behandlung aber nur dann, wenn sie es erreicht, dass es dem Patienten zumindest subjektiv besser geht. Denn bei den Möglichkeiten der modernen Medizin, Leben zu verlängern, also Lebenszeit für den Patienten zu gewinnen, stellt sich stets zugleich die Frage, ob die gewonnene Zeit für ihn selbst auch lebenswert ist und von ihm auch so empfunden wird, der betroffene Mensch also einen persönlichen Nutzen davon haben kann.

Wenn wir uns näher mit dem Phänomen Tod bzw. dem Sterben befassen, ergibt sich deshalb zwangläufig das Problem, wie man mit sterbenden Menschen umgehen sollte, was man ihnen also zumuten oder nicht zumuten darf. Denn das „normale" Sterben ist ein biologischer Vorgang, der – außer bei plötzlichen unerwarteten Ereignissen, wie Unfällen oder internistischen Komplikationen, z.B. Herzinfarkten, Schlaganfällen usw. – in der Regel als längerer, mehrere Tage bis zwei Wochen andauernder biologischer und chemischer Prozess abläuft.

Welche Kriterien dann letztlich für die Annahme des Todeseintritts maßgeblich sind, ist medizinisch umstritten (Herzstillstand, Hirntod). Eine gesetzliche Todesdefinition findet man ansatzweise lediglich in § 3 Abs. 2 Nr. 2 Transplantationsgesetz (TPG). Erforderlich ist danach die Feststellung des irreparablen Ausfalls der Gesamthirnfunktionen. Aus alledem folgt, dass schon der „Sterbevorgang" als solcher eine längere Zeitspanne umfasst, in denen der sterbende Mensch Fürsorge und medizinische Betreuung benötigt, die allerdings nicht auf die finale Phase des Lebens beschränkt sein sollten, sondern auch schwer- oder sterbenskranke Menschen erfassen müssen, die wegen ihrer belastenden Krankheitssymptome schon im Vorfeld des Sterbens, in der präfinalen Phase einer umfassenden, dem Erkrankungsgrad angemessene Versorgung und Zuwendung bedürfen.

II. Formen der Ausgrenzung

1. Isolierung in der letzten Lebenszeit

Medizinische Fortschritte haben nicht nur bessere Behandlungsmöglichkeiten von lebensbedrohlichen Erkrankungen eröffnet, sondern auch zur Folge, dass deren Behandlung für längere Zeit im Krankenhaus stattfinden muss, weil nur dort die hierfür notwendigen Mittel und das entsprechend ausgebildete Personal zur Verfügung stehen. Ist der Patient jedoch „austherapiert", d. h. ein die Erkrankung heilender oder bessernder Erfolg nicht mehr zu erwarten, stellt sich die Frage, was mit dem Patienten geschehen soll. Wenn die Familie des Patienten Glück hat, wird der unheilbar Erkrankte nicht einfach nach Hause entlassen, so dass die oft überforderten Angehörigen nicht vor dem Problem stehen, wie sie den Kranken bis dieser stirbt medizinisch angemessen unterbringen und versorgen können.

Jedenfalls in früheren Zeiten wurde der Patient dann im Krankenhaus in ein sog. „Sterbezimmer" verlegt, wo er isoliert von anderen Patienten seine restlichen Lebenstage oder -stunden verbrachte, zwar wenigsten medizinisch „grundversorgt", aber im Übrigen vor allem mit ihrer Angst vor Sterben und Tod allein gelassen. Bei der medizinischen und pflegerischen Betreuung von schwerkranken oder sterbenden Menschen müssen jedoch alle Bemühungen schon aus medizinischen und ethischen Gründen von dem Ziel bestimmt sein, das Leben des Patienten mit begrenzter Lebenserwartung so erträglich und menschenwürdig wie möglich zu gestalten. Aus rechtlicher Sicht steht bei unzureichender oder fehlender Versorgung und Pflege der Vorwurf einer fahrlässigen oder vorsätzlichen Körperverletzung oder zumindest einer unterlassenen Hilfeleistung im Raum.

2. Gegenentwurf Palliativmedizin

Seit den beginnenden 1980er Jahren des 20. Jahrhunderts hat sich auch in Deutschland, inspiriert durch die in England entstandene Hospizbewegung (Cisely Saunders – St. Christopher's Hospice London), die Palliativmedizin entwickelt. Palliativmedizin verfolgt das Ziel, unheilbar Kranke und Menschen mit begrenzter Lebenserwartung ganzheitlich zu betreuen und ihnen durch umfassende Symptomkontrolle eine möglichst beschwerde- und leidensfreie Rest-Lebenszeit zu ermöglichen. Palliativmedizin bejaht das Leben, lehnt aber medizinisch nicht oder nur wenig sinnvolle Therapiemaßnahmen ab, die den Patienten nur belastend und verhindern, dass er seine verbleidende Lebenszeit mit einer erträglichen Lebensqualität verbringen kann. Palliativmedizin ist inzwischen eine anerkannte medizinische Fachrichtung mit einer 1994 gegründeten eigenen Fachgesellschaft (Deutsche Gesellschaft für Palliativmedizin, DGP) und fachspezifischen Lehrstühlen bei verschiedenen medizinischen Fakultäten. Seit Ende 2015 gibt zudem ein Gesetz zur Verbesserung der Hospiz-und Palliativversorgung in Deutschland (Hospiz- und Palliativgesetz – HPG) vom 1. Dezember 2015 – BGBl I S. 2114), das verbindlich Maßnahmen regelt, die die medizinische, pflegerische, psychologische und seelsorgerische Versorgung von Menschen in ihrer letzten Lebensphase verbessern und den flächendeckenden Ausbau der Palliativ- und Hospizversorgung fördern sollen. Palliativmedizin findet entweder stationär in Krankenhäusern statt oder aber vielfach auch ambulant im häuslichen Umfeld des Patienten durch regionale Palliativnetzwerke betrieben wird, in denen sich niedergelassene Ärzte und Pflegeteams zu diesem Zweck organisiert haben.

3. *Die Behandlungsfalle*

Dessen ungeachtet gibt es auch heute - und nach meinem Eindruck sogar verstärkt - eine andere Form der „Ausgrenzung" von Menschen am Lebensende, nämlich die *Über-Therapierung*, d.h. die Auslieferung lebensbedrohlich erkrankter Menschen an die Machbarkeitsmaxime moderner Medizin und damit ihre Ausgrenzung von sinnvollen, d.h. an der Leidenslinderung des betroffenen Menschen orientierten Behandlungsmethoden. Bereits in den 1980er Jahren gab es dieses Phänomen der Übertherapie in dem Sinne, dass die moderne Apparatemedizin soweit und solange wie möglich eingesetzt wurde, ohne Rücksicht darauf, ob überhaupt noch die Aussicht auf einen Heilungserfolg oder zumindest Besserung der Leiden bestand, d.h. der Patient wurde zum Objekt medizinischen Machbarkeitswahns degradiert.

Deshalb hatte der BGH 1984 in der – allerdings aus anderen Gründen – zu nicht besonders schmeichelhafter Berühmtheit gelangten sog. *Wittig-*

Entscheidung des BGH aus dem Jahr 1984[1] in einem sog. *obiter dictum*[2] auch ausgesprochen, dass es keine Verpflichtung des behandelnden Arztes zu Erhaltung eines erlöschenden Lebens um jeden Preis gebe. Maßnahmen zur Lebensverlängerung seien nicht schon deswegen unerlässlich, weil sie technisch möglich sind, da nicht die Effizienz der Apparatur, sondern die an der Achtung des Lebens und der Menschenwürde ausgerichtete Einzelfallentscheidung die Grenze ärztlicher Behandlungspflicht bestimme.[3]

Die Situation in den Universitätskliniken und den übrigen Krankenhäusern ist heute nicht viel anders. Zwar wurde unter anderem durch das sog. Fallpauschalengesetz vom 29.4.2002[4] versucht, die Kostensteigerungen durch überflüssig lange Krankenhausaufenthalte zu verhindern, die nämlich von den öffentlichen Krankenkassen und damit durch die Allgemeinheit bzw. die Solidargemeinschaft zu bezahlen sind. Gleichzeitig wurden jedoch aber die Kliniken und Krankenhäuser zu betriebswirtschaftlich gewinnorientierten Unternehmen umgestaltet. Durch ein komplexes Vergütungssystem für Haupt- und Nebendiagnosen, Zusatzbeträgen für Erschwerungsgründe, Geräteeinsätze usw. können auch heute finanzielle Fehlanreize zu maximaler Therapie gesetzt werden, mit der Folge, dass z.B. Krebspatienten noch in ihren letzten Lebenstagen quälende Chemotherapien oder unnötige Operationen zugemutet werden. Es gibt gegenwärtig ernst zu nehmende Stimmen, die diese Praxis zum Anlass nehmen, den Umgang mancher medizinischen Institutionen mit Sterbenden und Schmerzpatienten als pure Ausnutzung einer lukrativen Geldquelle anzuprangern.[5]

III. Rechtliche Grenzziehungen

1. Der aktuelle Patientenwille

Wie ist das möglich, darf der Patient nicht mitreden, wenn es um sein gesundheitliches Wohl und Wehe oder sogar um Leben und Tod geht?

---

1 BGHSt. 32, 367.

2 Rechtsausführungen in einem Urteil des BGH, auf der das Ergebnis der konkreten Entscheidung zwar nicht beruht, die aber für zukünftig zu entscheidende, vergleichbare Fälle als rechtlicher Hinweis an die Untergerichte zu verstehen ist.

3 BGHSt. a.a.O. S. 379 f.

4 BGBl I 1412.

5 Vgl. z.B. *Thöns*, Patient ohne Verfügung, S. 35 f., 125 f., 240 ff.

Doch, der Patient hat ein ganz entscheidendes Wort mitzureden, er muss nämlich in eine medizinische Heilbehandlung einwilligen, und zwar nach *umfassender Aufklärung* über die Chancen und Risiken der geplanten Behandlung, wenn diese rechtmäßig durchgeführt werden soll. Das ist schon seit vielen Jahrzehnten sowohl in der strafrechtlichen als auch in der zivilrechtlichen höchstrichterlichen Rechtsprechung und der Untergerichte anerkannt.[6]

Schon das Reichsgericht (RG) hatte 1894 in diese Richtung judiziert. In seiner Entscheidung RGSt. 25,375 ff. hat es ausgesprochen, dass Eingriffe in die körperliche Unversehrtheit eines Menschen, auch wenn sie in heilender Absicht erfolgen, medizinisch sinnvoll, also indiziert sind, Erfolg versprechen und den Regeln der ärztlichen Kunst entsprechend durchgeführt werden, als *tatbestandsmäßige Körperverletzung* nur durch den zustimmenden Patientenwillen rechtmäßig werden, d.h. gerechtfertigt sind.[7] Der BGH ist dem gefolgt und verritt diese Ansicht bis heute,[8] während die h.L. in der Literatur noch zu verschiedenen Tatbestandslösungen tendiert.[9] Seit dem Jahr 2013 sind diese hergebrachten Grundsätze der Rechtsprechung und deren rechtliche Nuancen für die den ärztlichen Behandlungen zugrunde liegenden zivilrechtlichen Behandlungsverträge gesetzlich in den §§ 630a – 630e BGB geregelt.[10] Für das Strafrecht kann grundsätzlich nichts anderes gelten und gilt auch nichts anderes (Prinzip der Einheit der Rechtsordnung). Zwar kommt es im Strafrecht nicht auf vertragsrechtlichen Detailfragen des Zivilrechts an, wohl aber wie im Zivilrecht (§ 630d BGB)[11] auf eine wirksame Einwilligung eines hinreichend informierten Patienten.

---

6 Ständ. Rspr. u.a. BGHSt. **37**, 376; **40**, 257; **55**, 191; BGHZ **154**,205; **163**, 195; **202**, 226; **211**,67.

7 Siehe hierzu näher u.a. *Grünewald*, in: LK, § 223 Rn. 71; *Hilgendorf*, in: A/W/H/H BT, § 6 Rn. 99 f; *Sternberg-Lieben*, in: Sch/Sch, § 223 Rn. 29.

8 U.a. BGHSt. **11**, 111, 112, **43**, 306, 308 sowie BGHSt. **64**, 69, 73 = BGH Urt. v. 30.1.2020 – 2 StR325/17, NStZ 2020, 29 (30) m. Anm. Magnus, bestätigt durch BGH Beschl. v. 26.5.2020 – 2 StR 434/19 Rdn. 11.

9 U.a. *Grünewald*, in: LK, § 223 Rn. 67 f.; *Sternberg-Lieben*, in: Sch/Sch, § 223 Rn. 30 ff.

10 Eingeführt durch das sog. Patientenrechtegesetz (PatientenRG) vom 20.2.2013, BGBl I 277.

11 Der § 630d BGB lautet wie folgt:
§ 630d Einwilligung
(1) [1]Vor Durchführung einer medizinischen Maßnahme, insbesondere eines Eingriffs in den Körper oder die Gesundheit, ist der Behandelnde verpflichtet, die Einwilligung des Patienten einzuholen. [2]Ist der Patient einwilligungsunfähig, ist die Einwilligung eines hierzu Berechtigten einzuholen, soweit nicht eine Patien-

2. *Medizinische Behandlungen am Lebensende*

Festzuhalten ist deshalb, dass die rechtlichen Bedingungen für rechtmäßige medizinischen Maßnahmen heute durch Gesetz vorgegeben sind, und damit auch für medizinische Maßnahmen am Lebensende gelten, selbst wenn sie nur der Leidenslinderung, insbesondere der Schmerzbehandlung dienen, um die Lebensqualität des Patienten zu verbessern.

a) Es geht also auch bei lebenserhaltenden oder –verlängernden medizinischen Behandlungen stets um eine doppelte Fragestellung:

- Ist die Fortführung der lebenserhaltenden Maßnahmen (noch) medizinisch angezeigt bzw. sinnvoll, also indiziert? Das setzt *medizinisch* eine kontinuierliche Überprüfung des Therapiekonzepts und gegebenenfalls eine Korrektur des Therapieziels durch den behandelnden Arzt voraus, und weiter
- Entspricht die Fortführung der lebenserhaltenden Therapie, selbst wenn sie noch indiziert ist, (noch) dem Willen oder mutmaßlichen Willen des/der Patienten/in oder ist die Beendigung der Behandlung gemäß dem Patientenwillen *rechtlich* geboten?

Denn die grundgesetzlich abgesicherte Autonomie des Patienten billigt diesem gerade auch am Lebensende das *Recht* zu, *sich für oder gegen* eine medizinisch indizierte Behandlung zu entscheiden, ein Recht, das auch von Ärzten und Pflegepersonal respektiert werden muss, selbst wenn es ihnen schwerfällt, den Willen des Betroffenen, z. B. nicht künstlich ernährt oder beatmet zu werden, umzusetzen und eine solche Maßnahme zu beenden, die vielleicht ursprünglich sogar mit dem (mutmaßlichen) Willen des Patienten begonnen wurde. Unsere Rechtsordnung duldet in der Regel *keine Zwangsbehandlung gegen den Willen des Patienten.*[12]

---

tenverfügung nach § 1901a Absatz 1 Satz 1 die Maßnahme gestattet oder untersagt. [3]Weitergehende Anforderungen an die Einwilligung aus anderen Vorschriften bleiben unberührt. [4]Kann eine Einwilligung für eine unaufschiebbare Maßnahme nicht rechtzeitig eingeholt werden, darf sie ohne Einwilligung durchgeführt werden, wenn sie dem mutmaßlichen Willen des Patienten entspricht.
(2) Die Wirksamkeit der Einwilligung setzt voraus, dass der Patient oder im Fall des Absatzes 1 Satz 2 der zur Einwilligung Berechtigte vor der Einwilligung nach Maßgabe von § 630e Absatz 1 bis 4 aufgeklärt worden ist.
(3) Die Einwilligung kann jederzeit und ohne Angabe von Gründen formlos widerrufen werden.

12 Ausnahmen gelten nur in besonderen Ausnahmefällen zu eigenem Schutz oder zum Schutz Dritter, wie z. B. während der Haft, der Unterbringung nach den §§ 64, 63 und 66 StGB und im Betreuungsrecht, und setzen außerdem dem

Wer dies nicht beachtet und gegen den Patientenwillen z.B. die künstliche Beatmung aufrecht erhält oder die künstliche Ernährung durch- oder fortführt, macht sich wegen Körperverletzung strafbar!

b) Problematisch wird es dann, wenn der betroffene Patient aus physischen oder psychischen Gründen aktuell nicht in der Lage ist, eine medizinische Aufklärung verstandesmäßig zu erfassen oder in der konkreten Situation zur Willensbildung nicht fähig ist oder seinen Willen nicht äußern kann, weil er ohne Bewusstsein ist.

Deshalb wurden Sinn und Nutzen von sog. *Patientenverfügungen* im Vorfeld des 3. Betreuungsrechtsänderungsgesetzes (3. BtÄndG) im Betreuungsrecht lange kontrovers diskutiert. Es war umstritten, ob und unter welchen Voraussetzungen der u.U. weit im Vorfeld einer medizinischen Notsituation und in Unkenntnis der tatsächlich eingetretenen Umstände formulierte Wille eines aktuellen entscheidungs- oder äußerungsunfähigen Menschen bindend sein kann. Seit dem 1.9.2009 sind die rechtlichen Voraussetzungen für eine, den behandelnden Arzt, den bestellten Betreuer oder den vom Patienten ausgewählten Bevollmächtigten und auch die Gerichte bindenden Patientenverfügung im zivilrechtlichen Betreuungsrecht durch die §§ 1901a – 1904 BGB, gesetzlich geregelt.[13]

Grundsatz der Verhältnismäßigkeit entsprechende und hinreichend bestimmte Eingriffsnormen voraus, siehe etwa BVerfGE 128, 282 ff.; *Böse*, in: Roxin-Festschrift (2011) Bd. I, S. 523 ff; § 101 Abs. 1 Satz 1 StVollzG.

13 Durch das 3. BtÄnG v. 29.7.2009 eingefügt in das BGB. Der aktuelle § 1901a BGB lautet wie folgt:

§ 1901a Patientenverfügung

[1]Hat ein einwilligungsfähiger Volljähriger für den Fall seiner Einwilligungsunfähigkeit schriftlich festgelegt, ob er in bestimmte, zum Zeitpunkt der Festlegung noch nicht unmittelbar bevorstehende Untersuchungen seines Gesundheitszustands, Heilbehandlungen oder ärztliche Eingriffe einwilligt oder sie untersagt (Patientenverfügung), prüft der Betreuer, ob diese Festlegungen auf die aktuelle Lebens- und Behandlungssituation zutreffen. [2]Ist dies der Fall, hat der Betreuer dem Willen des Betreuten Ausdruck und Geltung zu verschaffen. [3]Eine Patientenverfügung kann jederzeit formlos widerrufen werden.

[1]Liegt keine Patientenverfügung vor oder treffen die Festlegungen einer Patientenverfügung nicht auf die aktuelle Lebens- und Behandlungssituation zu, hat der Betreuer die Behandlungswünsche oder den mutmaßlichen Willen des Betreuten festzustellen und auf dieser Grundlage zu entscheiden, ob er in eine ärztliche Maßnahme nach Absatz 1 einwilligt oder sie untersagt. [2]Der mutmaßliche Wille ist aufgrund konkreter Anhaltspunkte zu ermitteln. [3]Zu berücksichtigen sind insbesondere frühere mündliche oder schriftliche Äußerungen, ethische oder religiöse Überzeugungen und sonstige persönliche Wertvorstellungen des Betreuten.

Die Absätze 1 und 2 gelten unabhängig von Art und Stadium einer Erkrankung des Betreuten.

IV. Die Rechtsprechung

1. BGHSt. 55, 191

Die Tatsache, dass mit dem 3. BtrÄndG erstmals durch Gesetz eine Festlegung der rechtlichen Voraussetzungen für eine verbindliche Patientenverfügung erfolgt und der Vorrang des Patientenwillens gesetzlich anerkannt worden war, sowie die zeitliche Nähe seiner Entscheidung zu diesem Gesetz hat der 2. Strafsenat des BGH in dem bekannten Fuldaer Fall genutzt, um in seinem Urteil vom 25.6.2010 – 2 StR 454 den neuen Vorschriften des Betreuungsrechts für das Strafrecht ebenfalls Wirkung zuzusprechen (Rdn. 25 der Urteilsgründe).

In dem zur Entscheidung anstehenden Fall einer seit Jahren im Wachkoma liegenden und deshalb künstlich ernährten Frau[14] hat er folgende Leitsätze aufgestellt:

(1) Sterbehilfe durch Unterlassen, Begrenzen oder Beenden einer begonnenen medizinischen Behandlung (Behandlungsabbruch) ist gerechtfertigt, wenn dies dem tatsächlichen oder mutmaßlichen Patientenwillen entspricht (§ 1901a BGB) und dazu dient, einem ohne Behandlung zum Tode führenden Krankheitsprozess seinen Lauf zu lassen.
(2) Ein Behandlungsabbruch kann sowohl durch Unterlassen als auch durch aktives Tun vorgenommen werden.
(3) Gezielte Eingriffe in das Leben eines Menschen, die nicht im Zusammenhang mit dem Abbruch einer medizinischen Behandlung stehen, sind einer Rechtfertigung durch Einwilligung nicht zugänglich.

Wichtig war es dem Senat deutlich zu machen, dass die Grundsätze der Selbstbestimmung nicht nur für Patienten gelten, die noch zu einer verantwortlichen Entscheidung und zu einer entsprechenden Willensäußerung in der Lage sind, sondern ebenso für schwerkranke, demente oder aus sonstigen Gründen nicht mehr zu einer eigenen Lebensgestaltung fähigen oder einwilligungsunfähigen Patienten gültig sind. Auch für diese Patienten gilt das grundgesetzlich geschützte Recht eines jeden Menschen, in den von der Rechtsordnung vorgegebenen Grenzen über sein Leben, d. h. auch über Art und Umfang einer medizinischen Behandlung selbst bestimmen zu können, gleich, in welcher rechtlich beachtlichen Form der

14 Der nähere Sachverhalt kann hier aus Raumgründen nicht geschildert werden, sondern sollte in der amtlichen Sammlung BGHSt. 55, 191 ff. oder auf der Homepage des Bundesgerichtshofs (www.bundesgerichtshof.de) nachgelesen werden.

Wille zum Ausdruck gebracht wird (Patientenverfügung, Behandlungswünsche, mutmaßlicher Wille §§ 1901a ff. BGB).

2. *Exkurs: Unterscheidung tatsächlicher Wille, mutmaßlicher Wille*

Hierzu hat der 2. Strafsenat des BGH in zwei neueren Entscheidungen nähere Ausführungen gemacht. Diese Entscheidungen betreffen jeweils einen im präfinalen Stadium befindlichen schwerkranken Patienten, die phasenweise noch ansprechbar waren, also noch – jedenfalls theoretisch – zu eigenen Willensäußerungen fähig gewesen wären. In beiden Fällen hatten Pflegekräfte ohne bzw. gegen die ärztliche Anordnung zur Höhe der Morphindosierung zur Behandlung schweren Schmerzzustände der Patienten eine eigenmächtig erhöhte Morphindosierung verabreicht. Der Senat hat die jeweils durch das Landgericht erfolgte Verurteilung der Pflegekräfte wegen vorsätzlicher Körperverletzung aufgehoben, weil das Landgericht wegen der eigenmächtigen Erhöhung der ärztlich verordneten Morphindosis die Rechtfertigung durch eine *mutmaßliche Einwilligung* für ausgeschlossen gehalten hatte. Ob von einer mutmaßlichen Einwilligung auszugehen gewesen wäre, hätte aber nach Auffassung des Senats geprüft werden müssen. Denn die Grundsätze der Rechtfertigung von Maßnahmen zur Ermöglichung eines schmerzfreien Todes seien nicht ausnahmslos auf ärztliches Handeln oder Handeln auf ärztliche Anordnung beschränkt [15]. In Ausnahmefällen könne auch ein Nichtarzt medizinische Maßnahmen zur Leidenslinderung durchführen, wenn sie der Sache nach den Regeln der ärztlichen Kunst entsprächen und sich im Rahmen einer mutmaßlichen Einwilligung bewegten. Ob dieser letzte Satz so in seiner Allgemeinheit zutrifft, muss hier dahinstehen. Im ersten Fall - BGHSt. 64, 69[16], Urteil v. 30.1.2019 - 2 StR 325/17- liegt es jedenfalls nahe, dass von einer mutmaßlichen Einwilligung auszugehen gewesen wäre. Im zweiten Fall – BGH, Beschluss v. 26.5.2020 – 2 StR 434/19 - erscheint das dagegen problematisch, da der Patient nach den mitgeteilten Feststellungen wach und ansprechbar war, er also hätte befragt werden und seine Zustimmung zumindest nonverbal signalisieren können, was der wegen vorsätzlicher Körperverletzung verurteilte Pfleger bewusst unterlassen hatte, um seiner ihn be-

15 Unter Verweis auf BGHSt. 55, 191, 205 f. und *Rissing-van Saan*, ZIS 2011, 544 (550).

16 Mit Anm. bzw. Besprechungen u.a. von *Magnus*, NStZ 2020, 32 f.; *Eisele*, JuS 2020, 80 ff.; *Kudlich*, JA 2019, 953 ff.; *Lorenz*, JR 2020, 69 ff.; *Rostalski*, HRRS 2020, 211 ff.

gleitenden jungen Hilfsschwester zu imponieren. Statt an § 223 StGB hätte man hier auch an §§ 212, 22 StGB (die erhöhte Morphingabe war nicht todesursächlich) denken können.

Eine mutmaßliche Einwilligung kommt unter diesen Umständen jedenfalls nicht in Betracht, denn vorrangig ist stets der *tatsächliche Wille*. Wenn der Patient noch entscheidungs- und äußerungsfähig ist, kommt es darauf an, wie er sich selbst entscheidet. Der *mutmaßliche Wille* wird erst dann relevant, wenn der tatsächliche, auf die konkrete Situation bezogene Wille des Patienten nicht festzustellen ist. Die mutmaßliche Einwilligung ist also ein *subsidiärer* Rechtsfertigungsgrund.

Die Feststellung des mutmaßlichen Willens bzw. diese Einwilligung beinhaltet im Übrigen keine an objektiven Maßstäben orientierte Güter- und Interessenabwägung (sog. *vernünftiger Wille*), sondern ein aufgrund von feststehenden Tatsachen und Indizien zu treffendes Wahrscheinlichkeitsurteil über den wahren Willen des Rechtsgutsinhabers, der vorrangig zu erforschen ist.[17]

3. BVerfG-Urteil vom 26.2.2020 – 2 BvR 2347/15, 2 BvR 2527/16 u.a.

a) Am 26.2.2020 hat das Bundesverfassungsgericht in seinem wegweisenden Urteil zu § 217 StGB a. F., der die geschäftsmäßige Beihilfe zur Selbsttötung unter Strafe gestellt hatte, für verfassungswidrig erklärt, weil es einem suizidwilligen Menschen faktisch unmöglich gemacht werde, bei der Selbsttötung Hilfe Dritter in Anspruch zu nehmen. In seiner lesenswerten Begründung hat es grundsätzliche Ausführungen zu dem in der Menschenwürde wurzelnden Recht auf autonome Selbstbestimmung auch am Lebensende gemacht, sowie auf das im Zusammenhang mit assistierten Selbsttötungen bestehende Spannungsfeld zwischen unterschiedlichen verfassungsrechtlichen Schutzaspekten hingewiesen. Ein solches Spannungsverhältnis besteht nämlich zwischen der Verpflichtung des Staates zur Achtung des Selbstbestimmungsrechts Suizidwilliger auf der einen und der Pflicht des Staates, das hohe Rechtsgut Leben zu schützen, auf der anderen Seite.

Nach Auffassung des BVerfG ist es Aufgabe des Gesetzgebers, hier einen verfassungsrechtlich gangbaren Weg zu finden. Das BVerfG hat es also nicht grundsätzlich ausgeschlossen, dass es im Interesse des Gemeinwohls liegt, für einen wirksamen Schutz vor übereilten oder fremdbestimmten

17 *Hilgendorf*, in: A/W/H/H BT, § 6 Rn. 106b; *Wessels/Beulke/Satzger*, AT, § 9 Rn. 381.

Selbsttötungsentschlüssen zu sorgen und zu diesem Zweck Einschränkungen bei der Ausübung des Selbstbestimmungsrechts festzulegen. Das BVerfG hat sich zudem näher mit den vom Gesetzgeber mit Hilfe des § 217 StGB verfolgten Zielen des Autonomie- und Lebensschutzes (Rdn. 226 ff.) befasst; es hält das Verbot der geschäftsmäßigen Beihilfe zur Selbsttötung durch § 217 StGB inhaltlich zwar für geeignet, diese legitimen Zwecke zu erreichen, aber letztlich – gemessen an den Kriterien der Eignung, Erforderlichkeit und Angemessenheit – für nicht erforderlich bzw. in seinen Auswirkungen für nicht angemessen, weil dieser Straftatbestand suizidwilligen Menschen faktisch keinen Raum belasse, ihren Sterbewunsch mit Unterstützung Dritter umzusetzen zu können.

Das BVerfG zeigt schließlich selbst stichwortartig mögliche andere zulässige und weniger einschneidende Maßnahmen und Wege auf, mit denen die vom Gesetzgeber im Zusammenhang mit organisierter Suizidhilfe verfolgten Ziele erreicht werden könnten, z.B. durch positive Regulierungen prozeduraler Sicherungsmechanismen, wie etwa durch vorgeschriebene Aufklärungs- und Wartepflichten (Vergleichbares ist heute schon für den Schwangerschaftsabbruch in den §§ 218 - 219b StGB umgesetzt), Erlaubnisvorbehalte, die die Zuverlässigkeit von Suizidangeboten sichern, oder sogar Verbote besonders gefahrenträchtiger Angebotsformen der Suizidhilfe, wie sie § 217 StGB enthalten hat. Ferner könnten die im Arzneimittel- und Betäubungsmittelrecht enthaltenen Elemente des Verbraucherschutzes und Schutzes vor Missbrauch aufrechterhalten werden und in einem Schutzkonzept des Gesetzgebers Verwendung finden (Rdn. 342).Es soll sogar eine Verankerung im Strafrecht, zumindest die strafrechtliche Sanktionierung von Verstößen gegen solche Sicherungsregelungen, in Betracht kommen können (Rdn. 339).

b) Wichtig ist mir persönlich im Zusammenhang mit unserem heutigen Thema aber vor allem ein Aspekt, der vom BVerfG in Rdn. 209 seines Urteils angesprochen wird. Dort heißt es:

> „Das allgemeine Persönlichkeitsrecht in seiner Ausprägung als Recht auf selbstbestimmtes Sterben umfasst deshalb *nicht nur das Recht, nach freiem Willen lebenserhaltende* Maßnahmen abzulehnen und auf diese Weise *einem zum Tode führenden Krankheitsgeschehen seinen Lauf zu lassen* (vgl. im Ergebnis auch BVerfGE 142, 313 <341 Rn. 79>; BGHSt 11, 111 <113 f.>; 40, 257 <260, 262>; 55, 191 <196 f. Rn. 18, 203 f. Rn. 31 ff.>; BGHZ 163, 195 <197 f.>)[18]. *Das Recht auf selbstbestimmtes*

18 Vgl. zum „Behandlungsabbruch" BGHSt. 55, 191, 204 f, Rn. 35 sowie *Rissing-van Saan*, in: Bormann (Hrsg), Lebensbeendende Handlungen, S. 645, 657 ff.

> *Sterben* erstreckt sich auch auf die Entscheidung des Einzelnen, *sein Leben eigenhändig zu beenden*. Das Recht, sich selbst das Leben zu nehmen, stellt sicher, dass der Einzelne über sich entsprechend dem eigenen Selbstbild autonom bestimmen und damit seine Persönlichkeit wahren kann."

An dieser Stelle werden die beiden Formen des selbstbestimmten Sterbens, nämlich der *Behandlungsabbruch* auf der einen und *die Selbsttötung/der Suizid* auf der anderen Seite nebeneinandergestellt und als Kennzeichen des Suizids die *Eigenhändigkeit der Lebensbeendigung* genannt. Das ist insofern bemerkenswert, als es keine gesetzliche Definition des Suizids bzw. der Selbsttötung gibt, sondern Definitionsvorschläge lediglich in wissenschaftlichen Arbeiten und strafrechtlichen Kommentaren zu finden sind![19] Klar wird danach vor allem, dass der sog. Behandlungsabbruch nicht als Suizid, sondern als *aliud* verstanden wird! Das ist nach der umfassenden Anerkennung eines Rechts auf selbstbestimmtes Sterben zwar nicht mehr so existentiell wichtig wie vor dieser Entscheidung z. B. für die Anwendbarkeit des § 217 StGB a.F. Diese Unterscheidung macht aber vor allem aus ethischen oder religiösen Gründen für nicht wenige Ärzte oder Pflegekräfte auch jetzt noch einen wesentlichen Unterschied aus, wenn es um die Beendigung oder Unterlassung lebensnotwendiger medizinischen Behandlungen geht. Die oben dargelegte Unterscheidung hat sich das BVerfG m.E. nun offensichtlich zu eigen gemacht und versteht unter *Suizid* (nur) die *eigenhändige Lebensbeendigung* und hat damit eine starke Orientierungsmarke gesetzt.[20]

c) Auf eines sei zu diesen Aspekt abschließend noch hingewiesen:

Das BVerfG zwar festgestellt und überzeugend ausgeführt, dass das Recht des Menschen, sich das Leben zu nehmen, vom Gewährleistungsgehalt des allgemeinen Persönlichkeitsrechts (Art. 2 Abs. 1 i.V.m. Art. 1 Abs. 1 GG) umfasst ist (Rdn. 204) und dieser Grundrechtsschutz sich auch auf die Freiheit erstreckt, hierfür bei Dritten Hilfe zu suchen und sie, soweit sie angeboten wird, in Anspruch zu nehmen (Rdn. 208). Andererseits hat es aber auch klargestellt:

> „All dies lässt unberührt, dass es *eine Verpflichtung* zur Suizidhilfe *nicht geben darf*." (Rdn. 342).

---

19 U.a. *Fischer*, StGB, Rn. 5; *Rissing-van Saan*, LK, § 216 Rn. 14 und § 217 a.F. Rn. 21 ff. m.w.Nachw.; a.A. *Hilgendorf*, in: Bormann (Hrsg), Lebensbeendende Handlungen, S. 701, 709, 711 f.

20 Siehe auch Pressemitteilung des BVerfG Nr. 12/2020 vom 26. Februar 2020 S. 1 unter I. 1. a).

4. *Triage in Zeiten der Sars-CoV-2 – Pandemie, Ausgrenzung am Lebensende?*

In der gegenwärtigen durch das Sars-CoV2 Virus ausgelösten Pandemie droht das deutsche Gesundheitssystem an seine Grenzen zu stoßen. Waren es im ersten, im Frühjahr 2020 angeordneten Lock-down fehlende Intensivbetten und Beatmungsgeräte, die einen drohenden Mangel an Behandlungsmöglichkeiten der an diesem Virus lebensbedrohlich erkrankten Patienten als wahrscheinlich erscheinen ließen, so sind jetzt im zweiten, seit November 2020 andauernden Lock-down zwar hinreichend viele Beatmungsgeräte und Intensivbetten vorrätig gehalten worden, aber es ist nicht genügend ausgebildetes Personal vorhanden, um alle Intensivpatienten in dem notwendigen Maß versorgen zu können. Das Material ist offenbar vorhanden, aber es fehlt das für die Verwendung entsprechend geschulte Personal. In der täglichen ausführlichen Berichterstattung der Medien taucht gelegentlich auch der Begriff der Triage auf entweder als drohendes Szenario oder aber als bereits gelebte Klinikrealität. Die Medien sind aber offenbar (richtigerweise?) bemüht, dieses Thema klein zu halten, um einer denkbaren Unruhe in der Bevölkerung keinen Vorschub zu leisten.

a) Was verbirgt sich hinter dem Begriff der Triage? Der Begriff stammt aus der Militärmedizin zur Zeit der napoleonischen Kriege, ist also dem Französischen entnommen und bedeutet Auswahl (trier = sortieren) und kennzeichnet Situationen, in denen es so viele Behandlungsbedürftige Personen (Soldaten/Patienten), dass die vorhandenen medizinischen Ressourcen nicht ausreichen, um alle zu behandeln bzw. zu retten. Also müssen die Ärzte eine Auswahl treffen, wen sie zuerst behandeln müssen oder sollten, um möglichst viele Menschen zu retten. Andere müssen dann warten oder werden sogar *nicht* behandelt, können also nicht gerettet werden, d.h. sie sterben.

Derartige Dilemmasituationen sind nicht auf militärische Szenarien beschränkt, sondern kommen auch bei Naturkatastrophen oder Massenunfällen, z.B. auf der Autobahn, bei Flugzeug- oder Zugunglücken, oder eben auch in Pandemiezeiten vor. Die Ärzte müssen eine Auswahl treffen, welche Patienten mit Aussicht auf ein Überleben behandelt werden könne. Aber nach welchen Kriterien?

Es gibt kein Gesetz, das die Triage und ihre Bedingungen regelt, sondern nur sog. medizinische Leitlinien, die den Ärzten Kriterien bzw. klinisch-ethische Empfehlungen für den Umgang mit den Patienten und für die Auswahlentscheidung an die Hand geben. So z.B. die Behandlungsempfehlungen der DIVI (Deutsche Interdisziplinäre Vereinigung für Intensiv- und Notfallmedizin) vom17.4.2020 für die Priorisierung, d.h.

die Zuteilung intensivmedizinischer Ressourcen im Kontext der Covid 19-Pandemie, und zwar für zwei verschiedene Fallgestaltungen, nämlich für

1. Entscheidungen, bei welchen Patienten intensivmedizinische Maßnahmen *begonnen* werden, wobei sich die Priorisierung der Patienten an der klinischen Erfolgsaussicht ausrichten soll, und
2. Entscheidungen, bei welchen Patienten bereits eingeleitete intensivmedizinische Maßnahmen *beendet* werden sollen bzw. müssen, um für andere Patienten Platz zu schaffen. Es soll auch hier dasselbe Kriterium der Erfolgsaussicht gelten, so dass ein bereits intensivmedizinisch behandelter Patient von den Geräten abgekoppelt werden muss mit der wahrscheinlichen Folge, dass er stirbt, um einen anderen Patienten, der die Intensivbehandlung ebenfalls dringend benötigt, behandeln zu können, weil bei ihm eine größere Erfolgsaussicht, d.h. Überlebenswahrscheinlichkeit besteht. M.E. eine höchst problematische Auffassung.

b) *Medizinisch* wird also eine *Triage bei ex ante Konkurrenz* und eine *Triage* bei *ex post Konkurrenz* unterschieden, eine Unterscheidung, die sich auch bei der *rechtlichen* Bewertung dieser Problematik wieder findet.

Im Strafrecht wird im Bereich der *ex ante Triage* die Konfliktlösung bei gleichwertigen Handlungspflichten überwiegend über den Weg der rechtfertigenden Pflichtenkollision gesucht, bei der Kollision ungleichwertiger Pflichten, wie der Kollision von Handlungs- mit Unterlassungspflichten, eine Rechtfertigung nach § 34 StGB angenommen. Es gibt aber auch andere Stimmen, die sogar eine Tatbestandslösung vertreten, andere wollen dagegen lediglich eine Entschuldigung gelten lassen.

Die strafrechtliche Beurteilung der *ex post* -Triage wird in der Strafrechtswissenschaft aktuell mehrheitlich als rechtswidrige versuchte oder vollendete Tötung des von der intensivmedizinischen Behandlung zugunsten eines anderen abgekoppelten Patienten beurteilt. Es mehren sich aber Stimmen, die auch hier aus dem Blickwinkel des Optimierungsgebots einen Patientenwechsel hin zu dem Patienten mit einer „evident“ besseren Erfolgsaussicht für zulässig halten.[21] M.E. ein gefährlicher Weg, der zumindest Gefahr läuft, das Vertrauen der Bevölkerung in das Gesundheits-

---

21 *Gaede/Kubiciel/Saliger/Tsambikakis,* medstra 2020, 129 (135); *Hoven,* JZ 2020, 449 (453 f.); *Jäger/Gründel,* ZIS 2020, 151 (156 f.).

wesen nachhaltig zu erschüttern.[22] Der Deutsche Ethikrat hat in seiner AD HOC-Empfehlung zur Corona-Krise das aktive Beenden einer laufenden, weiterhin indizierten Behandlung zum Zweck der Rettung eines Drittens für nicht rechtmäßig erklärt.[23] Im Übrigen werden in der Medizin Problemstellung vielfach schon über die medizinische Indikation z.B. für oder gegen Beatmungsbehandlung zu lösen sein.

Das bereits erwähnte Papier der DIVI zur COVID-19 Pandemie verlangt eine individuelle, patientenzentrierte Entscheidung:

Eine Intensivtherapie ist nicht indiziert, wenn

- der Sterbeprozess unaufhaltsam begonnen hat,
- die Therapie als medizinisch aussichtslos eingeschätzt wird, weil keine Besserung oder Stabilisierung erwartet wird, oder
- ein Überleben an den dauerhaften Aufenthalt auf der Intensivstation gebunden wäre. (Seite 3, 2.1).

Die für die Priorisierung wichtige Einschätzung der individuellen Erfolgsaussicht des Patienten richtet sich nach dem Grad der Wahrscheinlichkeit, die aktuelle Erkrankung durch Intensivtherapie zu überleben.

Es entscheiden also Ärzte letztlich über Leben und Tod. Ist eine solch schwerwiegende Entscheidung nicht dem Gesetzgeber vorzubehalten?

Es gab in der ersten Lockdown-Phase im Frühjahr 2020 einen Eilantrag und eine Verfassungsbeschwerde von Behindertenverbänden an das BVerfG mit dem Ziel, den Gesetzgeber zu verpflichten, eine verbindliche Regelung der Triage im Rahmen der COVID-19 Pandemie zu schaffen, der durch eine Kammerentscheidung des 1. Senats vom 16. Juli 2020 (BVerfG -1BvR 1541/20) zurückgewiesen wurde, weil das (im Sommer 2020!) erkennbare Infektionsgeschehen es nicht als wahrscheinlich erscheinen ließe, dass eine Triage-Situation eintreten könnte. Dieses Argument trifft gegenwärtig nicht mehr zu.

Anders aber der zweite vom BVerfG genannte Grund: Die gleichzeitig eingelegte Verfassungsbeschwerde sei – so die Kammerentscheidung - weder von vorneherein unzulässig noch offensichtlich unbegründet. Sie werfe vielmehr schwierige Fragen auf (ob und wann wegen der Schutzpflicht des Staates für Behinderte ein gesetzgeberisches Handeln verfassungsrecht-

---

22 *Sowada*, NStZ 2020, 452 (457 f.); siehe auch *Busch*, ZStW 2020, 742 (779); *Duttge*, medstra 2020, 193 ff.; *Merkel/Ausgsberg*, JZ 2020, 704 ff.; *Sternberg-Lieben*, MedR 2020, 627 ff.; *Engländer/Zimmermann*, NJW 2020, 1398 (1401); *Rönnau/Wegner*, JuS 2020, 403 (405).

23 Deutscher Ethikrat, AD HOC – Empfehlung v. 27.3.2020, S. 4 unter 3 b); siehe auch *Hilgendorf*, Triage-Empfehlungen in der Coronakrise.

lich geboten sein kann, und wie weit der gesetzgeberische Einschätzungs-, Wertungs- und Gestaltungsspielraum des Gesetzgebers bei medizinischen Priorisierungsentscheidungen reicht), die nicht in einem Eilverfahren entscheiden werden könnten. Die Verfassungsbeschwerde ist also noch anhängig und das BVerfG wird diese Fragen nach gründlicher Prüfung beantworten. Man darf gespannt sein, wie das BVerfG dieses Spannungsverhältnis auflösen wird.

c) Abschließend noch ein Hinweis: im geltenden Recht gibt es schon eine gesetzliche Regelung für vergleichbare Konfliktsituationen, nämlich bei der postmortalen Organspende bzw. -transplantation. Da jährlich ca. 9.000 schwerkranke Menschen auf eine lebensrettende Organtransplantation warten, aber nach den jährlichen Statistiken zuletzt lediglich ca. 945 Menschen in Deutschland bereit gewesen waren, nach ihrem Tod z.B. Herz, Niere, Leber oder Lunge für eine Transplantation zur Verfügung zu stellen, geht es auch hier um die Verteilung von Lebenschancen. Die Frage stellt sich auch in diesem Zusammenhang, nach welchen Gesichtspunkten das knappe Gut postmortal gespendeter Organe verteilt werden soll. Das Transplantationsgesetz gibt als zentrale Kriterien für die Organzuteilung (Allokation) die „Erfolgsaussicht" und die „Dringlichkeit" vor (§ 12 Abs. 3 Satz 1 TPG) und benennt damit Kriterien für die Selektion der für die Transplantation des zur Verfügung stehenden Organs in Betracht kommenden Patienten, die nicht ohne weiteres miteinander kompatibel sind. Denn Patienten, bei denen es besonders dringend ist, dass ihnen ein lebensrettendes Organ transplantiert wird, weil sie sonst sterben, sind in im Allgemeinen schon in Ihrer gesundheitlichen Gesamtsituation so beeinträchtigt, dass eine relativ große Gefahr besteht, dass das fremde Organ von ihrem Körper nicht mehr angenommen wird, oder die Transplantation den Patienten deshalb nicht mehr vor dem Sterben bewahren kann, weil sein Gesundheitszustand schon zu sehr geschwächt ist. Eine ungleich höhere Erfolgsaussicht besteht hingegen bei den Patienten, die zwar auf längere Sicht ein neues Organ benötigen, weil z.B. ihr eigene Niere nicht auf Dauer funktionieren wird, aber noch keine unmittelbare Gefahr des Organversagens besteht und sie auch sonst aufgrund ihrer gesundheitlichen Konstitution erwarten lassen, dass sie den Eingriff überstehen und mit einer verbesserten Lebensqualität weiterleben können. Die danach gegenläufigen Selektionskriterien „Erfolgsaussicht" und „Dringlichkeit" sind zudem Blankett-Begriffe, die in jedem Einzelfall durch individuelle medizinische Befunde des oder der in Betracht kommenden Patienten konkretisiert werden müssen. Hier zu entscheiden, welchem Patienten geholfen werden, soll ist letztlich ein materielles Gerechtigkeitsproblem, dass eigentlich vom Gesetzgeber entschieden werden müsste.[24] Aber kann er das tatsächlich, lassen sich allgemein verbindliche Regeln finden, die den medizinischen Besonderheiten in jedem Einzelfall auch hinsichtlich der (aktuellen) Erkenntnisse der medizinischen Wissenschaft gerecht werden? Wohl kaum, vom Gesetzgeber würde Unmögliches verlangt. Im Rahmen der Corona-Pandemie lernen wir, wie schnell und effektiv die medizinische Wissenschaft auf neue Herausforderungen reagieren muss und es auch kann. In der Transplantationsmedizin hat der Gesetzgeber kluger Weise die nähere Ausgestaltung der Zuteilungskriterien den Ärzten überlassen und in § 16 TPG der Bundesärztekammer den Auftrag erteilt, in Form von Richtlinien den Stand der Erkenntnisse der medizinischen Wissenschaft für die einzelnen Organe und die Stadien der Organtransplantation (Spende/Entnahme, Allokation, Transplantation) festzustellen. Nach diesen Richtlinien müssen sich alle an diesen Vorgängen beteiligten Institutionen und Ärzte richten und ihre Entscheidungen danach treffen.

Es ist schwer vorstellbar, dass dem Gesetzgeber im Zusammenhang mit der Triageproblematik mehr, d.h. eine differenziertere Festlegung der Entscheidungskriterien abverlangt werden könnte als bei der vergleichbaren Konfliktlage des TPG. Die eigentliche – medizinisch zu begründende - Entscheidung liegt letzten Endes sowieso bei den behandelnden Ärzten.[25]

Literaturverzeichnis

Arzt, Gunter / *Weber*, Ulrich / *Heinrich*, Bernd / *Hilgendorf*, Eric
Strafrecht Besonderer Teil: Lehrbuch, 3. Auflage, Bielefeld 2015.

Böse, Martin
Zur Rechtfertigung von Zwangsbehandlungen einwilligungsunfähiger Erwachsener, in: Heinrich, Manfred / Jäger, Christian / Schünemann, Bernd und et al. (Hrsg.), Festschrift für Claus Roxin zum 80. Geburtstag am 15. Mai 2011, Berlin, New York 2011.

Busch, Andrea Elisabeth
Ärztliche Triage in Friedenszeiten – Eine kritische Analyse der Strafbarkeitsrisiken im Lichte der Implikationen des Grundgesetzes, ZStW 2020, 742-779.

Deutscher Ethikrat (Hrsg.)
Solidarität und Verantwortung in der Corona-Krise. AD HOC – Empfehlung v. 27.3.2020, Berlin 2020.

---

24 Vgl. hierzu exemplarisch *Höfling*, in: Höfling (Hrsg), TPG, § 12 Rn. 2 und 29 ff. m.w.N.

25 Siehe auch *Hilgendorf*, Triage-Empfehlungen in der Coronakrise.

Duttge, Gunnar
medstra-statement: Not kennt kein Gebot?, medstra 2020, 193-195.

Eisele, Jörg
Strafrecht AT: Rechtfertigung durch (mutmaßliche) Einwilligung, JuS 2020, 80-82.

Engländer, Armin / *Zimmermann*, Till
„Rettungstötungen" in der Corona-Krise? Die Covid-19-Pandemie und die Zuteilung von Ressourcen in der Notfall- und Intensivmedizin, NJW 2020, 1398-1402.

Fischer, Thomas
Strafgesetzbuch mit Nebengesetzen, 67. Auflage, München 2020.

Gaede, Karsten / *Kubiciel*, Michael / *Saliger*, Frank / *Tsambikakis*, Michael
medstra-statement: Rechtmäßiges Handeln in der dilemmatischen Triage-Entscheidungssituation, medstra 2020, 129-137.

Hilgendorf, Eric
Sterben im Schatten des Strafrechts, in: Bormann, Franz-Josef (Hrsg), Lebensbeendende Handlungen, Berlin/Boston 2017, S. 701-725.

Hilgendorf, Eric
Triage-Empfehlungen in der Coronakrise. Mit Rechtsfragen nicht die Ärzte belasten, 27.3.2020, abrufbar unter: https://www.lto.de/recht/hintergruende/h/corona-triage-klinisch-ethische-empfehlungen-aerzte-pflichtenkollision-moeglichst-viele-nutzbringend-retten/.

Höfling, Wolfram (Hrsg)
Transplantationsgesetz: Kommentar, 2. Auflage, Berlin 2013.

Hoven, Elisa
Die »Triage«-Situation als Herausforderung für die Strafrechtswissenschaft, JZ 2020, 449-454.

Jäger, Christian / *Gründel*, Johannes
Zur Notwendigkeit einer Neuorientierung bei der Beurteilung der rechtfertigenden Pflichtenkollision im Angesicht der Corona-Triage, ZIS 2020, 151-163.

Kudlich, Hans
Am Ende zählt nur eins: Ein Sterben ohne Schmerz, JA 2019, 953-955.

Lorenz, Henning
Zur Reichweite des Strafrechts am Ende des Lebens, JR 2020, 65-74.

Magnus, Dorothea
Indirekte Sterbehilfe durch Verabreichung von Morphin. Praxiskommentar, NStZ 2020, 32-33.

Merkel, Reinhard / *Augsberg*, Steffen
Die Tragik der Triage – straf- und verfassungsrechtliche Grundlagen und Grenzen, JZ 2020, 704-714.

Rissing-van Saan, Ruth / *Laufhütte*, Heinrich Wilhelm / *Tiedemann*, Klaus (Hrsg.)
Leipziger Kommentar Strafgesetzbuch, Band 7/1, 12. Auflage, Berlin 2018.

Rissing-van Saan, Ruth
Das BGH-Urteil 2010, in: Bormann, Franz-Josef (Hrsg), Lebensbeendende Handlungen, Berlin/Boston 2017, S. 645-667.

Rissing-van Saan, Ruth
Strafrechtliche Aspekte der aktiven Sterbehilfe, ZIS 2011, 544-551.

Rönnau, Thomas / *Wegner*, Kilian
Grundwissen – Strafrecht: Triage, JuS 2020, 403-407.

Rostalski, Frauke
Die Widrigkeiten der Sittenwidrigkeitsformel des § 228 StGB, HRRS 2020, 211-215.

Schönke, Adolf / *Schröder*, Horst
Strafgesetzbuch – Kommentar, 30. Auflage, München 2019.

Sowada, Christoph
Strafrechtliche Probleme der Triage in der Corona-Krise, NStZ 2020, 452-460.

Sternberg-Lieben, Detlev
Corona-Pandemie, Triage und Grenzen rechtfertigender Pflichtenkollision, MedR 2020, 627-637.

Thöns, Matthias
Patient ohne Verfügung, München/Berlin 2016.

Wessels, Johannes / *Beulke*, Werner / *Satzger*, Helmut
Strafrecht Allgemeiner Teil – Die Straftat und ihr Aufbau, 50. Auflage, Heidelberg 2020.

Rassismus bei der Bayerischen Polizei?

Prof. Dr. Wilhelm Schmidbauer, Landespolizeipräsident Bayern

> „Auch in Deutschland gibt es latenten Rassismus in den Reihen der Sicherheitskräfte, der durch Maßnahmen der Inneren Führung erkannt und bekämpft werden muss."

So zitiert die Tagesschau[1] am 08. Juni 2020 eine der beiden Vorsitzenden der Sozialdemokratischen Partei Deutschlands.

> „Man muss das Thema Rassismus offen ansprechen, sonst endet es so wie auf den Bildern aus Washington. Deutschland war vorbildlich bei der Aufarbeitung seiner eigenen rassistischen Vergangenheit...Aber jetzt 2021 im Umfeld von aufkeimenden Rechtsradikalismus, Fremdenhass und Antisemitismus muss man wieder konsequent Straftaten anzeigen und verfolgen. Ich sage „Hut ab vor der Bayerischen Polizei!" Und das war früher auch anders."

So zitiert die Münchner Abendzeitung[2] in ihrer Ausgabe vom 16.01.2021 Ron Williams. Seine Aussage über die Bayerische Polizei war pauschal, der Anlass für das AZ-Interview aber war konkret: Der afro-amerikanische Schauspieler, Sänger, Kabarettist und Moderator kam 1961 als GI nach Deutschland, 1968 nach München mit dem Hippie-Musical Hair. Seither lebt er wohl überwiegend in München und ist mit dem Münchner Alt-Oberbürgermeister Christian Ude, SPD, befreundet. Wird er als „Neger" bezeichnet, bewertet er das nicht als Beleidigung, sondern als blöd. Nach seinem Auftritt bei Maischberger zu den Vorfällen in Washington bekam er eine rassistische Hassmail, worin er als „Nigger" bezeichnet wurde – eindeutig eine Beleidigung. Auf Anraten seines Freundes Christian Ude erstattete er Strafanzeige. Der Münchner Polizei gelang es trotz Kryptierung mit anonymisierten falschem Absender den Urheber innerhalb von vier Tagen in Baden-Württemberg zu ermitteln.

---

1 www.tagesschau.de/inland/esken-polizei-rassismus-101.html (23.1.2021).
2 *Prechtel*, Ron Williams „Hut ab vor der bayerischen Polizei".

Rassismus ist in der Diskussion. Rassismus in der Polizei ist in der Diskussion. Das ist richtig. Das ist hilfreich für die Polizei und noch mehr für unsere Gesellschaft.

Wichtig aber ist mir bei aller Notwendigkeit von Diskussionen über Rassismus in der Polizei und in unserer Gesellschaft, dass am Ende eine Botschaft bleibt, die bei allen Menschen ankommt, die in Bayern leben, und die sich bei allen vorbehaltlos einprägt:

Bei einem akuten, gegenwärtigen Angriff auf einen Menschen, auch wenn dieser aus rassistischen Motiven heraus erfolgt, bitte ich den polizeilichen Notruf 110 zu wählen.

Denn die Polizei ist der einzige Ansprechpartner, der Ihnen in der Not rund um die Uhr unverzüglich hilft und der willens und in der Lage ist, eine gegenwärtige Gefahr für Ihr Leben oder Ihre Gesundheit wirksam abzuwehren.

Sprechen wir über Rassismus in der Polizei, gibt es zahlreiche unterschiedliche Aspekte, die wir in den Blick nehmen müssen.

1. Gesetzliche Aufgabenstellung und Selbstverständnis der Polizei

Gibt es einen rassistischen Vorfall bei der Polizei, ist in der Gesellschaft, übrigens aber auch innerhalb der Bayerischen Polizei, die Empörung groß. Und das zu Recht. Denn wer auch immer sich empört, kann und darf sich auf das Gesetz berufen.

Im Polizeiaufgabengesetz[3] hat der Gesetzgeber die Aufgabenstellung der Polizei festgelegt. Die Polizei hat danach die Aufgabe, die allgemein oder im Einzelfall bestehenden Gefahren für die öffentliche Sicherheit oder Ordnung abzuwehren. Daraus folgen zwei Gesichtspunkte, die im vorliegenden Zusammenhang von größter Relevanz sind.

1. Der erste Gesichtspunkt spiegelt das Selbstverständnis der Bayerischen Polizei wider, das sich aus diesem gesetzlichen Auftrag ableitet. Es lässt sich in einem Satz zusammenfassen:

Wer in Bayern lebt, soll sicher leben.

Der Auftrag an die Polizei, Gesundheit und Leben zu schützen, erstreckt sich auf alle Menschen, die in Bayern leben. Gleichgültig ist dabei, welches Geschlecht, welche Ethnie, welche Rasse oder welche Hautfarbe dieser Mensch hat. Auch der Grund des Aufenthalts spielt keine Rolle. Am

---

3 Art. 2 Abs. 1 PAG (Gesetz über die Aufgaben und Befugnisse der Bayerischen Staatlichen Polizei (Polizeiaufgabengesetz), BayRS 2012-1-1-I PAG.

polizeilichen Schutzauftrag für sein Leben und seine Gesundheit ändert sich nichts dadurch, dass sich die Person illegal oder zum Zweck der Begehung von Straftaten hier aufhält. Dies ist gegebenenfalls ein Festnahmegrund. Aber auch bei der Festnahme[4] gilt es für die Polizei, Leben und Gesundheit des Betroffenen zu schützen und die Menschenwürde zu wahren.

2. Der zweite Gesichtspunkt ist Ankündigung und Handlungsanleitung für alle Verbände der Bayerischen Polizei:

Wir wollen keine Rassisten und keinen Rassismus bei der Bayerischen Polizei.

Dieser Grundsatz hat Folgen für die Ausübung des Dienstes im polizeilichen Alltag und für die Anwendung des Dienstrechts und des Disziplinarrechts. Die Folgen in dienstrechtlicher und disziplinarrechtlicher Hinsicht sind durchaus streng, oftmals viel härter als für den normalen Arbeitnehmer und sie reichen bis zum Berufsverbot bzw. zur Entfernung aus dem Dienst.

2. *Beamtenrechtliche Pflichten aus Verfassung und Gesetz*

Das Grundgesetz, die Bayerische Verfassung, das Beamtenstatusgesetz und das Deutsche Richtergesetz begründen für Beamte eine Pflicht zur Verfassungstreue. Danach ist jeder Beamte verpflichtet, sich durch sein gesamtes Verhalten zur freiheitlichen demokratischen Grundordnung im Sinne des Grundgesetzes zu bekennen und für deren Erhaltung einzutreten.

4 Völlig inakzeptabel daher der Todesfall George Floyd. Er ereignete sich am 25.5.2020 in Minneapolis im US-Bundesstaat Minnesota, als der 46-jährige Afroamerikaner George Perry Floyd durch eine gewaltsame Festnahme getötet wurde. Ein Video des Vorfalls sorgte weltweit für Empörung. Der Polizist Chauvin ließ sein Knie nach Ankunft des Krankenwagens noch fast eine Minute auf Floyds Hals. Laut späterer Anklage befand sich das Knie dort insgesamt über einen Zeitraum von acht Minuten und 46 Sekunden, davon nach Angaben der Strafverfolger zwei Minuten 53 Sekunden nach Eintreten der Bewusstlosigkeit Floyds. Später gestand die Staatsanwaltschaft einen Rechenfehler ein und gab die Gesamtdauer mit sieben Minuten und 46 Sekunden an. Die vier an dem Einsatz beteiligten Polizeibeamten wurden nach Bekanntwerden des Videos entlassen und wegen des Verdachts auf ein Tötungsdelikt inhaftiert. Vgl. *Hill*, 8 Minutes and 46 Seconds: How George Floyd Was Killed in Police Custody; George Floyd: What happened in the final moments of his life, BBC, 30.5.2020, (5.6.2020).

Die Bayerische Staatsregierung hat dies in der Bekanntmachung[5] über die Pflicht zur Verfassungstreue im öffentlichen Dienst zusammengefasst:

In das Beamten- oder Richterverhältnis darf demnach nur berufen werden, wer die Gewähr dafür bietet, dass er jederzeit für die freiheitliche demokratische Grundordnung im Sinne des Grundgesetzes und der Verfassung eintritt. Beamte und Richter sind verpflichtet, sich aktiv innerhalb und außerhalb des Dienstes für die Erhaltung dieser Grundordnung einzusetzen.

Dies hatte das BVerfG[6] so bestätigt.

3. *Rassistische Vorfälle innerhalb der Bayerischen Polizei*

Seit 1. Januar 2017 Jahren haben wir innerhalb der Bayerischen Polizei 24 Disziplinarverfahren und fünf Entlassungsverfahren aus dem Beamtenverhältnis auf Widerruf oder auf Probe gegen Polizeivollzugsbeamte wegen Pflichtverletzungen aus rechtsextremer Motivation eingeleitet[7]. Hinzu kamen arbeitsrechtliche Verfahren gegen 2 Tarifbeschäftigte. Zum Vergleich: die Bayerische Polizei hat derzeit über 44.000 Beschäftigte.

Und noch etwas ist erwähnenswert. Die polizeilichen Ermittlungen in allen Fällen wurden durch die Polizei selbst angestoßen – entweder als Ergebnis polizeilicher Ermittlungen aus einem anderen Verfahren oder aufgrund der Anzeige von Polizeikolleginnen oder -kollegen.

Von den Verfahren gegen die 29 Beamten sind 11 Verfahren inzwischen abgeschlossen. Über die Ergebnisse lässt sich sagen:

Fünf Polizeivollzugsbeamte auf Widerruf bzw. Probe wurden durch den Dienstherren entlassen. Ein Polizeivollzugsbeamter in Ausbildung wurde auf eigenen Antrag hin entlassen. Er kam damit der Entlassung durch den Dienstherren zuvor.

In vier Fällen wurde das Disziplinarverfahren eingestellt, da ein Dienstvergehen zwar erwiesen war, das Disziplinargesetz[8] in diesen Fällen aber neben der erfolgten strafrechtlichen Verurteilung keine Disziplinarmaß-

5 Bekanntmachung der Bayerischen Staatsregierung (Verfassungstreue-Bekanntmachung – VerftöDBek) vom 3.12.1991, Az. B III 3-180-6-403 (AllMBl. S. 895) - 2030.3-F.

6 BVerfG, Beschluss vom 22.5.1975, Az. 2 BvL 13/73, BVerfGE 39, 334 – Extremistenbeschluß.

7 Erhebungszeitraum war 1.1.2017 bis 31.3.2020.

8 Art. 33 Abs. 1 Nr. 2 BayDG i.V.m. Art. 15 Abs. 1 BayDG.

nahme vorsieht. In einem weiteren Fall wurde eine Geldbuße als Disziplinarmaßnahme verhängt.

In den beiden arbeitsrechtlichen Verfahren gab es zwei Abmahnungen.

Im Rahmen der noch laufenden 24 Disziplinarverfahren sprach nach der Einleitung des Verfahrens in 14 Fällen der Polizeipräsident als Dienstvorgesetzter ein Verbot der Führung der Dienstgeschäfte aus.

Dass noch nicht alle Verfahren abgeschlossen werden konnten, hat seinen Grund in den gesetzlichen Verfahrensregeln: In 23 der 29 Fälle wurde gleichzeitig ein Strafverfahren eingeleitet. Das Strafverfahren hat Vorrang. Es muss aufgrund der gesetzlichen Vorgaben des Bayerischen Disziplinargesetzes[9] erst abgeschlossen sein, bevor im Disziplinarverfahren entschieden werden kann. Im Gegenzug ist der Disziplinarvorgesetzte an die Tatsachenfeststellungen des Strafrichters gebunden.

Für die Entfernung von auf Lebenszeit ernannten Beamtinnen und Beamten aus dem Dienst bestehen zu Recht hohe Hürden. So muss für eine Entfernung der Polizeipräsident als Dienstvorgesetzter eine Disziplinarklage beim jeweils örtlich zuständigen Verwaltungsgericht einreichen, um eine entsprechende Gerichtsentscheidung zu erhalten.

Gegen Ende des Jahres 2019 machte beim Polizeipräsidium München eine Chat-Gruppe mit rassistischen Inhalten in den Medien Schlagzeilen. Viele der genannten 31 Fälle sind auf Nachrichten in der einen Chat-Gruppe zurückzuführen. Aber ich erwähne sie hier nicht nur wegen der Vielzahl der Fälle, sondern weil es hier einige Aspekte zu beobachten gibt, aus denen die Polizeiführung Konsequenzen ziehen muss und dies auch getan hat. Ich werde darauf noch zurückkommen.

Vorher ist nämlich erforderlich, mögliche Ursachen für Rassismus in der Polizei zu analysieren. Dies wiederum ist nur dann erfolgreich, wenn man nicht den Fehler begeht, die Polizei isoliert zu betrachten, sondern den gesamtgesellschaftlichen Kontext mit einbezieht.

4. Rassistische Straftaten in Deutschland und Bayern

Ausgangspunkt ist der Blick auf die Situation der Gesellschaft in unserem Land. Hier gibt es einen faktenbasierten Indikator. Gestatten sie mir einen kurzen Exkurs zur Entwicklung politisch motivierter Kriminalität in Deutschland und Bayern.

---

9 Art. 24 BayDG.

Bundesweit gab es im Jahr 2019 insgesamt 41.177 Straftaten[10], die wir der politisch motivierten Kriminalität zuordnen können. Ziehen wir einen Vergleich über die zurückliegenden 10 Jahre, so ist dies ein Zeitraum, der eine aussagekräftige Tendenz widerspiegelt. Leider müssen wir hier doch einen erheblichen Anstieg feststellen. Von 27.180 Taten im Jahr 2010 auf 41.177 Taten im Jahr 2019. In Bayern von 2931 Taten 2010 auf 4560 Taten 2019.

Der Anstieg in diesem Zeitraum erstreckt sich über alle Arten politisch motivierter Kriminalität, davon

- politisch motivierte Kriminalität Rechts 16.375 auf 22.342, in Bayern von 1531 auf 2703
- politisch motivierte Kriminalität Links 6.898 auf 9.848, in Bayern von 1014 auf 1237,
- politisch motivierte Kriminalität Ausländisch politisch oder religiös ideologisch motiviert 917 auf 2.322, in Bayern von 340 auf 1888.

Am 9. November 2003 fand die Grundsteinlegung für das jüdische Kulturzentrum am St.-Jakobs-Platz in München in Anwesenheit des Bundespräsidenten Johannes Rau statt. Die Kameradschaft Süd plante ein Bombenattentat auf die Grundsteinlegung, das vom Polizeipräsidium München vereitelt wurde. Kameradschaft Süd ist der Name einer neonazistischen Gruppierung, die dem vordergründig parteipolitisch unabhängigen Spektrum der freien Kameradschaften angehört. Der deutsche Verfassungsschutz bewertet die Gruppe als eine terroristische Vereinigung, ebenso wie mehrere Gerichtsentscheidungen über Mitglieder der Gruppierung. Aufgrund des Erwerbs einer illegalen Waffe führte das Polizeipräsidium München eine technische Wohnraumüberwachung durch, um das Ziel des Waffenkaufs zu erfahren. In den Medien wird dies gemeinhin als „großer Lauschangriff" bezeichnet. Durch die technische Wohnraumüberwachung erfuhr die Polizei von den Anschlagsplanungen und den weit fortgeschrittenen Vorbereitungshandlungen. In Mecklenburg-Vorpommern hatten sie sich eine Panzerfaustgranate besorgt, die sie aufsägten, um den enthaltenen Sprengstoff zu entnehmen. Allein dieser Sprengstoff hätte ausgereicht, um eine verheerende Wirkung zu erzielen. Als die Pläne konkreter wurden, hatte sich eine damals 18-jährige Kameradin als Selbstmordattentäterin angeboten. Die Polizei stellte insgesamt 14 Kilogramm Sprengstoff sowie ausgearbeitete Attentatspläne sicher.

10 PMK Bund gesamt, BKA Kriminalstatistik.

Die Front der Angeklagten brach im Laufe der Verhandlung auf und der Tatvorwurf wurde von einzelnen Mitgliedern eingeräumt. Auf das Verlesen von Mitschriften der technischen Wohnraumüberwachung konnte aufgrund der Beweislage verzichtet werden. Allerdings war dies rechtlich nicht unproblematisch, da das Bundesverfassungsgericht[11] in der Zwischenzeit geurteilt hatte, dass der illegale Erwerb einer Schusswaffe allein kein ausreichender Grund für eine technische Wohnraumüberwachung ist. Das Oberlandesgericht München verurteilte Anfang Mai 2005 den 29-jährigen Martin W. unter anderem wegen Rädelsführerschaft in einer terroristischen Vereinigung zu sieben Jahren Haft. Die drei Mitangeklagten wurden der Mitgliedschaft in einer terroristischen Vereinigung schuldig gesprochen und erhielten jeweils mehrjährige Haftstrafen - ebenso wie vier weitere Angeklagten, die einen Monat zuvor in einem ersten Prozess verurteilten wurden.

Wir müssen festhalten: In unserer Gesellschaft nimmt die Zahl extremistischer Straftaten und die Zahl der Extremisten zu.

5. Polizeispezifische Risikofaktoren für rassistische Einstellungen

Die rechtlichen Anforderungen an Polizeibeamtinnen oder Polizeibeamte sind demgegenüber eindeutig. Die ersten beiden Sätze unseres Grundgesetzes nach der Präambel beinhalten einen eindeutigen Auftrag gerade für die Polizei:

Die Würde des Menschen ist unantastbar. Sie zu achten und zu schützen ist Verpflichtung aller staatlichen Gewalt.

Diese Schutzpflicht ist der Kern der Legitimation polizeilichen Handelns. An diesem Maßstab muss sich auch jede polizeiliche Maßnahme messen lassen.

Die Würde des Menschen zu schützen, ist Verpflichtung und Zielwert polizeilichen Handelns. Dieser Zielwert ist absolut gesetzt und entzieht sich von vornherein jeder Abwägung. Dies betont das BVerfG, ebenso wie es klarstellt, dass es hiervon keine einzige Ausnahme gibt.

Ausprägungen sind eine strikte Bindung an das Gesetz und der Gesetzesvorbehalt, beides verankert im Rechtsstaatsprinzip der Verfassung.

Obwohl dies alles rechtlich völlig eindeutig ist, zeigt die Wirklichkeit das faktische Risiko auf, dass diese Werte auch innerhalb der Polizei durch Einzelne oder durch einzelne Gruppen hinterfragt, relativiert oder

11 BVerfG, Urt. v. 3.3.2004 1 BvR 2378/98 = BVerfGE 109, 279.

gar gänzlich missachtet werden. Als Ursachen hierfür sind zahlreiche polizeispezifische Risikofaktoren bekannt. Ich möchte nur einige Blitzlichter darstellen.

Dem starken rechtlichen Fundament, das die Würde des Menschen für unantastbar und damit für nicht verhandelbar erklärt und die Polizei zu ihrem Schutz verpflichtet, stehen sogleich die Forderungen moderner Organisationspsychologie entgegen. Sie besagt, dass eine Unternehmensphilosophie nur dann stark ist, wenn sie von allen gemeinsam erarbeitet wurde und getragen wird.

Die Organisation Polizei soll in einem gemeinsamen Prozess aller Mitarbeiterinnen und Mitarbeiter erarbeiten, welche Werte eine tragende Rolle spielen: „Wofür stehen wir?"

So lässt auch die Polizei Leitbilder erarbeiten, die in wichtigen Teile Inhalte aufweisen, die unantastbar sind und sich jeder Abwägung entziehen.

- Vor allem aber kommt die Erfahrung des polizeilichen Alltags hinzu, draußen auf der Straße, in den Büros und Betrieben und in den Wohnungen. Nie wird die Polizei geholt, weil jemand stolz darauf ist, die Gesetze beachtet zu haben. Immer treffen die Kolleginnen und Kollegen auf Menschen, die fahrlässig, vorsätzlich oder absichtlich gegen Regeln verstoßen haben, gar nicht so selten darauf sogar stolz sind.

In unserer Gesellschaft nimmt der Trend stetig zu, dass jeder für sich selbst entscheiden will, ob eine Regel oder ein Gesetz für ihn gilt oder nicht.

- Für die Polizei darf das natürlich nicht gelten. Aber gerade durch regelmäßig wiederholte negative Erfahrungen besteht das Risiko, dass durch Einzelne oder durch einzelne Gruppen diese grundlegenden Werte hinterfragt werden bzw. relativiert werden, beispielsweise in vollem Umfang nur denen zugesprochen werden, welche der eigenen Gemeinschaft angehören. Um diese Gefahr muss Führung auf allen Ebenen wissen und darf sich nicht zu sehr auf die Professionalität aller Handelnden verlassen. Erforderlich ist eine kritische Selbstreflexion der Polizeiorganisation insgesamt.
- Dank des Grundgesetzes, der darin fest verankerten Grundrechte und ihrer Auslegung durch das BVerfG ist die Bundesrepublik Deutschland ein Rechtsstaat. Darauf können wir stolz sein und wir Juristen sind dies auch.

Aber diese Bilanz, die uns mit Stolz erfüllt, wird im polizeilichen Alltag nicht selten subjektiv anders wahrgenommen. Schon die objektive Statistik vermittelt hier einen ersten Eindruck.

So wurden beispielsweise im Jahr 2017 insgesamt 5 761 984 Straftaten bekannt, 3 290 725 Fälle wurden aufgeklärt und dabei 2 112 715 Tatverdächtige von der Polizei ermittelt. Davon wurden 486 305 Personen von den Gerichten rechtskräftig verurteilt[12].

- Subjektiv wird der Staat im täglichen Dienst der Polizei nicht selten als schwach und hilflos empfunden. Ja mehr noch: Bei Gewalttaten wird vieles, was den Täter dazu bringt, besonders rücksichtlos und brutal zu werden, häufig als Schuldmilderungsgrund diskutiert. Dies gilt für Alkohol ebenso wie für Blutrache – Fakten, die sinnvollerweise geändert werden sollten.
- Selbstverständlich differenziert der Gesetzgeber selbst manchmal auch zwischen Ausländern und Deutschen und beauftragt die Polizei mit der Kontrolle. So können die Straftaten der illegalen Einreise und des illegalen Aufenthalts per Definition nur von Ausländern begangen werden. Hier Deutsche zu kontrollieren, macht nicht nur keinen Sinn, sondern wäre auch rechtswidrig.
- Der Bayerische Verfassungsgerichtshof[13] hat entschieden, dass das PAG mit der Schleierfahndung der Polizei zwar eine Befugnis zu einer ereignis- und verdachtsunabhängigen Kontrolle einräumt, diese aber auf der Basis eines polizeilichen Lagebildes zu erfolgen hat. Dies allein schon stellt die Polizei vor schwer lösbare Aufgaben: Ein Lagebild ist nur aussagekräftig, wenn es auf einer breiten Datenbasis an Kontrollen beruht. Die einzelne verdachtsunbhängige Kontrolle muss aber auf dem Lagebild basieren.
- Die Situation wird nicht besser, wenn man hierzu den Mikrokosmos des polizeilichen Alltags betrachtet: Das berüchtigtste Beispiel in Bayern ist wohl der Rauschgifthandel im und rund um den Münchner Hauptbahnhof. Er hat in den vergangenen Jahren drastisch zugenommen und befindet sich mittlerweile fest in afrikanischer Hand. Äußerungen in polizeilichen Vernehmungen türkischer Mitbürger, die sich vorher an diesem Ort in diesem Metier betätigt haben, sind an dieser Stelle nicht zitierfähig. Sie als rassistisch zu qualifizieren, wäre nicht strittig.
- Im Zusammenhang mit dem Einschreiten an polizeilichen Brennpunkten sind Führungskräfte verstärkt gefordert, die Sinnhaftigkeit der polizeilichen Arbeit auch bei Aufträgen zu vermitteln, die heftig diskutiert werden oder geringe Anerkennung finden. Sei es der wiederholte

12 Alle Zahlen aus *Jehle*, Strafrechtspflege in Deutschland.
13 BayVerfGH, Entsch. v. 28.3.2003, Vf. 7-VII-00.

Einsatz an Brennpunkten mit straffälligen Migrantinnen oder Migranten, bei Aufzügen die Gewährleistung der Ausübung von Grundrechten durch demokratiefeindliche Kräfte oder die rechtlich erforderliche Räumung von Geländen oder Objekten, deren Besetzer nach eigener Vorstellung ethisch hochstehende Werte vertreten.

6. *Inakzeptable Grundhaltungen*

Wie dies häufig der Fall ist, bewegt sich die Polizei auch in der vorliegenden Problemstellung zwischen verschiedenen Grundrechten:

Einerseits hat jeder das Recht, seine Meinung in Wort, Schrift und Bild frei zu äußern und zu verbreiten[14].

Anderseits ist die Ausübung hoheitsrechtlicher Befugnisse als ständige Aufgabe in der Regel Angehörigen des öffentlichen Dienstes zu übertragen, die in einem öffentlich-rechtlichen Dienst- und Treueverhältnis stehen[15]. Das Recht des öffentlichen Dienstes ist unter Berücksichtigung der hergebrachten Grundsätze des Berufsbeamtentums zu regeln und fortzuentwickeln[16].

Mit Blick auf diese Grundrechtspositionen lassen sich aber klar Einstellungen definieren, die im Polizeidienst inakzeptabel sind. Sie lassen sich unter den Oberbegriff „radikale Grundhaltung“ zusammenfassen.

„Radikalisierung“ beschreibt dabei ein breit gefächertes Spektrum von sozial unerwünschten politischen Einstellungen (z.B. linksradikal/rechtsradikal; linksextrem/rechtsextrem), rassistischen Haltungen sowie der Instrumentalisierung von Religionen (z.B. Islamismus als Missbrauch des Islam), religiöser Abwertung, Hass und Verfolgung (z.B. Antisemitismus) oder Einstellungen wie Homophobie, Frauenfeindlichkeit/Sexismus und ggf. entsprechende Verhaltensweisen. Im Kern gründen sich diese verschiedenartigen Einstellungen bzw. Haltungen auf eine Ideologie der Ungleichwertigkeit, die sich unter dem Begriff „gruppenbezogene Menschenfeindlichkeit“ (GMF) subsumieren lässt und klar gegen die Würde des Menschen gemäß Artikel 1 GG gerichtet ist.

Die Polizei versucht mit einem breit aufgefächerten Bündel an Maßnahmen gegen derartige radikale Tendenzen in den eigenen Reihen anzugehen:

---

14 Art. 5 Abs. 1 GG.

15 Art. 33 Abs. 4 GG.

16 Art. 33 Abs. 5 GG.

7. *Einstellung in den Polizeivollzugsdienst*

Schon vor der Einstellung schauen wir uns die Polizeibewerberinnen und Polizeibewerber sehr genau an. Im Rahmen des Bewerbungsverfahrens werden die Zuverlässigkeit und Verfassungstreue geprüft. In das Beamtenverhältnis darf nur berufen werden, wer Gewähr dafür bietet, dass er jederzeit für die freiheitliche demokratische Grundordnung im Sinne des Grundgesetzes eintritt. Bei Zweifeln an der Eignung erfolgt keine Einstellung.

Derartige Zweifel aber müssen faktenbasiert sein.

Der Bewerbung folgt eine Überprüfung in den polizeilichen Dateien, die Vorlage eines polizeilichen Führungszeugnisses, Überprüfung der polizeilichen Auskunftssysteme und einschlägigen Datenbanken, Selbstauskunft und Social-Media-Recherche.

Als geeignetes Personalauswahlverfahren setzen wir derzeit einen schriftlichen Einstellungstest und ein strukturiertes Interview als Einstellungsgespräch ein. Auf diese Weise werden Persönlichkeitsmerkmale ermittelt, die Rückschlüsse auf mögliche Anfälligkeiten für Radikalisierungstendenzen zulassen. Ziel ist es, demokratiefeindliche Einstellungen so frühzeitig wie möglich zu erkennen und Bewerberinnen oder Bewerber, die nicht die notwendige charakterliche Eignung aufweisen oder anfällig für ein entsprechendes Verhalten sein könnten, nicht zum weiteren Verfahren zuzulassen.

Hilfreich ist hingegen, wenn der angehende Polizeibeamte oder die Polizeibeamtin über eine reflektierte Grundhaltung verfügt. Damit ist insbesondere gemeint, dass die Person in der Lage ist, das eigene Handeln permanent selbstkritisch zu hinterfragen, fremde Kritik wahrzunehmen, Kritik umzusetzen und daraus zu lernen. Sie zeigt ein angemessenes Verhalten, welches auf einer reflektierten Einstellung und auf Verantwortungsbewusstsein beruht und auf eine Identifikation mit der Polizei und dem Arbeitsort hinweist. Unter sozialer Kompetenz und Kooperation ist insbesondere zu verstehen, dass die Person in der Lage ist, im Team zusammenzuarbeiten, angemessen zu kommunizieren und durch Kollegialität und Aufgeschlossenheit das dienstliche Miteinander positiv zu beeinflussen.

Ein besonderes Problem sind hier Regelabfragen beim Bundesamt für Verfassungsschutz bzw. den Landesämtern für Verfassungsschutz. Sie betreiben zusammen das Nachrichtendienstliche Informationssystem, kurz: NADIS.

„Radikalenerlass" ist ein politischer Kampfbegriff für den Extremistenbeschluss. Darunter versteht man den Beschluss der Regierungen des Bundes und der Länder zur Überprüfung von Bewerbern für den Öffentlichen Dienst auf deren Verfassungstreue vom 18. Februar 1972. Ab 1985 erfolgte sukzessive die endgültige Abschaffung der Regelanfrage, zuletzt 1991 in Bayern. Niedersachsen beschloss 2016 die Einrichtung einer Kommission „zur Aufarbeitung der Schicksale der von niedersächsischen Berufsverboten betroffenen Personen und der Möglichkeiten ihrer politischen und gesellschaftlichen Rehabilitierung". Zuletzt wurde in Bayern für einen begrenzten Bereich eine Regelanfrage beim Verfassungsschutz wieder eingeführt: Durch Bekanntmachung vom 27. September 2016 (AllMBl. S. 2138) wurde festgelegt, gemäß Nr. 2 Satz 2 Spiegelstrich 1 bei Bewerbern, deren Einstellung in den öffentlichen Dienst mit der erstmaligen Berufung in ein Richterverhältnis verbunden ist, in jedem Fall beim Landesamt für Verfassungsschutz anzufragen ist.

Zudem gibt es seit kurzem eine neue Regelung in § 5 Abs. 5 S. 1 Nr. 4 WaffenG[17]: Im Rahmen der Überprüfung der waffenrechtlichen Zuverlässigkeit bei erstmaliger Erlaubniserteilung sowie bei den Folgeüberprüfungen der Zuverlässigkeit fragt die Waffenbehörde künftig beim zuständigen Landesamt für Verfassungsschutz ab, ob der Antragsteller bzw. Erlaubnisinhaber dort als Extremist bekannt ist. Damit soll verhindert werden, dass Verfassungsfeinde legal in den Besitz von Waffen kommen.

Damit klafft momentan ein gesetzlicher Wertungswiderspruch bezüglich der Anfrage bei Verfassungsschutzbehörden. Wenn dies erforderlich ist, damit beispielsweise ein Jäger seine Waffe zur Ausübung seines Hobbys erhalten kann, warum ist dies bei einem Polizeibeamten nicht erforderlich, der seinen täglichen Dienst mit der Waffe verrichtet? Personen, die dem rechtsextremistischen Spektrum angehören und Zugang zu Waffen und Munition haben sowie über taktische und operative Kenntnisse verfügen und Zugang zu sensiblen Daten haben, stellen mit Sicherheit eine Gefahr dar.

Daher wird derzeit die Einführung einer Regelanfrage beim LfV vor der Einstellung oder dem Wechsel in die Fachlaufbahn Polizei geprüft.

Zusätzlich wird in einigen Bundesländern darüber diskutiert, ob ein probates Mittel im Kampf gegen Rassismus in der Polizei die Einstellung von nichtdeutschen Staatsangehörigen ist. Bei der Bayerischen Polizei ist dies schon seit 1993 möglich. Derzeit gibt es über 100 Polizeivollzugsbeamtinnen oder Polizeivollzugsbeamte, die keine deutsche Staatsangehörigkeit besitzen. Allerdings ist auch klar: Diese Möglichkeit wurde in Bayern

17 Waffengesetz vom 11.10.2002 (BGBl. I S. 3970) zuletzt geändert durch Gesetz vom 17.2.2020 (BGBl. I S. 166).

nicht zur Bekämpfung des Rassismus eingeführt, sondern um die Qualität polizeilicher Aufgabenerfüllung zu stärken. Die Bilanz ist übrigens gemischt. Ein durchaus erwähnenswerter Teil der Kolleginnen und Kollegen berichtet über Erklärungsbedarf in ihren Herkunftsfamilien, insbesondere wenn sich polizeiliche Maßnahmen gegen ihre Landsleute richten.

8. Ausbildung

Im Zusammenhang mit Rassismus befassen sich alle Polizeien der Länder und des Bundes seit jeher in ihren jeweiligen Berufsausbildungsplänen und Curricula mit der Thematik, die wir heute mit der Begrifflichkeit „Resilienz gegen demokratiefeindliche Bestrebungen" umschreiben. Der Begriff beschreibt in diesem Kontext die Demokratiefestigkeit, gleichsam die demokratische Widerstandsfähigkeit des polizeilichen Personals. Im Kern ist gemeint, dass es bei allen beruflichen Herausforderungen keine Zweifel an demokratischen und rechtsstaatlichen Einstellungen oder Verhaltensweisen von Polizeiangehörigen geben darf. Vielmehr wird umgekehrt erwartet, dass die Polizei auftragsgemäß klar für den Schutz von Demokratie und Rechtsstaat eintritt.

Im Fokus der Betrachtungen stehen in der Ausbildung die Vermittlung von Fähigkeiten an die angehenden Polizeibeamtinnen und Polizeibeamten, die vorrangig zur Stärkung der demokratischen Resilienz führen können sowie deren praktische Umsetzung. Dies ist in den einzelnen Laufbahnabschnitten mittel- und unmittelbar in einer breit gefächerten Palette an Ausbildungsmodulen verankert. Die Basis bilden Module wie Staats- und Verfassungsrecht, Öffentliches Dienstrecht oder vor allem das Recht der Eingriffsbefugnisse.

Eine wichtige Kernbotschaft lautet: Racial Profiling ist klar unzulässig. Das machen wir unseren Polizistinnen und Polizisten bereits in der Ausbildung deutlich.

Ergänzt wird diese Basis durch die Vermittlung verschiedener zusätzlicher Kompetenzen. So wird den angehenden Polizeibeamtinnen und –beamten im Rahmen der Ausbildung „Interkulturelle Kompetenz" vermittelt. Die Besonderheiten kultureller, religiöser oder ethnischer Gruppen, ihre Problemstellungen, ihre Schutzbedürftigkeit und die Vorbeugung vor Diskriminierungen werden fächerübergreifend thematisiert. In Unterrichtsfächern wie „Politische Bildung/Zeitgeschehen" und „Politologie" werden Hintergründe und Auswirkungen von Migration sowie die Bedeutung und Möglichkeiten interkultureller Kommunikation dargestellt. In Fächern wie „Soziologie", „Psychologie" und „Berufsethik" wird auf die

Grundwerte menschlichen Zusammenlebens, die Entstehung von Vorurteilen, die Bedeutung sozialer Gruppen und die Bildung von sozialen Urteilen und Wertvorstellungen auch in Bezug auf fremde Kulturen eingegangen. Abgerundet wird dies durch Projekttage, bei denen sich die Auszubildenden vertieft mit dem Verhältnis zwischen Polizei und ausländischen Mitbürgern beschäftigen und im Rahmen derer regelmäßig beispielsweise auch der Besuch von Moscheen und Synagogen, ausländischer Kulturzentren, eines Konzentrationslagers sowie örtlicher Einrichtungen der Opferhilfe auf dem Programm stehen. Zudem erfolgen Diskussionen mit Asylsuchenden, Geistlichen ausländischer Religionsgemeinschaften, Überlebenden des NS-Terrors, Aussteigern oder Opfern.

Stets bevorzugen wir hier den unmittelbaren Kontakt.

Unter dem Blickwinkel eines themenbezogenen Ansatzes gewinnt aufgrund steigender Fallzahlen der Bereich Hasskriminalität in der Ausbildung an Bedeutung.

Dem Themenfeld „Hasskriminalität" werden politisch motivierte Straftaten zugeordnet, wenn die Umstände der Tat oder die Einstellung des Täters darauf schließen lassen, dass sie sich gegen eine Person aufgrund ihrer politischen Einstellung, Nationalität, Volkszugehörigkeit, Rasse, Hautfarbe, Religion, Weltanschauung, Herkunft, sexuellen Orientierung, Behinderung, ihres äußeren Erscheinungsbilds oder ihres gesellschaftlichen Status richtet. Auch wenn die Tat nicht unmittelbar gegen eine Person, sondern im oben genannten Zusammenhang gegen eine Institution oder Sache verübt wird, erfolgt ihre Zuordnung zum Themenfeld „Hasskriminalität". Straftaten mit fremdenfeindlichem Hintergrund sind Teilmenge der „Hasskriminalität"[18].

Einen weiteren strategischen Ansatz gegen Radikalisierung stellen zudem Angebote für die Auszubildenden und Studierenden zur Erweiterung der Kompetenzen im angemessenen Umgang mit sozialen Medien dar. Polizeiausbilder berichten, dass hier insbesondere Chatrooms bzw. Gruppenchats eine echte Herausforderung für die Ausbildung sind.

Social Media sind in der jungen Generation zu einem Standardmittel der täglichen Kommunikation geworden. Spätestens in der Schule tritt jeder mehreren Chat-Gruppen bei, ebenso aufgrund von Freizeitaktivitäten. Die nächsten Chat-Gruppen folgen während der Ausbildung. Selten wird eine Chat-Gruppe verlassen. Und Manches, was in einer Chat-Gruppe vielleicht als missglückter Witz betrachtet wird, löst bei einem Polizeibeamten

18 Deutscher Bundestag 16. Wahlperiode (Hrsg.): Drucksache 16/13035, Antwort der Bundesregierung vom 14.5.2009.

eine Pflicht zur Strafverfolgung aus – auch gegen Freunde oder Kollegen. Die Nichtbeachtung ist für den Polizeibeamten eine Straftat: Strafvereitelung im Amt.

9. Fortbildung

Nach bestandener Ausbildung wird Rassismus zum Thema polizeilicher Fortbildung. So erfolgt beispielsweise die Vermittlung von Hintergrundwissen und des Wissens um den richtigen Umgang mit anderen Kulturkreisen anhand von Seminaren zur interkulturellen Kompetenz. Am Fortbildungsinstitut der Bayerischen Polizei in Ainring werden zentral für die gesamte Bayerische Polizei Seminare für Führungskräfte und Mitarbeiterinnen und Mitarbeitern veranstaltet. Dort wird der Themenkreis interkulturelle Kompetenz explizit unterrichtet. Ziel ist es, die persönliche und soziale Kompetenz der Teilnehmer in diesem Bereich weiterzuentwickeln und Vorurteilen entgegenzuwirken. In den polizeiinternen Medien steht ein umfangreiches Informationsangebot zu diesem Thema bereit.

Zudem soll die Fähigkeit gestärkt und weiterentwickelt werden, eventuelles Fehlverhalten richtig zu beurteilen und zu bewerten, respektvoll und konstruktiv Kritik gegenüber Gruppenmitgliedern oder Vorgesetzten zu üben bzw. selber damit umzugehen. Dies setzt Bewusstsein für Fehlverhalten, Selbstvertrauen, Selbstreflexion und Kritikfähigkeit voraus.

Zudem ist das Thema Bestandteil von Dienstunterrichten.

Neben dem Dienstunterricht gibt es für Vorgesetzte zwei durchaus schwierige Aufgabenfelder: Früherkennung und Dienstaufsicht.

10. Früherkennung

Die Früherkennung setzt thematisch vor dem Bereich der „Erfassung von Fehlverhalten“ an.

Dabei muss auf die Schaffung einer positiven, offenen und ehrlichen Organisations- und Führungskultur Wert gelegt sowie auf die Verantwortung aller Vorgesetzten von Polizeibeamtinnen und Polizeibeamten hingewiesen werden, durch ihr individuelles Verhalten vorliegende Werte und Normen zu leben.

In der Praxis wird deutlich, dass den unmittelbaren Führungskräften in diesem Kontext eine besonders bedeutsame Rolle zukommt. Gerade dieser Personenkreis sollte die nötige Sensibilität hinsichtlich des Erkennens erster Anzeichen besitzen und infolge dessen auch konsequent das Fehlverhalten von Mitarbeiterinnen und Mitarbeitern ansprechen. Schweigen des unmittelbaren Vorgesetzten zu Fehlverhalten wird sofort als Zustimmung gewertet. Dies gilt insbesondere gegenüber jungen Nachwuchskräften, die durch das Erleben ihrer ersten Führungskraft eine besondere Prägung erfahren. Es geht in diesem Kontext jedoch nicht nur um das Ansprechen. Die Führungskraft sollte den Mitarbeitenden auch das bereits oben genannte Werteverständnis vorleben, um so präventiv tätig zu werden. Sie muss die Fähigkeit des „aktiven Zuhörens“ besitzen, sich Zeit für die Mitarbeiterschaft nehmen, bei allen Mitarbeiterinnen und Mitarbeitern das Mitdenken sowie die Lernbereitschaft fördern.

Eine Möglichkeit, Fehlverhalten von Kolleginnen oder Kollegen direkt an den unmittelbaren Vorgesetzten zu berichten, setzt einen direkten Kommunikationsweg und Vertrauen in diesen Vorgesetzten voraus. Dies ist eine wichtige Basis für die Früherkennung von Fehlverhalten.

Aus ganz unterschiedlichen Gründen ist diese Basis aber nicht immer gegeben. In solchen Fällen bedarf es zusätzlich eines weiteren Ansprechpartners innerhalb der Polizei, aber außerhalb des unmittelbaren Teams. Auch diese weitere Möglichkeit beeinflusst das Handeln von Mitarbeitenden positiv, entfaltet präventive Wirkung und dient der Früherkennung.

11. Dienstaufsicht und konsequentes Vorgehen

Wichtigstes Instrumentarium im Kampf gegen Rassismus aber ist eine sorgfältige Dienstaufsicht. Sie vermag in den meisten Fällen Radikalisierungstendenzen in den Polizeibehörden der Länder und des Bundes rechtzeitig zu erkennen und zu verhindern. Sie umfasst deren frühzeitige Analyse und Aufdeckung von Gefährdungspotential, eine sorgfältige Bewertung erster weicher Indizien, die gezielte Ansprache situativ Gefährdeter, sorgfältige Beratung der Kolleginnen und Kollegen, fundierte Wahrnehmung und Ermittlung harter Fakten und gründliche Aufarbeitung des Geschehens.

Als wichtig herauszuheben ist hier auch eine stetige interne Öffentlichkeitsarbeit und eine fortlaufende Aktualisierung und Bereitstellung von Informationsmaterial. Es ist zu erkennen, dass der Schwerpunkt der internen Öffentlichkeitsarbeit in der Nutzung des Intranets (einschl. Mitarbeiterbriefe und -zeitungen) sowie einer Darstellung entsprechender Themen im Rahmen von verschiedenen Besprechungsformaten (Führungskräftetagungen, Dienstunterrichte und -besprechungen) zu finden ist.

12. Konsequentes Vorgehen

Entscheidend ist meines Erachtens aber folgender Gesichtspunkt: Die Bayerische Polizei geht konsequent und mit allen rechtlich zur Verfügung stehenden Mitteln gegen entsprechende Verfehlungen von Beschäftigten vor.

Jedem internen Hinweis wird nachgegangen. Jede externe persönlich, schriftlich oder elektronisch vorgebrachte Beschwerde wird ernst genommen und sorgfältig geprüft. Jede Anzeige wird von einem speziellen Dezernat für „Interne Ermittlungen" verfolgt.

Sollte sich der Verdacht einer rechtsextremistischen Gesinnung bestätigen, drohen harte Konsequenzen bis zur Entfernung aus dem Dienst.

Dies hat Auswirkungen in zweifacher Hinsicht:

Es entsteht Druck von außen: Deutschlandweit werden medial Vorwürfe erhoben, dass polizeiliche Maßnahmen aus rein rassistischen Motiven ergriffen wurden, dass Polizeibeamtinnen oder Polizeibeamte von Rassismus getrieben Straftaten wie Körperverletzung im Amt begangen hätten. Es wird erwartet, dass sofort und rigide durchgegriffen wird, Ursachen benannt und bekämpft werden, nicht abgewiegelt wird und auf keinen Fall Vertuschungen aufgrund eines negativen Korpsgeistes zugelassen werden. In unserer schnelllebigen Zeit herrscht schon häufig kein Verständnis mehr dafür, dass in diesen Fällen zunächst der Sachverhalt überprüft und die Tatsachen ausermittelt werden müssen.

Gleichzeitig entsteht Druck von innen: Die Mitarbeiterinnen und Mitarbeiter erwarten zu Recht, dass die Führungskräfte sie gegen falsche Anschuldigungen, Generalverdacht und Pauschalierungen verteidigen. Sie erwarten, dass sich die Führungskräfte hinter sie stellen und die Unschuldsvermutung für die Einzelnen bis zur beweiskräftigen Feststellung der Schuld gilt. Sie erwarten aber zudem, dass die Polizeiführung entschlossen gegen rassistische Täterinnen und Täter in den eigenen Reihen vorgeht.

Auch in diesem Zusammenhang ist es daher nochmals wichtig, die Funktion der Führungskraft als Vorbild zu stärken. Führungskräfte müssen sich bewusst sein, dass ihr Verhalten in beiderlei Richtung Auswirkungen hat und Mitarbeiterinnen und Mitarbeiter sich an ihnen orientieren. Lassen Führungskräfte erkennen, dass sie nicht gewillt oder in der Lage sind, gegen rassistische Tendenzen in der eigenen Dienststelle vorzugehen, führt dies sofort und unmittelbar zu einer weiteren Verbreitung bei einem Teil der Mitarbeiterinnen und Mitarbeiter. Im positiven Fall werden sowohl präventive als auch repressive Handlungen der Führungskraft wahrgenommen.

13. Polizeiliche Aufgaben der Gefahrenabwehr und Strafverfolgung

Ein weiterer Baustein, der gegen Rassismus in der Polizei kräftige Wirkung entfaltet, ist es, die gesetzlich eingeräumten Befugnisse angemessen und aufgabenorientiert zu gestalten. Der Gesetzgeber muss der Polizei die rechtlichen und tatsächlichen Möglichkeiten an die Hand geben, die erforderlich sind, damit sie ihre Aufgaben ordentlich erfüllen kann, die derselbe Gesetzgeber der Polizei aufgegeben hat. Als Beispiel möchte ich in diesem Zusammenhang das präventive und repressive Vorgehen der Polizei gegen Hasskriminalität darstellen.

Dem Themenfeld „Hasskriminalität" werden wie bereits erwähnt, politisch motivierte Straftaten zugeordnet, wenn die Umstände der Tat oder die Einstellung des Täters darauf schließen lassen, dass sie sich gegen eine Person aufgrund ihrer politischen Einstellung, Nationalität, Volkszugehörigkeit, Rasse, Hautfarbe, Religion, Weltanschauung, Herkunft, sexuellen Orientierung, Behinderung, ihres äußeren Erscheinungsbilds oder ihres gesellschaftlichen Status richtet.

In der öffentlichen Meinung wird dies gesteigert diskutiert, wenn sich Hasskriminalität gegen kommunale Mandatsträger richtet. Polizeilich ist es schon lange vorher zum Problem geworden, da zwar nicht häufig, aber doch möglicherweise aus der Gewaltfantasie der Worte Taten werden. Transportiert wird Hasskriminalität durch moderne Kommunikationsformen in sozialen Medien und gestärkt wird sie durch die subtil verbreitete Wertung, dass polizeiliche Überwachungsmaßnahmen dort grundsätzlich unzulässig sein müssten.

So herrscht heute erfreulicherweise über Parteigrenzen hinweg Empörung gegenüber Hasskriminalität. Mit der politischen Einigkeit ist es aber schnell vorbei, wenn es darum geht, der Polizei zur Bekämpfung der Hasskriminalität Eingriffsbefugnisse durch Abfrage einer IP-Adresse zu geben. Die mangelhaften gesetzlichen Regelungen werden hier zur Lektüre empfohlen.[19] Über die daraus entstehenden Folgen lohnt es sich nachzudenken.

---

19 [Anm. der Herausgeber] Vgl. hierzu § 100j Abs. 2 S. 1 StPO, § 174 Abs. 1 S. 3 TKG, Art. 43 PAG.

14. Wissenschaftliche Untersuchung

In den vergangenen Monaten wurde intensiv darüber diskutiert, ob es einer wissenschaftlichen Untersuchung zum Thema Rassismus in der Polizei bedarf. Von den Führungskräften der Bayerischen Polizei wurde dies zumeist mit einem nachsichtigen Lächeln begleitet. Die Bayerische Polizei verwehrt sich gegen eine derartige wissenschaftliche Untersuchung nicht. Sie sieht aber auch keine Notwendigkeit hierzu.

Im Hellfeld ist wichtig - und das habe ich schon betont - dass konsequent gegen Verstöße vorgegangen wird.

Eine über den Maßnahmenkatalog hinausgehende Aufhellung eines potentiellen Dunkelfeldes zum Beispiel durch eine Dunkelfeldstudie wäre mit großen Unschärfen verbunden. So weisen Opfer- und Täterbefragungen als gängige Methoden von Dunkelfeldstudien keine bzw. unterschiedliche Repräsentativität auf. Im Kontext rechtsextremer Vorfälle, antisemitischer oder rassistischer Haltungen sind Mängel in der Validität (Gültigkeit) und Reliabilität (Zuverlässigkeit) der Daten vorhersehbar. Es lassen sich erwünschte Antworten erwarten.

Für wissenschaftliche Forschungsvorhaben gibt es mehrere Beispiele.

Zu nennen ist zunächst das Projekt „Den Menschen im Blick“, das kürzlich abgeschlossen wurde[20]. Dieses Projekt wurde am Geschwister-Scholl-Institut für Politikwissenschaft der Ludwig-Maximilians-Universität München durchgeführt. Es verfolgte das zentrale Ziel, Grundlagen und praktische Materialien dafür zu schaffen, Führungskräfte und Mitarbeitende von staatlichen und zivilgesellschaftlichen Institutionen (Zielinstitutionen: Verwaltungen, Polizei, Kirchen, Gewerkschaften, Wohlfahrtsverbänden) zu befähigen, souverän und professionell mit allen Menschen (z.B. Beschäftigten) in einer zunehmend diversen Gesellschaft umzugehen und sie fit für einen sicheren Umgang mit rassistischen und anderen menschenfeindlichen Orientierungen zu machen.

Das bundesweite Forschungsprojekt „ZuRecht – Die Polizei in der offenen Gesellschaft“ befasst sich mit dem Wandel der Polizeien des Bundes und der Länder im Kontext der zunehmenden Pluralisierung der Gesellschaft. In einem Bundesland wurde zudem eine Befragung von Polizeibeamtinnen und –beamten zur Erfassung der Herausforderungen im dienstlichen Alltag und zur Herausarbeitung der (politischen) Einstellungen durchgeführt. Hierbei handelt es sich um eine wissenschaftliche Studie eines Informations- und Kompetenzzentrums gegen Extremismus.

---

20 https://www.den-menschen-im-blick.de/projekt/leitung.php.

Als bundesweite Untersuchung ist die von KfN und DHPol initiierte Studie „Analyse von Vorurteilsstrukturen in Polizei, Feuerwehr und Ordnungsämtern“ zu nennen, die gegenwärtig auch auf politischer Ebene diskutiert wird.

15. Rechtsprechung als Stütze im Kampf gegen Rassismus

Suchen wir nach Rechtsprechung, die den Kampf gegen Rassismus in der Polizei stützt, werden wir durchaus fündig.

Nach der Verfassung und der Rechtsprechung des BVerfG sind die Ausübung hoheitsrechtlicher Befugnisse und die damit verbundenen Eingriffsrechte des Staates durch Art. 33 Abs. 4 GG einem Personenkreis vorbehalten, dessen Rechtsstellung in besonderer Weise Gewähr für Verlässlichkeit und Rechtsstaatlichkeit bietet. Beamte realisieren die Machtstellung des Staates[21], sie haben als "Repräsentanten der Rechtsstaatsidee" dem ganzen Volk zu dienen und ihre Aufgaben im Interesse des Wohls der Allgemeinheit unparteiisch und gerecht zu erfüllen[22]. Beamte stehen daher in einem besonderen öffentlich-rechtlichen Dienst- und Treueverhältnis. Aufgrund dieser Treuepflicht gehört es jedenfalls zu den hergebrachten Grundsätzen des Berufsbeamtentums im Sinne von Art. 33 Abs. 5 GG, dass sich der Beamte zu der Verfassungsordnung, auf die er vereidigt ist, bekennt und für sie eintritt[23]. Der Beamte, der "sozusagen als Staat Befehle geben kann"[24], muss sich mit den Prinzipien der verfassungsmäßigen Ordnung ohne innere Distanz identifizieren.

Damit ist nicht eine Verpflichtung gemeint, sich die Ziele oder eine bestimmte Politik der jeweiligen Regierung zu eigen zu machen. Gefordert ist aber die Bereitschaft, sich mit der Idee des Staates, dem der Beamte dienen soll, mit der freiheitlich-demokratischen, rechts- und sozialstaatlichen Ordnung dieses Staates zu identifizieren und für sie einzutreten. Der Staat ist darauf angewiesen, dass seine Beamten für ihn einstehen und Partei für ihn ergreifen[25].

---

21 BVerfG, Urt. v. 27.4.1959 - 2 BvF 2/58 - BVerfGE 9, 268 (282).

22 BVerwG, Urt. v. 11.12.2014 - 2 C 51.13 - BVerwGE 151, 114 Rn. 26.

23 BVerfG, Urt. v. 27.4.1959 - 2 BvF 2/58 - BVerfGE 9, 268 (286) sowie Beschl. v. 22.5.1975 - 2 BvL 13/73. - BVerfGE 39, 334 (346); BVerwG, Urt. v. 27.11.2014 - 2 C 24.13 - BVerwGE 150, 366 Rn. 30.

24 BVerfG, Urt. v. 27.4.1959 - 2 BvF 2/58 - BVerfGE 9, 268 (282).

25 BVerfG, Beschluss vom 22.5.1975 - 2 BvL 13/73 - BVerfGE 39, 334 (347 f.).

Die Befugnis eines demokratischen Staates, von seinen Beamten die Treue zu den grundlegenden Verfassungsgrundsätzen zu verlangen, ist auch in der Rechtsprechung des Europäischen Gerichtshofs für Menschenrechte anerkannt[26]. Die Verfassungstreue stellt damit auch eine wesentliche und entscheidende berufliche Anforderung im Sinne von § 8 Abs. 1 des Allgemeinen Gleichbehandlungsgesetzes[27] sowie Art. 4 Abs. 1 der Richtlinie 2000/78/EG des Rates vom 27. November 2000 zur Festlegung eines allgemeinen Rahmens für die Verwirklichung der Gleichbehandlung in Beschäftigung und Beruf[28] für Beamte dar[29].

Die Grundentscheidung des Grundgesetzes zur Konstituierung einer wehrhaften Demokratie lässt es nicht zu, dass Beamte im Staatsdienst tätig werden, die die freiheitlich-demokratische, rechts- und sozialstaatliche Ordnung ablehnen und bekämpfen. Diesen Personen fehlt die Eignung für die Ausübung eines öffentlichen Amtes[30]. Ihnen kann von den Bürgern nicht das zur Wahrnehmung des öffentlichen Amtes berufserforderliche Vertrauen entgegengebracht werden[31].

Sind solche Personen bereits zu Beamten ernannt, können sie im Wege des Disziplinarverfahrens aus dem Beamtenverhältnis entfernt werden. Disziplinarmaßnahmen setzen allerdings ein konkretes Dienstvergehen voraus. Dieses besteht nicht bereits in der "mangelnden Gewähr" dafür, dass der Beamte jederzeit für die freiheitliche demokratische Grundordnung eintreten werde, sondern erst in der nachgewiesenen Verletzung jener Amtspflicht[32]. Die Betätigung einer verfassungsfeindlichen Gesinnung durch "bloße" Tätowierung ist nach der Rechtsprechung des BVerwG möglich. Zwar stellt eine Tätowierung zunächst nur eine Körperdekorierung dar. Durch diese wird der Körper indes bewusst als Kommunikationsmedium eingesetzt[33]. Ein Beamter, der sich mit einer Auffassung, die der Werteordnung des Grundgesetzes widerspricht, derart identifiziert, dass er sie sich in die Haut eintätowieren lässt, ist nicht tragbar. Er dokumentiert mit dem Tragen der Tätowierung sein dauerhaftes Bekennt-

---

26 EGMR, Urteil vom 26.9.1995 - 7/1994/454/535 „Vogt“ - NJW 1996, 375 (377).

27 Allgemeines Gleichbehandlungsgesetz vom 14.8.2006 (BGBl. I S. 1897).

28 ABl. EG L 303 vom 2.12.2000 S. 16.

29 vgl. BAG, Urteil vom 6. 9.2012 - 2 AZR 372/11 - ZTR 2013, 261 Rn. 34.

30 vgl. BVerfG, Urteil vom 8.7.1997 - 1 BvR 2111/94 u.a. BVerfGE 96, 171 (181); BAG, Urteil vom 12.5.2011 - 2 AZR 479/09 – ZTR 2011, 739 Rn. 23; EGMR, Entscheidung vom 22.11.2001 - 39799/98 „Volkmer“ - NJW 2002, 3087 (3088).

31 BVerwG, Urteil vom 18.6.2015 - 2 C 9.14 – BverwGE 152, 228 Rn. 11 ff.

32 BVerfG, Beschlüsse vom 22.5.1975 - 2 BvL 13/73 - BVerfGE 39, 334 (350 f.) und vom 6.5.2008 - 2 BvR 337/08 - NJW 2008, 2568 Rn. 31.

33 BVerwG, Urt. v. Urteil des 2. Senats vom 17.11.2017 - BVerwG 2 C 25.17, Rn. 25.

nis zu dieser Anschauung und damit seine Abkehr von der Verfassungsordnung[34]. Eine hieran anknüpfende Disziplinarmaßnahme sanktioniert nicht die innere Haltung und Gesinnung des Beamten, sondern sein äußeres Handeln[35]. Dass sich die Tätowierung in dem beim Tragen von Dienstkleidung sichtbaren Bereich des Körpers befindet, ist nicht erforderlich[36].

Soweit es sich dabei um Kennzeichen verfassungswidriger Organisationen mit nationalsozialistischem Hintergrund handelt, läuft dies auch dem Anliegen zuwider, die Wiederbelebung nationalsozialistischer Tendenzen infolge des Gebrauchs entsprechend assoziierungsgeeigneter Symbole zu hindern[37].

16. Rechtsschutzmöglichkeiten für Betroffene

Lassen Sie uns noch einen Blick auf vorhandene Rechtsschutzmöglichkeiten eines Bürgers werfen, der von einer rassistischen Maßnahme der Polizei betroffen ist oder sich zumindest subjektiv davon betroffen sieht.

Strafanzeige

Jedem betroffenen Bürger steht zunächst die Möglichkeit offen, Strafanzeige zu erstatten. Strafrechtliche Ermittlungen gegen Polizeivollzugsbeamte führt zentral für ganz Bayern das Bayerische Landeskriminalamt /Dezernat 13 – Interne Ermittlungen[38] unter Sachleitung der jeweilig zuständigen Staatsanwaltschaft.

Dienstaufsichtsbeschwerde

Jeder Betroffene kann ferner Aufsichtsbeschwerde oder Dienstaufsichtsbeschwerde erheben. Die Aufsichtsbeschwerde enthält den Antrag, eine poli-

---

34 vgl. BVerwG, Beschluss vom 17.5.2001 - 1 DB 15.01 - Buchholz 232 § 52 BBG Nr. 13 S. 23.

35 vgl. BVerwG, Urteil vom 20.6.1987 - 1 D 114.85 - NJW 1987, 2691 (2692).

36 BVerwG, a.a.O., Rn. 27.

37 vgl. BVerfG, Beschluss v. 18.5.2009 - 2 BvR 2202/08 - NJW 2009, 2805 Rn. 17.

38 Die Erreichbarkeit der Dienststelle für interne Ermittlungen lautet: Bayerisches Landeskriminalamt, Dezernat 13 "Interne Ermittlungen", Maillingerstr. 15, 80636 München. Tel. 089/1212-4343 .

zeiliche Maßnahme auf ihren Inhalt hin sachlich zu überprüfen. Eine Dienstaufsichtsbeschwerde enthält den Antrag, das persönliche Verhalten eines Polizeibeamten bei der Durchführung einer dienstlichen Maßnahme zu überprüfen. Über Dienstaufsichtsbeschwerden und Dienstaufsichtsbeschwerden entscheidet in Bayern nach Art. 12 Abs. 2 Nr. 2 POG grundsätzlich die dem Bayerischen Staatsministerium des Innern, für Sport und Integration unmittelbar nachgeordnete Dienststelle, in deren Zuständigkeit die betreffende Angelegenheit fällt. Das ist regelmäßig das jeweils zuständige Polizeipräsidium. Bürger können ihre Beschwerden aber bei jeder Polizeidienststelle, bei einem Polizeipräsidium oder im Innenministerium erheben. Jede eingehende Beschwerde wird ernst genommen und sorgfältig geprüft. Dies gilt auch für anonym erhobene Dienstaufsichtsbeschwerden. Insbesondere wird jeder anonyme Hinweis, der an den Innenminister gerichtet ist, überprüft.

Wenn die Beschwerden keine strafrechtliche Relevanz aufweisen, übernimmt die Personalabteilung des Polizeiverbandes die weitere Bearbeitung, welche die Dienstaufsicht über den betroffenen Polizeibeschäftigten ausübt.

Überprüfung im Verwaltungsverfahren

Das Dezernat für Interne Ermittlungen des Bayerischen Landekriminalamtes steht jedem Bürger auch als Anlaufstelle für Hinweise unterhalb der Schwelle einer Straftat zur Verfügung.

Zudem existiert ein Aussteigertelefon Rechtsextremismus sowie das Bürgertelefon der Informationsstelle gegen Extremismus (BIGE) für eine mögliche Erfassung von Fehlverhalten. Beide sind organisatorisch an das Landesamt für Verfassungsschutz gebunden.

Bürgertelefon

Seit dem 01.01.2008 gibt es das Bürgertelefon (Rufnummer 089/2910-1910) beim Polizeipräsidium München, womit sich interessierte Anrufer direkt an ihr Polizeipräsidium wenden können.

Bürgerbeauftragter der Bayerischen Staatsregierung

Der Bürgerbeauftragte[39] der Bayerischen Staatsregierung will in allen Fällen helfen, in denen jemand Schwierigkeiten mit der öffentlichen Verwaltung hat. Er befasst sich in diesem Rahmen mit jedem Anliegen und macht sich für eine einvernehmliche Lösung stark.

Petition an den Bayerischen Landtag

Betroffenen Bürgern steht neben einer klassischen Anzeige und Dienstaufsichtsbeschwerde die Möglichkeit einer Petition zum Landtag zu. Dies ist verfassungsrechtlich durch Art. 115 BV garantiert. Dem Petitionsausschuss des Bayerischen Landtags steht gegenüber der Exekutive und damit auch gegenüber der Polizei eine umfassende Überprüfungskompetenz zu.

17. Dringender Appell: Polizei rufen bei rassistischem Angriff

Rassismus in der Polizei ist ein Phänomen, über das sich jeder zu Recht empört und auch empören darf. Aber wichtiger als Empörung ist, Rassismus aufzudecken und gegen Rassismus konsequent anzukämpfen.

Und ich wiederhole meinen Apell:

Bei einem akuten, gegenwärtigen Angriff auf einen Menschen aus rassistischen Motiven bitte ich den polizeilichen Notruf 110 zu wählen.

Die Polizei ist der einzige Ansprechpartner, der Ihnen in der Not unverzüglich hilft und der in der Lage ist, eine gegenwärtige Gefahr für Ihr Leben oder Ihre Gesundheit wirksam zu beenden. Auch wenn dieser Angriff aus rassistischen Motiven erfolgt, die Polizei will ihn verhindern.

---

39 Seit Mai 2020 ist der Abgeordnete des Bayerischen Landtages Michael Hofmann der Bürgerbeauftragte der Bayerischen Staatsregierung. Postalische Erreichbarkeit unter folgender Adresse: Der Bürgerbeauftragte der Bayerischen Staatsregierung, Bayerische Staatskanzlei, Franz-Josef-Strauß-Ring 1, 80539 München; Dienstsitz: Prinzregentenstraße 24, 80538 München. Erreichbarkeit per E-Mail: buergerbeauftragter@bayern.de.

Literaturverzeichnis

Hill, Evan
8 Minutes and 46 Seconds: How George Floyd Was Killed in Police Custody, 1.6.2020, abrufbar unter: https://www.nytimes.com/2020/05/31/us/george-floyd-investigation.html, (5.6.2020).

Jehle, Jörg-Martin
Strafrechtspflege in Deutschland. Fakten und Zahlen, 7. Auflage, Berlin 2019.

Prechtel, Adrian
Ron Williams „Hut ab vor der bayerischen Polizei“, Abendzeitung München vom 16.01.2101, S. 28.

Biologische und psychologische Grundlagen unseres Verhaltens gegenüber anderen

Prof. Dr. Roland Deutsch, Universität Würzburg

1. Einleitung

Es spricht vieles dafür, dass Menschen den längsten Teil ihrer Existenz als Spezies in kleinen Jäger- und Sammlergemeinschaften gelebt haben, in denen ein hohes Maß an wechselseitiger Abhängigkeit und Zusammenarbeit mit anderen Gruppenmitgliedern vorherrschte.[1] Heutige global vernetzte, arbeitsteilige und technisierte Gesellschaften unterscheiden sich in einigen wichtigen Merkmalen von diesem Ausgangszustand. Beispielsweise hat die dramatische Zunahme an Mobilität dazu geführt, dass die Wahrscheinlichkeit, zuvor unbekannte Menschen zu treffen, gestiegen ist. Gleichgeblieben ist, dass die Interaktion und Kooperation mit anderen Menschen zentral für ein erfolgreiches Dasein von Individuen und Gruppen sind. Betrachtet man menschliches Verhalten gegenüber anderen, so zeigt sich ein bemerkenswertes Spektrum zwischen konstruktiven und destruktiven Tendenzen. An dem einen Rand dieses Spektrums steht beispielsweise die Beobachtung, dass Menschen im Vergleich zu anderen Lebewesen in bemerkenswertem Ausmaß und Qualität zu Hilfeverhalten und Kooperation befähigt sind. Am anderen Rand dieses Spektrums stehen beispielsweise technisch perfektionierte Gewalt, systematische Ausbeutung und Unterdrückung, Massenmorde und letztlich das Potential zur globalen Zerstörung.

Was bestimmt, an welcher Stelle dieses Spektrums menschliches Verhalten gegenüber anderen verortet ist? Dies ist eine wichtige und gleichsam komplexe Frage, auf die wir bisher sicherlich nur unvollkommene Teilantworten erwarten können. Der Versuch, wissenschaftlich fundierte Antworten zu generieren, kann vermutlich nur durch einen interdisziplinären Ansatz geleistet werden. Die Kapitel dieses Sammelbandes sind ein Beispiel für den Facettenreichtum relevanter Phänomene und Erklärungsansätze. Ein umfassendes wissenschaftliches Verständnis konstruktiven wie

1 *Dunbar*, Evolutionary Anthropology 6 1998, 178–190; *Hames*, in: *Buss*, The Handbook of Evolutionary Psychology, S. 505-523.

destruktiven Verhaltens gegenüber anderen wird daher eher einem Mosaik als einem einheitlichen Bild entsprechen. Bausteine reichen dabei beispielsweise von kulturell-historisch geprägten Ideologien wie Rassismus, Sexismus und Nationalismus bis hin zu eher natürlich-biologischen Einflussfaktoren.

Das Ziel des vorliegenden Kapitels besteht darin, eine Auswahl von drei Mosaikbausteinen zu beschreiben, die sich auf grundlegende psychologische und womöglich auch biologisch verstehbare Prozesse beziehen, welche Verhaltensweisen gegenüber anderen Menschen auch unabhängig von ideologischen Ausrichtungen, Machtverhältnissen, oder sozialen Werten und Normen beeinflussen können. Jedoch kann keine der Grundlagen, die dargestellt werden, alle Phänomene im Zusammenhang mit unserem Verhalten gegenüber anderen erklären, nicht einmal ansatzweise. Ideologien, Machtverhältnisse und soziale Normen sowie eine Vielzahl anderer Faktoren spielen eine ebenso wichtige, wenn nicht wichtigere Rolle. Und dennoch kann man erwarten, dass die hier beschriebenen Faktoren unsere Vorstellung darüber, was dem Verhalten gegenüber anderen zugrunde liegt, vervollständigt wird. Da diese Faktoren plausibler Weise ein grundlegender Bestandteil unseres psychischen Funktionierens sind, kann auch eine bedeutsame Wirkung in der Breite vermutet werden.

2. *Verarbeitungsleichtigkeit*

Ein wichtiger grundlegender psychologischer Faktor, der das Verhalten gegenüber anderen Menschen beeinflussen kann, mag auf den ersten Blick kaum relevant erscheinen. Gemeint ist damit die Leichtigkeit der Verarbeitung jedweder Reize.

2.1 *Allgemeine Grundlagen*

Unter Verarbeitungsleichtigkeit versteht man den Umstand, dass kognitive Prozesse, wie z.B. das Erkennen von Mustern in der Umwelt oder das Anwenden von Denkregeln, unterschiedlich effizient ablaufen können. Verarbeitungsleichtigkeit lässt sich objektiv z.B. an der Geschwindigkeit einschätzen, mit der ein Prozess abläuft.[2] Subjektiv können Menschen von

---

2 *Kelley/Lindsay*, Journal of Memory and Language 32(1) 1993, 1–24; *Reber/Winkielmann/Schwarz*, Psychological Science 9(1) 1998, 45–48.

einem Gefühl der Leichtigkeit berichten, beispielsweise der Leichtigkeit, mit der einem ein Wort eingefallen ist oder mit der man die Lösung für eine Aufgabe hat finden können.[3]

Unterschiede in der Verarbeitungsleichtigkeit können durch mehrere Faktoren entstehen. Einer der wichtigsten Faktoren ist die Häufigkeit, mit der ein Prozess durchgeführt wurde. Je häufiger ein Prozess durchgeführt wurde, desto leichter lässt er sich durchführen und löst stärkere subjektive Leichtigkeitsempfindungen aus.[4] Offensichtlich ist dies z.B. beim Kopfrechnen, das mit zunehmender Übung schier automatisch zu funktionieren scheint.[5] Aber auch bei der scheinbar bloßen Wahrnehmung von Reizen in der Umwelt führt die Wiederholung zu einer leichteren Verarbeitung. Beim erstmaligen Blick auf ein ungewöhnliches Kunstwerk mag dieses ein Stirnrunzeln und ein angestrengtes Gefühl auslösen, nach mehrmaligem Betrachten reduziert sich dies.[6] Ein weiterer wichtiger Faktor, der die Verarbeitungsleichtigkeit erhöht, wird in der Psychologie als Prototypikalität bezeichnet. Dieser Fachbegriff bezieht sich auf die Theorie, dass Menschen mit häufiger Erfahrung mit einer Klasse ähnlicher Objekte (z.B. Vögel) im Gedächtnis eine Repräsentation des typischen Vertreters dieser Klasse entwickeln, einen Prototyp (z.B. ein Spatz oder eine Amsel im Fall von Vögeln). Begegnet man nun einzelnen Reizen, so werden diese um so leichter verarbeitet, je ähnlicher sie dem Prototypen sind.[7]

Verarbeitungsleichtigkeit bleibt nicht folgenlos. Wie schon beschrieben kann sie sich zunächst in der Geschwindigkeit oder einem Leichtigkeitsgefühl äußern. Darüber hinaus gibt es jedoch umfangreiche Hinweise darauf, dass die Verarbeitungsleichtigkeit auch eine Vielzahl weiterer Urteile beeinflusst, von denen drei kurz beschrieben werden sollen.[8] Erstens deuten einige Studien darauf hin, dass die Verarbeitungsleichtigkeit Urteile darüber beeinflusst, ob ein Reiz schon einmal gesehen wurde. Je leichter die Verarbeitung, um so vertrauter und bekannter erscheint der Reiz[9],

---

3 *Forster/Leder/Ansorge*, Experimental Psychology 63(1) 2016, 45–58; *Oppenheimer*, Trends in Cognitive Sciences 12(6) 2008, 237–241.

4 *Silva/Garcia-Marques/Mello*, Psychological Research 80(5) 2016, 821–837.

5 *Logan*, Psychological Review 95 1988, 492–527.

6 *Leder*, Empirical Studies of the Arts 21(2) 2003, 165–175.

7 *Halberstadt*, Personality and Social Psychology Review 10(2) 2006, 166–183.

8 Überblick bei *Alter/Oppenheimer*, Personality and Social Psychology Review 13(3) 2009, 219–235; *Schwarz*, in: Proust/Fortier (Hrsg.), Metacognitive Diversity: An Interdisciplinary Approach, S. 25-46.

9 *Westerman/Lanska/Olds*, Journal of Experimental Psychology: Learning, Memory, and Cognition 41(2) 2015, 426-438.

was sich auch auf Gedächtnisurteile auswirkt[10]. Dies deckt sich sinnvoll mit der Feststellung, dass die Häufigkeit der Verarbeitung deren Leichtigkeit bestimmt. Reize, denen wir schon einmal begegnet sind, lassen sich tatsächlich im Durchschnitt leichter verarbeiten.[11] Zweitens deutet eine Vielzahl von Studien darauf hin, dass Reize um so mehr positiv bewertet werden, je leichter sie verarbeitet werden können. Ausreichend dafür ist schon die bloße wiederholte Darbietung.[12] Aber auch andere Quellen der erhöhten Verarbeitungsleichtigkeit, wie z.B. Prototypikalität[13], können positivere Bewertungen auslösen. Die dritte Auswirkung, die hier erwähnt werden soll, tritt bei der Verarbeitung sprachlicher Aussagen auf. Hier zeigte sich in vielen Studien, dass diese mit einer um so größeren Wahrscheinlichkeit für wahr gehalten werden, je leichter sie verarbeitet werden können.[14] Beispielsweise hielten Versuchsteilnehmer Aussagen dann für wahrer, wenn sie aufgrund des Wahrnehmungskontrastes besonders gut lesbar waren.[15] Allerdings ist mittlerweile bekannt, dass sich die Effekte erhöhter Verarbeitungsleichtigkeit unter manchen Bedingungen verringern oder sogar umkehren.[16] Beispielsweise werden besonders leicht verarbeitete Aussagen für weniger wahr gehalten, wenn Versuchsteilnehmer gelernt haben, dass die Verarbeitungsleichtigkeit im betreffenden Kontext eher mit Unwahrheit einhergeht.[17] Dennoch hat sich in einer Vielzahl von Studien gezeigt, dass die vermutlich dominante Reaktion darin besteht, dass man leicht zu verarbeitende Reize auch mehr mag, als häufiger vorkommend einschätzt und für wahrer hält.

Unser kognitiver Apparat und damit letztlich unser Gehirn reagieren also unterschiedlich auf Reize, die mehr oder weniger leicht verarbeitet werden können. Im Zentrum steht womöglich eine subjektive Empfindung der Leichtigkeit oder Schwierigkeit der Verarbeitung, die je nach Kontext in unterschiedliche Urteile fließen kann. Wie wirken sich diese grundle-

---

10 *Huber* et al., Journal of Experimental Psychology: Learning, Memory, and Cognition 34(6) 2008, 1305–1324.

11 *Alter/Oppenheimer*, Personality and Social Psychology Review 13(3) 2009, 219–235.

12 *Zajonc*, Journal of Personality and Social Psychology 9(2, Pt.2) 1968, 1–27.

13 *Winkielman* et al., Psychological Science, 17(9) 2006, 799–806.

14 *Reber/Unkelbach*, Review of Philosophy and Psychology, 1(4) 2010, 563–581.

15 *Reber/Schwarz*, Consciousness and Cognition: An International Journal 8(3) 1999, 338–342.

16 Zusammenfassung bei *Alter/Oppenheimer*, Personality and Social Psychology Review 13(3) 2009, 219–235.

17 *Unkelbach*, Journal of Experimental Psychology: Learning, Memory, and Cognition 33(1) 2007, 219–230.

genden psychologischen Prinzipien auf die Reaktionen gegenüber anderen Menschen aus? Diese Frage wird im nächsten Abschnitt behandelt.

2.2 Auswirkung auf die Reaktionen gegenüber anderen

Auch wenn die Verarbeitungsleichtigkeit allgemein einen Einfluss darauf hat, wie Menschen (und Tiere) auf die Umwelt reagieren, ergeben sich einige spezifischere Implikationen dafür, wie auf andere Lebewesen reagiert wird. Diese Reaktionen können allgemeiner Natur sein und sich auf der Ebene grundlegender positiv vs. negativ Bewertungen und daraus resultierender Annäherungs- oder Vermeidungsverhaltensweisen bewegen. Darüber hinaus sind aber auch noch spezielle Reaktionstendenzen, insbesondere als eine Folge wahrgenommener Vertrautheit und Ähnlichkeit beobachtet worden.

Wie reagieren Menschen auf andere, die ihnen wenig vertraut sind? Auf der Grundlage der im vorigen Kapitel beschriebenen Mechanismen kann man erwarten, dass andere Personen, die unähnlich zu bekannten Prototypen sind (also beispielsweise dem in der eigenen Lebensumgebung typischen Aussehen nicht entsprechen) oder die Eigenschaften haben, denen man sehr selten begegnet, zunächst ein leicht negatives Empfinden und womöglich zurückhaltendes, vorsichtiges Verhalten auslösen. Evidenz für derartige Tendenzen sind in vielen verschiedenen Kontexten bei Menschen und auch bei Tieren beobachtet worden.

Für verschiedene Tierarten gibt es Evidenz dafür, dass zwischen vertrauten und unvertrauten Artgenossen unterschieden werden kann und dass gegenüber den vertrauten Artgenossen ein positiveres Verhalten gezeigt wird. Dies wurde beispielsweise für das Ausmaß friedlichen Verhaltens zwischen Gruppen von Gorillas nachgewiesen.[18] Ein weiteres Beispiel sind helfende Reaktionen, die Ratten gegenüber vertrauten anderen Ratten eher zeigen als gegenüber fremden Ratten.[19] Junge Makaken betrachten typische Makakengesichter länger als atypische, was als Indiz für eine positivere Bewertung der vertrauten Gesichter interpretiert werden kann.[20] Als ein letztes Beispiel mögen Fische dienen, die sich lieber vertrauten Fischschwärmen als unvertrauten Fischschwärmen anschließen.[21] Aus ver-

18 *Mirville* et al., Behavioral Ecology and Sociobiology 72(11) 2018, 178.
19 *Rogers-Carter* et al., PLOS ONE 13(10) 2018, e0200971.
20 *Damon* et al., Scientific Reports 7(1) 2017, 46303.
21 *Barber/Wright*, Animal Behaviour 61(5) 2001, 975–979.

haltensbiologischer Sicht können solche Reaktionen als für das Überleben nützlich rekonstruiert werden. Beispielsweise ist es bei unvertrauten Artgenossen unklarer, wie sie sich verhalten werden, weshalb von ihnen ein größeres Risiko ausgeht.[22] Ein weiterer Vorteil der Bevorzugung vertrauter Artgenossen bei Tieren, die in Hierarchien leben, besteht darin, dass zwischen vertrauten Tieren schon ein Hierarchieverhältnis besteht, so dass kostspielige Rangkämpfe vermieden werden.[23]

Wenn Menschen auf andere treffen, dann empfinden sie oft subtile Intuitionen über deren innere Eigenschaften, welche sich unter anderem aus dem Aussehen der betrachteten Personen speisen.[24] Für menschliches Verhalten finden sich vielfältige empirische Hinweise darauf, dass das Ausmaß an Vertrautheit, insbesondere mit Gesichtern, einen subtilen, aber dennoch umfassenden Einfluss auf die Reaktionen gegenüber anderen Menschen hat. Wichtige Bereiche, in denen dies nachgewiesen wurde, betreffen einfache positive oder negative Bewertungen, Attraktivitätswahrnehmung und die Wahrnehmung von Vertrauenswürdigkeit.

Manchen Menschen oder Menschengruppen begegnen wir häufig, anderen selten. In Laborexperimenten lässt sich diese natürliche Variation nachbilden, indem man Versuchspersonen Bilder von Gesichtern oder ganzen Menschen unterschiedlich oft zeigt und danach prüft, ob sich die bloße Wiederholung darauf auswirkt, wie positiv die Gesichter bewertet werden. Tatsächlich zeigen einige Experimente, dass insbesondere Gesichter mit wiederholter Darbietung zunehmend positiver bewertet werden.[25] Wiederholte Darbietung führt auch zu einer erhöhten Wahrnehmung anderer positiv bewerteter Merkmale wie z.B. physischer Attraktivität[26] oder positiven Emotionen.[27]

Vertrautheitsempfinden kann nicht nur aus der wiederholten Begegnung resultieren, sondern auch aus der Ähnlichkeit eines anderen Menschen mit dem, was als typisches Aussehen oder Verhalten im Gedächtnis gespeichert ist. Dies bleibt nicht folgenlos. Ähnlich zu der Auswirkung wiederholter Darbietung von Gesichtern zeigen vielfältige Studien, dass typische, gewohnt aussehende Gesichter im Großen und Ganzen positi-

---

22 *Mirville* et al., Behavioral Ecology and Sociobiology 72(11) 2018, 178.

23 *Barber/Wright*, Animal Behaviour 61(5) 2001, 975–979.

24 Überblick bei *Todorov* et al., Annual Review of Psychology 66 2015, 519–545.

25 z.B. *Liao/Yeh/Shimojo*, Frontiers in Psychology 2 2011, 1-8.; J. *Park/Shimojo/Shimojo*, Proceedings of the National Academy of Sciences 107(33) 2010, 14552–14555; *Zajonc*, Journal of Personality and Social Psychology 9(2, Pt.2) 1968, 1–27.

26 *Han* et al., Neuropsychologia 139 2020, 107365.

27 *Carr* et al., Psychological Science 28(8) 2017, 1087–1102.

ver eingeschätzt werden als ungewöhnlich aussehende Gesichter.[28] Ein Beispiel dafür ist der in vielen Studien nachgewiesene „beauty in averageness" Effekt: Wenn aus Bildern mehrerer Gesichter z.B. computertechnisch ein Durchschnittsgesicht erzeugt wird, dann wirkt dieses Durchschnittsgesicht in der Regel attraktiver als die Mehrzahl der Ausgangsgesichter.[29] Auch Gesichter, die natürlicherweise sehr ähnlich zum Durchschnittsgesicht sind, werden mehr gemocht.[30] Derartige Präferenzen konnten sogar bei Kindern im Alter von 6 Monaten nachgewiesen werden[31], was dafür spricht, dass es sich dabei zumindest zum Teil um Tendenzen handelt, die nicht anerzogen sind.

Kann man erwarten, dass die bisher zusammengefassten Befunde Auswirkungen auf gesellschaftlich bedeutsame Urteile und Verhaltensweisen haben? Diese Frage ist durchaus berechtigt, denn in den bisher geschilderten Experimenten haben die Versuchspersonen in der Regel keine weiteren Informationen über die durch die Gesichter dargestellten Personen erhalten. Ihre Bewertungen erfolgten typischerweise auf Urteilsskalen, die auf eine intuitive Bewertung der Gesichter abzielten. Tatsächlich kann aus theoretischen und empirischen Gründen aber erwartete werden, dass auch solche subtilen Bewertungstendenzen, die auf einer dürftigen Informationsgrundlage gefällt werden, weitere, komplexere Urteile und damit Verhaltensweisen beeinflussen. Gerade dann, wenn ansonsten wenig Informationen zur Verfügung stehen, nutzen Menschen häufig subtile Gefühle als Urteils- und Handlungsgrundlage.[32] Ein empirisches Beispiel für solche Einflüsse betrifft die wahrgenommene Vertrauenswürdigkeit. Tatsächlich deuten einige Studien darauf hin, dass Gesichter, die vertrauter aussehen, auch als vertrauenswürdiger eingeschätzt werden.[33] Dabei scheint es vor allem darauf anzukommen, dass das Gesicht typisch für die eigene kulturelle Umgebung aussieht.[34] Auch andere komplexe Urteile über andere Menschen stehen mit dem Vertrautheitsempfinden in Zusammenhang. So wurden beispielsweise Menschen um so weniger kompetent und um

---

28 *Rhodes*, Annual Review of Psychology 57 2006, 199–226.

29 *Langlois/Roggman*, Psychological Science 1(2) 1990, 115–121.

30 *Damon* et al., Scientific Reports 7(1) 2017, 46303.

31 *Rubenstein/Kalakanis/Langlois*, Developmental Psychology 35(3) 1999, 848–855.

32 Überblicke bei *Deutsch/Strack*, in: Plessner/Betsch/Betsch (Hrsg.), Intuition in Judgment and Decision Making, S. 39-53; *Deutsch/Strack*, in: Gawronski/Payne (Hrsg.), Handbook of Implicit Social Cognition, S. 62-79.

33 *Sofer* et al., Psychological Science 26(1) 2015, 39–47.

34 *Sofer* et al., Perception 46(8) 2017, 914–928.

so gefährlicher eingeschätzt, je weniger vertraut sie den Betrachtenden erschienen.[35]

2.3 Zwischenfazit

Verarbeitungsleichtigkeit ist ein allgegenwärtiger Aspekt der Interaktion mit anderen Menschen. Beispielsweise kann das Aussehen, können Verhaltensweisen und Meinungen unterschiedlich starke Vertrautheitsgefühle auslösen. Die Ursachen für solche Unterschiede sind vielfältig, basieren aber mutmaßlich besonders stark darauf, wie häufig bestimmte Merkmale anderer Menschen zuvor erlebt wurden und welches Aussehen oder welche Verhaltensweisen als typisch für eine bestimmte Umgebung erlernt wurden. Auf der Grundlage der oben beschriebenen Theorien und Beobachtungen kann erwartet werden, dass Menschen bevorzugende oder benachteiligende Reaktionen gegenüber anderen zeigen, weil eine erhöhte oder verringerte Verarbeitungsleichtigkeit beispielsweise zu einer erhöhten oder erniedrigten Attraktivitätsempfindung, zu einer generell positiveren oder negativeren Bewertung, zur Wahrnehmung positiverer oder negativerer Stimmung oder zu mehr oder weniger Vertrauen führen. Menschen, die ein vertrautes Gefühl auslösen, werden demnach durch den hier beschriebenen Mechanismus subtil bevorzugt, ohne dass den Bevorzugenden klar sein muss, dass oder warum die Bevorzugung erfolgt. Klar ist aber auch, dass die Verarbeitungsleichtigkeit nur ein Faktor unter vielen ist, dessen Wirkung womöglich leicht durch andere Wirkmechanismen überlagert werden kann. Zudem zeigen empirische Befunde, dass Verarbeitungsleichtigkeit in manchen Kontexten ignoriert oder gar negativ interpretiert wird.

3. Kategorisierungsprozesse

Ein zweiter grundlegender Bereich psychologischer Prozesse, die Reaktionen gegenüber anderen bestimmen, sind Kategorisierungsprozesse und damit verbundene Gesetzmäßigkeiten. Kategorisierungsprozesse spielen nicht nur für die Wahrnehmung anderer Menschen und für Reaktionen auf andere Menschen eine Rolle. Vielmehr dienen sie auch allgemein dazu, den Umgang mit der Umwelt zu erleichtern. Im Folgenden werden

35 *Zebrowitz/Bronstad/Lee*, Social Cognition 25(2) 2007, 306–338.

zunächst allgemeine, aber für das Thema dieses Kapitels relevante Erkenntnisse zu Kategorisierungsprozessen dargestellt. Darauffolgend werden die Prozesse in ihrer Bedeutung für die Wahrnehmung und Behandlung anderer Menschen dargestellt.

3.1 Allgemeine Grundlagen

Im weitesten Sinn beinhaltet der psychische Prozess des Kategorisierens, dass einzelne Objekte einer oder mehreren Kategorien zugeordnet werden.[36] Kategorien wiederum entsprechen Mengen von Objekten, die in einem gewissen Sinn ähnlich zueinander sind[37], so wie sich z.B. die Menge derjenigen Objekte, die wir als Fahrräder bezeichnen, u.a. darin ähneln, dass sie mindestens ein Rad beinhalten. Psychologisch gehen sie mit im Gedächtnis gespeichertem Wissen über diese Ähnlichkeiten einher, z.B. dem Wissen darüber, was ein Fahrrad auszeichnet oder die Erinnerungen an einzelne Fahrräder.[38]

Kategorisierungsprozesse – in Verbindung mit dem mehr oder weniger akkuraten Wissen über die typischen Eigenschaften der Kategoriemitglieder – sind in vielfältiger Weise nützlich dafür, sich in der Umwelt zurechtzufinden.[39] Sie sparen beispielsweise Zeit und geistige Energie, indem sie Menschen davon entlasten, jedes einzelne Objekt (z.B. eine bisher unbekannte Orange), dem sie begegnen, individuell in Gänze zu analysieren und darauf zu reagieren. Stattdessen können Objekte Kategorien zugeordnet werden (z.B. die Orange als solche kategorisiert werden) und aus dem den Kategorien zugeordneten Wissen kann auf weitere Eigenschaften geschlossen werden (z.B., dass im Inneren der Orange süß-saures Fruchtfleisch zu finden ist).

Vielfältige Beobachtungen deuten darauf hin, dass Kategorisierungsprozesse fundamental für die menschliche Informationsverarbeitung sind. Sie entwickeln sich schon in den ersten Lebensmonaten, zunächst ausgerichtet darauf, Objekte auf der Grundlage ähnlichen Aussehens gleich zu

---

36 für einen Überblick, siehe *Goldstone/Kersten/Carvalho*, in: Wixted (Hrsg.), Stevens' Handbook of Experimental Psychology and Cognitive Neuroscience, S. 1-43.

37 *Mervis/Rosch*, Annual Review of Psychology 32(1) 1981, 89–115.

38 *Wills*, in: Reisberg (Hrsg.), Oxford Handbook of Cognitive Psychology, S-346-357.

39 *Goldstone/Kersten/Carvalho*, in: Wixted (Hrsg.), Stevens' Handbook of Experimental Psychology and Cognitive Neuroscience, S. 1-43; *Rosch*, in: Rosch/Lloyd (Hrsg.), Cognition and Categorization, S. 27-48.

behandeln.[40] Zudem gibt es einige Hinweise darauf, dass Kategorisierungsprozesse automatisch (z.B. ohne Intention, schnell, unbewusst) ablaufen können.[41] Beispielsweise sprechen Studien, die auf physiologischen Indikatoren von Hirnprozessen fußen, für eine Geschwindigkeit von 200 ms[42] bis 100 ms[43] für verschiedene einfache Kategorisierungen einzelner Objekte. Ein weiteres Beispiel für Automatizität liegt in der Beobachtung, dass eine bestimmte Kategoriezugehörigkeit (z.B. das in Gesichtern erkennbare Geschlecht) die Reaktionszeit und auch Muster der Gehirnaktivität beeinflusst, obwohl die Versuchspersonen instruiert sind, eine andere Kategorisierung (z.B. nach ethnischer Zugehörigkeit) durchzuführen.[44]

Kategorisierungsprozesse sind aus vielen Gründen wichtig für das Verständnis menschlicher Reaktionen gegenüber anderen. Eine offensichtliche und mitunter problematische Folge ist, dass einzelne Personen durch Kategorisierung womöglich nicht mehr als Individuen gewürdigt werden, sondern im Sinn der zugeschriebenen Kategorie behandelt werden, also stereotypisiert werden.[45] In diesem Kapitel möchte ich zwei Phänomene hervorheben, die auch mit nicht-sozialen Reizen auftreten, ein fundamentaler Bestandteil der Kategorisierung sind und von denen man daher erwarten kann, dass sie besonders weitläufig und auch unabhängig von speziellen ideologischen Haltungen oder Sozialisationserfahrungen wirken. Das erste Phänomen ist die Akzentuierung[46], das zweite Phänomen ist die Differenzierung.[47]

Wie oben beschrieben fasst Kategorisierung ähnliche Objekte zusammen und unterscheidet dadurch unähnliche Objekte. Ist einmal eine bestimmte Kategorie gelernt und sind damit verbundene Kategorisierungsprozesse eingeübt, so bleibt dies nicht folgenlos für Wahrnehmungsprozesse. Das Phänomen der Akzentuierung besteht aus zwei solchen Folgen.[48]

---

40 *Owen/Barnes*, Early Child Development and Care 191(1) 2021, 13–20.

41 *Roth/Deutsch/Sherman*, European Psychologist 2018, 1–12.

42 *Tomelleri/Castelli*, Social Psychology 43(1) 2012, 14–27.

43 *Liu* et al., Neuron 62(2) 2009, 281–290.

44 *Dickter/Bartholow*, Social Cognitive and Affective Neuroscience 2(3) 2007, 189–198.

45 Überblick bei *Devine/Sharp*, in: Nelson/Sharp (Hrsg.), Handbook of Prejudice, Stereotyping, and Discrimination, S. 61-87.

46 z.B. *Eiser/Stroebe*, Categorization and Social Judgment.

47 *Alves* et al., Psychological Science 29(7) 2018, 1126–1133.

48 *Corneille/Judd*, Journal of Personality and Social Psychology 77(5) 1999, 927-941; *Eiser/Stroebe*, Categorization and Social Judgment; *Krueger/Clement*, Journal of Personality and Social Psychology 67(1) 1994, 35-47; *Tajfel*, British Journal of Psychology 50(1) 1959, 16–29.

Erstens beinhaltet Akzentuierung, dass Unterschiede zwischen Objekten schwächer wahrgenommen werden, wenn sie zu einer gemeinsamen Kategorie gehören. Beispielsweise wurde beobachtet, dass Farbtöne von Objekten innerhalb einer Kategorie ähnlicher wahrgenommen werden, als wenn dieselben Objekte unterschiedlichen Kategorien zugeordnet sind.[49] Zweitens beinhaltet Akzentuierung, dass Unterschiede zwischen Objekten stärker wahrgenommen werden, wenn sie zu unterschiedlichen Kategorien gehören. Beispielsweise schätzten Versuchspersonen den Längenunterschied zwischen zwei Linien größer ein, wenn diese zuvor unterschiedlichen Kategorien zugeordnet wurden.[50] Zusammengenommen bedeutet Akzentuierung, dass Gemeinsamkeiten innerhalb und Unterschiede zwischen Kategorien von unserer Wahrnehmung verstärkt werden. Auch wenn sich in der weiteren Forschung herausgestellt hat, dass das Phänomen vor allem unter bestimmten Randbedingungen auftritt[51], kann doch erwartet werden, dass dieses Phänomen in vielen Alltagssituationen eine Rolle spielt.

Das Phänomen der Differenzierung ist eng mit den Prinzipien der Akzentuierung verwandt und wurde von Alves und Kollegen[52] als eine mögliche Grundlage negativer Reaktionen gegenüber Fremdgruppen beschrieben. Nach Alves et al. tritt Differenzierung auf, wenn Menschen die Bedeutung einer neuen Kategorie lernen und gleichzeitig schon verwandte Kategorien bestehen. In einem solchen Fall wird die neue Kategorie vor allem durch solche Eigenschaften konstituiert, die die neue Kategorie von der alten Kategorie unterscheiden, wohingegen Gemeinsamkeiten zwischen der alten und neuen Kategorie eher weniger beachtet werden. Beispielsweise lernten Versuchspersonen in einem Experiment von Kruschke[53] zunächst die Symptome einer (fiktiven) Krankheit und lernten danach Symptome einer weiteren Krankheit. Die Reaktionen der Versuchspersonen deuten darauf hin, dass die neu gelernte zweite Krankheit im Gedächtnis vor allem mit einem Symptom assoziiert war, das die beiden Krankheiten voneinander unterscheidet. Diese und weitere Be-

---

49 *Goldstone*, Psychological Science 6(5) 1995, 298–304.

50 *Corneille* et al., Psychological Science 13(4) 2002, 380–383; *Tajfel/Wilkes*, British Journal of Psychology, 54(2) 1963, 101–114.

51 z.B. *Corneille* et al., Psychological Science 13(4) 2002, 380–383; *Corneille/Judd*, Journal of Personality and Social Psychology 77(5) 1999, 927-941.

52 *Alves* et al., Psychological Science 29(7) 2018, 1126–1133.

53 *Kruschke*, Journal of Experimental Psychology: Learning, Memory, and Cognition 22(1) 1996, 3-26.

obachtungen[54] stützen die These, dass neue Kategorien bevorzugt durch Unterschiede zu bestehenden Kategorien gekennzeichnet werden.

3.2 *Auswirkungen auf die Reaktionen gegenüber anderen*

Die Auswirkungen von Kategorisierungsprozessen auf die Beurteilung anderer und auf das Verhalten gegenüber anderen Menschen sind umfangreich.[55] In der Forschung wird dabei oft zwischen Eigengruppen (Kategorien, denen man selbst angehört) und Fremdgruppen (Kategorien, denen man nicht angehört) unterschieden. Eine häufig beobachtete Folge ist die Bevorzugung von Eigengruppen und die Benachteiligung von Fremdgruppen aus unterschiedlichen spezifischen Motiven, wie z.B. um eine positive soziale Identität zu erlangen[56] oder mehr Kontrolle über die Umwelt durch Gruppenmitgliedschaft zu erreichen.[57] Im Folgenden werden Konsequenzen beschrieben, die sich aus den grundlegenden Prinzipien der Akzentuierung und der Differenzierung ableiten lassen. Beide Prinzipien treten in verschiedenen Erscheinungsformen im Umgang von Menschengruppen miteinander auf und haben potentiell negative Auswirkungen auf das Verhalten gegenüber Fremdgruppenmitgliedern.

Tatsächlich gibt es einige empirische Evidenz dafür, dass Fremdgruppen als relativ homogen, oft als homogener als die Eigengruppe wahrgenommen werden[58], wobei sich der Effekt unter umschriebenen Randbedingungen umkehren kann.[59] Beispielsweise schrieben Versuchspersonen in einem Experiment von Judd und Park[60] der Fremdgruppe in einem größeren Ausmaß stereotype Eigenschaften zu als der Eigengruppe. Einige Stu-

54 Überblick bei *Alves* et al., Psychological Science 29(7) 2018, 1126–1133.

55 siehe z.B. *Abrams* et al., in: Hogg/Abrams (Hrsg.), Intergroup Relations: Essential Readings, S. 270 ff.; *Gawronski* et al., Cognition and Emotion 24 2010, 1008–1025; *Roth/Deutsch/Sherman*, European Psychologist 2018, 1–12.

56 *Tajfel/Turner*, , in: Austin/Worchel (Hrsg.), The Social Psychology of Intergroup Relations, S. 33-37.

57 *Fritsche/Jonas/Kessler*, Social Issues and Policy Review 5(1) 2011, 101–136.

58 *Boldry/Gaertner/Quinn*, Group Processes & Intergroup Relations 10(2) 2007, 157–178; *Judd/Park*, Journal of Personality and Social Psychology 54(5) 1988, 778-788; *Ostrom/Sedikides*, Psychological Bulletin 112(3) 1992, 536–552; *Park/Rothbart*, Journal of Personality and Social Psychology 42(6) 1982, 1051-1068.

59 *Ackerman* et al., Psychological Science 17(10) 2006, 836–840; *Johnson/Fredrickson*, Psychological Science 16(11) 2005, 875-881; *Simon/Pettigrew*, European Journal of Social Psychology 20 1990, 269–286.

60 *Judd/Park*, Journal of Personality and Social Psychology 59(2) 1990, 173-191.

dien sprechen dafür, dass Mitglieder ethnischer Fremdgruppen schlechter voneinander differenziert werden können als Mitglieder der eigenen ethnischen Gruppe.[61] Neuere neurowissenschaftliche Arbeiten deuten darauf hin, dass solche Fremdgruppenhomogenitätseffekte schon in der Aktivität von Hirnregionen nachweisbar sind, die mit frühen visuellen Verarbeitungsschritten in Zusammengang stehen.[62] Derartige Effekte lassen sich auch schon bei jungen Kindern und in unterschiedlichen Kulturen nachweisen.[63] Diese und andere Befunde[64] deuten darauf hin, dass der Aspekt „weniger Unterschiede innerhalb von Gruppen" der Akzentuierung gegenüber Fremdgruppen ausgeprägter ist und diese homogener erscheinen lässt als die Eigengruppe. Vermutete Gründe für diese Asymmetrie liegen unter anderem darin, dass Menschen mit der Eigengruppe mehr und individuelleren Kontakt haben als mit der Fremdgruppe.[65] Unabhängig davon, aus welchen Gründen eine besondere Homogenitätswahrnehmung entsteht – sie hat potentiell unerwünschte Auswirkungen auf das Verhalten gegenüber der Fremdgruppe. Insbesondere sprechen Forschungsarbeiten dafür, dass die gesteigerte Homogenitätswahrnehmung mit verstärkter Stereotypisierung von Individuen, verstärkter Diskriminierung und extremeren Urteilen einhergeht.[66]

Während die bisherigen Ausführungen vor allem eine besondere Wahrnehmung von Ähnlichkeit innerhalb von Gruppen betrafen, liegt auch Evidenz für eine gesteigerte Wahrnehmung der Unterschiedlichkeit zwischen Gruppen vor. Sicherlich tragen viele ideologische Systeme (z.B. Rassismus, Sexismus) dazu bei, dass Menschen an tiefgreifende Unterschiede zwischen Menschengruppen glauben. Aber auch die zuvor beschriebenen Prinzipien der Akzentuierung und Differenzierung können dazu beitragen. Während das Akzentuierungsprinzip erwarten lässt, dass Unterschiede zwischen Gruppen stärker wahrgenommen werden, lässt das Dif-

---

61 *Hugenberg* et al., Psychological review 117(4) 2010, 1168; *Malpass/Kravitz*, Journal of Personality and Social Psychology 13(4) 1969, 330-334.

62 *Hughes* et al., Proceedings of the National Academy of Sciences 116(29) 2019, 14532–14537.

63 *Shilo* et al., Child Development, 90(6) 2019, 2104–2117.

64 Metaanalyse bei *Boldry/Gaertner/Quinn*, Group Processes & Intergroup Relations 10(2) 2007, 157–178.

65 *Linville/Fischer/Salovey*, Journal of Personality and Social Psychology 57(2) 1989, 165–188; *Linville/Fischer*, in: *Sedikides*, Intergroup Cognition and Intergroup Behavior, S. 123-150.

66 Überblicke bei *Linville/Fischer*, in: *Sedikides*, Intergroup Cognition and Intergroup Behavior, S. 123-150; *Rubin/Badea*, Current Directions in Psychological Science 21(6) 2012, 367–372.

ferenzierungsprinzip erwarten, dass Gruppen anhand ihrer Unterschiede charakterisiert werden. Beides impliziert, dass Unterschiede psychologisch verstärkt werden. Tatsächlich sprechen einige empirische Befunde dafür, dass dies auftreten kann.[67] Beispielsweise lernten Versuchspersonen in einer Serie von Experimenten fiktive Gruppen und zugehörige Adjektive kennen. Die Ergebnisse deuten darauf hin, dass die Zugehörigkeit der Adjektive zu den Gruppen verzerrt wahrgenommen wurde, so dass die Gruppenunterschiede verstärkt wurden.[68] In einer anderen Studie nahmen Versuchspersonen polarisierte Meinungsäußerungen stärker unterschiedlich wahr, wenn diese aus zwei verschiedenen Quellen stammten.[69] Ein übersteigerter Glaube an Unterschiedlichkeit kann negative Konsequenzen haben. Beispielsweise trägt ein starker Glaube an die grundlegende Verschiedenheit von Männern und Frauen zu einer Akzeptanz von sozialer Ungleichheit bei[70] und geht mit sexistischen Einstellung einher.[71]

Nach dem Differenzierungsprinzip neigen Menschen dazu, Kategorien anhand ihrer Unterschiede zu anderen Kategorien zu definieren.[72] Forschungsarbeiten von Eyal and Epley[73] deuten beispielsweise darauf hin, dass Geschlechtsunterschiede vor allem dann überschätzt werden, wenn Merkmale beurteilt werden, die häufig zur Differenzierung zwischen den Geschlechtern verwendet werden. Differenzierung hat aber laut Alves und Kollegen[74] auch das Potential, nicht nur Unterschiede zwischen Gruppen zu verstärken, sondern auch dazu, Bewertungsunterschiede zwischen der Eigen- und der Fremdgruppe auszulösen. Aus welchen Gründen kann man das erwarten? Alves und Kollegen[75] führen zwei Prämissen für diese Vorhersage ein. Erstens kann man nach dem Differenzierungsprinzip erwarten, dass Menschen andere Gruppen, insbesondere neue Fremdgruppen, anhand der Unterschiede zur Eigengruppe charakterisieren. Zweitens deutet eine Vielzahl von Beobachtungen darauf hin, dass positive Ereignisse und Eigenschaften sich untereinander ähnlicher sind als negative und dass in den Lebensumgebungen von Menschen mehr positive als negative

67 Überblick bei *Krueger*, European Review of Social Psychology 3(1) 1992, 31–56.

68 *Krueger/Rothbart*, Journal of Personality and Social Psychology 59(4) 1990, 651-663.

69 *Eiser*, Journal of Personality and Social Psychology 17(1) 1971, 1–10.

70 *Skewes/Fine/Haslam*, PloS one 13(7) 2018, e0200921.

71 *Zell* et al., Sex Roles 75(7) 2016, 287–300.

72 *Alves* et al., Psychological Science 29(7) 2018, 1126–1133.

73 *Eyal/Epley*, Personality and Social Psychology Bulletin 43(9) 2017, 1323–1336.

74 *Alves* et al., Psychological Science 29(7) 2018, 1126–1133.

75 *Alves* et al., Psychological Science 29(7) 2018, 1126–1133.

Ereignisse und Eigenschaften auftreten.[76] Vereinfacht gesagt: Die unmittelbare soziale Umgebung – also auch die eigenen Gruppen – ist eher positiv und sich in der Positivität auch recht ähnlich. Eine wichtige Konsequenz aus diesen Prämissen ist, dass Merkmale, die eine neue Gruppe von der eigenen Gruppe differenzieren, eher negativ als positiv sind. Allein auf der Grundlage dieser Vorgänge würde also eine Tendenz entstehen, dass Fremdgruppen eher negativ bewertet werden. Tatsächlich wird diese Möglichkeit durch Laborexperimente zur Bewertung fiktiver Gruppen[77] aber auch von Konsumprodukten[78] gestützt.

3.3 Zwischenfazit

Kategorisierungsprozesse sind ein fundamentaler Bestandteil unseres Umgangs mit der Umwelt, der früh im Leben von Menschen einsetzt und in vielerlei Hinsicht automatisch abläuft. Kategorisierungen sind die Grundlage dafür, andere stereotyp zu beurteilen und entsprechend zu handeln. In Form von Selbstkategorisierungen bilden sie die Grundlage für die Unterteilung in Eigen- und Fremdgruppe. Die hier beschriebenen Mechanismen der Akzentuierung und Differenzierung kommen sowohl bei Kategorisierungen allgemein als auch bei Kategorisierungen von Personen vor. Akzentuierung bewirkt, dass Unterschiede zwischen Gruppen verstärkt, Unterschiede innerhalb von Gruppen hingegen verringert wahrgenommen werden, dies bevorzugt bei der Wahrnehmung von Fremdgruppen. Allein auf der Grundlage dieser Mechanismen kann erwartet werden, dass Mitglieder anderer Gruppen als verstärkt anders oder fremd wahrgenommen werden. Gleichzeitig werden insbesondere die Mitglieder fremder Gruppen als verstärkt ähnlich zueinander wahrgenommen. Zusammengenommen kann erwartet werden, dass dies Abgrenzung und Stereotypisierung fördert. Da nach dem Differenzierungsprinzip insbesondere neue Kategorien anhand der Unterschiede zu bestehenden Kategorien definiert werden und diese Unterschiede aufgrund der Eigenheiten der Verteilung positiver und negativer Merkmale mit größerer Wahrscheinlichkeit negativ sind, trägt das Differenzierungsprinzip weiter zu einer Abgrenzung bei.

---

76 *Alves* et al., Journal of Experimental Psychology: General, 146(4) 2017, 512-528; *Alves* et al., Trends in Cognitive Sciences, 21(2) 2017 69–79; *Unkelbach/Koch/Alves*, European Review of Social Psychology 30(1) 2019, 216–270.

77 *Alves* et al., Psychological Science 29(7) 2018, 1126–1133.

78 *Florack* et al., Journal of Consumer Psychology Vol. 31 (4) 2021, 684-705.

Zudem resultiert aus diesem einfachen kognitiven Prinzip aber auch eine relative Abwertung neuer Fremdgruppen.

4. Fundamentale Beziehungen

Eine letzte Linie von Theorien und empirischen Beobachtungen, die plausibler Weise Reaktionen gegenüber anderen beeinflusst, betrifft bestimmte Beziehungsmuster, die sich bei Menschen kulturübergreifend und auch bei Tieren beobachten lassen. Eine wichtige Differenzierung im Verhalten gegenüber anderen betrifft die Bereitschaft, altruistisch zu handeln, also Verhaltensweisen zu zeigen, die anderen einen Vorteil verschaffen, dem Handelnden aber „Kosten", z.B. in Form von Aufwand verursachen.[79] In der Tierwelt lassen sich vielfältige Verhaltensweisen beobachten, die nach sorgfältiger Analyse altruistisch erscheinen, beispielsweise Warnrufe vor Raubtieren durch Eichhörnchen[80], das Spenden von Nahrung an Mitglieder der eigenen Fledermausgruppe[81] oder letztlich jegliche Investition von Ressourcen im Rahmen der Brutpflege. Auf den ersten Blick mögen solche Verhaltensweisen mit dem evolutionären Prinzip der natürlichen Auslese schwer vereinbar erscheinen, erwecken sie doch den Eindruck, gegen die Fitness des altruistisch Handelnden zu wirken.[82] Auf den zweiten Blick können bestimmte Formen altruistischen Handelns durchaus im evolutionären Rahmen verstanden werden. Eine höchst einflussreiche Analyse bezieht sich auf die Erkenntnis, dass altruistische Investitionen in genetisch Verwandte im weiteren Sinn als eine Investition in die eigenen Gene, wenn auch in einem anderen Lebewesen verstanden werden können.[83] Insofern können Gene, die zu derartigem Verhalten prädisponieren, als einer positiven Selektion unterliegend rekonstruiert werden. Eine zweite, ebenso einflussreiche Analyse machte verständlich, unter welchen Bedingungen auch altruistisches Verhalten gegenüber Nicht-Verwandten einer positiven Selektion unterliegen könnte. Dies betrifft verschiedene Formen reziproker Verhaltensweisen, deren Gemeinsamkeit darin besteht, dass altruistisches Verhalten zu einem Zeitpunkt 1 dem altruistisch handelnden Organismus zum späteren Zeitpunkt 2 wieder zugutekommt.[84] Beide

79 *Kurzban/Burton-Chellew/West*, Annual Review of Psychology 66(1) 2015, 575–599.
80 *Kay/Lehmann/Keller*, Current Biology 29(11) 2019, R438–R442.
81 *Carter* et al., Biology letters 13(5) 2017, 20170112.
82 *Apicella/Silk*, Current Biology 29(11) 2019, R447–R450.
83 *Hamilton*, Journal of Theoretical Biology 7 1964, 1–52; Verwandtenselektion.
84 *Trivers*, Quarterly Review of Biology 46 1971, 35–57; Reziproker Altruismus.

Prinzipien beinhalten ein selektives altruistisches Verhalten gegenüber anderen und sind in diesem Sinn ausgrenzend bzw. Parteilichkeit stiftend. Bei der Verwandtenselektion werden andere proportional zur genetischen Verwandtschaft bevorzugt. Beim reziproken Altruismus werden andere gemäß der erwarteten Erwiderung empfangener Wohltaten bevorzugt. Im Folgenden wird das Prinzip der Verwandtenbevorzugung – weit gefasst – in seiner Bedeutung für unser Verhalten gegenüber anderen dargestellt.

Evidenz für die These, dass tierisches altruistisches Verhalten gegenüber anderen durch Verwandtschaftsbeziehungen gesteuert ist, ist vielfältig.[85] Der Rotscheitelsäbler ist eine Vogelart, deren Mitglieder sich gegenseitig beim Brüten unterstützen. Analysen haben gezeigt, dass derartiges Hilfeverhalten zu einem überwältigenden Anteil dezidiert gegenüber genetisch Verwandten gezeigt wird.[86] In einer Metaanalyse konnte nachgewiesen werden, dass Verwandtschaftsbeziehungen das Ausmaß sozialer Körperpflege bei Primaten unabhängig von zudem bestehenden reziproken Beziehungen erklären.[87] Wild lebende Schimpansen teilen Ressourcen wie z.B. Nahrung in Abhängigkeit der genetischen Verwandtschaft.[88] Allerdings wurde überzeugend argumentiert, dass derartige Beobachtungen nicht zu der Schlussfolgerung berechtigen, Verwandtenselektion wäre eine dominante Erklärung für Altruismus im Tierreich. In einigen Fällen kann das altruistische Verhalten auch anders als durch Verwandtenselektion erklärt werden.[89] Zudem spielt Verwandtenselektion womöglich zumindest bei Primaten eine kleinere Rolle als Reziprozität[90] oder andere soziale Faktoren.[91] Dennoch spielt Verwandtenselektion für tierisches Verhalten in

---

85 *Griffin/West*, Trends in Ecology & Evolution, 17(1) 2002, 15–21; *Silk*, Philosophical Transactions of the Royal Society B: Biological Sciences 364(1533) 2009, 3243–3254.

86 *Browning* et al., Proceedings of the Royal Society B 279(1743) 2012, 3861–3869.

87 *Schino/Aureli*, Ecology letters 13(1) 2010, 45–50.

88 *Langergraber/Mitani/Vigilant*, Proceedings of the National Academy of Sciences 104(19) 2007, 7786–7790.

89 *Clutton-Brock*, Nature 462(7269) 2009, 51–57; *Griffin/West*, Trends in Ecology & Evolution, 17(1) 2002, 15–21

90 *Schino/Aureli*, Ecology Letters 13(1) 2010, 45–50.

91 *Langergraber/Mitani/Vigilant*, Proceedings of the National Academy of Sciences 104(19) 2007, 7786–7790.

vielen Fällen vermutlich eine bedeutsame Rolle[92] und dient als fruchtbarer Interpretationsrahmen für menschliches altruistisches Verhalten.[93]

Bei der Analyse menschlichen Verhaltens im Lichte der Idee einer etwaigen genetisch basierten Voreingenommenheit gegenüber Verwandten stößt man auf ernste methodische Probleme. Die Tatsache, dass menschliches Verhalten teils zu einem erheblichen Teil durch kulturelle Faktoren bedingt ist, erschwert Schlussfolgerungen darüber, ob es sich bei etwaig zu beobachtender Parteilichkeit zugunsten genetisch Verwandter tatsächlich um Phänomene im Sinn der Theorie der Verwandtenselektion handelt oder ob diese nicht in erster Linie gesellschaftlich tradierte Werte der Verwandtenbevorzugung zugrunde liegen. Unabhängig davon, ob Parteilichkeit zugunsten von Verwandten eine genetische Basis hat oder nicht – sie stellt jedenfalls eine wichtige Determinante unseres Verhaltens und Empfindens gegenüber anderen dar. Zusammenfassungen bei Hames[94] und Kurzban[95] verweisen als Beispiele für Verwandtenbevorzugung auf ein größeres Misshandlungsrisiko für Adoptivkinder, größere Hilfsbereitschaft gegenüber Verwandten, die mit größerem Verwandtschaftsgrad steigt, stärkere emotionale Verbundenheit, besondere großelterliche Investitionen, insbesondere von Großmüttern gegenüber den Kindern ihrer Töchter, größere Erbschaften mit zunehmendem Verwandtschaftsgrad (obwohl dies natürlich teils gesetzlich beding sein mag) oder Parteilichkeit zugunsten genetisch Verwandter bei beobachteten Kämpfen. Derartige Effekte zeigen sich zudem in sehr unterschiedlichen Kulturen. Im Folgenden werden drei ausgewählte Beispiele für Verwandtenbevorzugung bei Menschen gegeben.

In einer geschickten experimentellen Manipulation untersuchten Madsen et al.[96] altruistisches Verhalten in drei Kulturen in Abhängigkeit des Verwandtschaftsgrades. Versuchspersonen konnten durch eine unangenehme, bisweilen schmerzhafte sportliche Übung Geld verdienen, welches dann Personen unterschiedlichen Verwandtschaftsgrades gegeben werden sollte. Tatsächlich stieg die Opferbereitschaft mit steigendem Verwandtschaftsgrad sowohl bei einer Stichprobe aus dem Vereinigten Königreich als auch in zwei Stichproben aus Südafrika. Diese Unterschiede in

---

92 *Silk*, Philosophical Transactions of the Royal Society B: Biological Sciences 364(1533) 2009, 3243–3254.

93 *Hames*, in: *Buss*, The Handbook of Evolutionary Psychology, S. 505-523; *Kurzban/Burton-Chellew/West*, Annual Review of Psychology 66(1) 2015, 575–599.

94 *Hames*, in: *Buss*, The Handbook of Evolutionary Psychology, S. 505-523.

95 *Kurzban/Burton-Chellew/West*, Annual Review of Psychology 66(1) 2015, 575–599.

96 *Madsen* et al., British Journal of Psychology 98(2) 2007, 339–359.

der Opferbereitschaft erwiesen sich dabei unabhängig von der Stärke früherer reziproker Beziehungen zu den Empfängern des verdienten Geldes. Dies spricht für einen kulturübergreifenden Effekt des Verwandtschaftsgrades auf Hilfsbereitschaft.

Eine zweite interessante Studie untersuchte, wie visuelle Indizien für Verwandtschaft das Vertrauen und die Kooperationsbereitschaft beeinflussen. DeBruines[97] Studie baut auf der These auf, dass die äußerliche Ähnlichkeit eines anderen Menschen mit einem selbst ein psychologisch wirksames Signal für genetische Ähnlichkeit ist. Ein solcher Mechanismus ist besonders für die Ähnlichkeit von Gesichtern plausibel, da Menschen eine ganz besonders gute Fähigkeit zum Erinnern und Differenzieren von Gesichtern besitzen.[98] In ihrer Studie ließ DeBruine[99] die Versuchspersonen ein vertrauensbasiertes ökonomisches Spiel mit vermeintlichen anderen Versuchsteilnehmern spielen, die jeweils durch ein Foto dargestellt wurden. Die Fotos waren allerdings so manipuliert, dass bei manchen das Gesicht der eigentlichen Versuchsteilnehmer beigemischt wurde und so künstlich eine Ähnlichkeit zwischen manchen vermeintlichen Mitspielern und den Versuchspersonen erzeugt wurde. Bei anderen Gesichtern erfolgte diese Beimischung des eigenen Gesichtes nicht. Beobachtet wurde, dass die Versuchspersonen vertrauensvolleres Spielverhalten gegenüber denjenigen Gesichtern zeigten, die ihrem eigenen Gesicht künstlich ähnlich gemacht worden waren. Mit einer Kontrollbedingung wurde sichergestellt, dass dieser Effekt nicht einfach nur auf eine größere Vertrautheit mit dem eigenen Gesicht zurückzuführen ist. Dieses Befundmuster kann als zumindest indirekte Evidenz dafür interpretiert werden, dass Menschen gegenüber genetisch ähnlicheren Personen mehr Vertrauen empfinden.

Eine dritte Beispielstudie verdeutlicht, dass das Prinzip der Verwandtenbevorzugung in Form einer wahrgenommenen moralischen Pflicht zur Parteilichkeit auftreten kann. McManus et al.[100] legten ihren Versuchspersonen Beschreibungen von Situationen dar, in denen Menschen hilfsbedürftig waren und denen dann von einer anderen Person geholfen wurde. Die Hilfsbedürftigen wurden entweder als Fremde oder als Verwandte des Helfenden dargestellt. Die Aufgabe der Versuchspersonen war es, die Moralität und Vertrauenswürdigkeit des Handelnden in der Beschreibung einzuschätzen. Wenn der Helfende in der Beschreibung nur eine hilfsbe-

---

97 *DeBruines*, Proceedings of the Royal Society B 269(1498) 2002, 1307–1312.
98 *Jenkins* et al., Proceedings of the Royal Society B 285(1888) 2018, 20181319.
99 *DeBruine*, Proceedings of the Royal Society B 269(1498) 2002, 1307–1312.
100 *McManus/Kleiman-Weiner/Young*, Psychological Science 31(3) 2020, 227–242.

dürftige Person vorfand (entweder verwandt oder fremd), wurden die Helfenden als hoch moralisch und vertrauenswürdig eingeschätzt, sogar ein wenig mehr, wenn sie als einem Fremden helfend beschrieben wurden. In einer Vergleichsbedingung wurde allerdings eine Beschreibung vorgelegt, in der sich der Helfende entscheiden musste, entweder einer fremden oder einer verwandten Person zu helfen. In dieser Situation muss der Handelnde also priorisieren, parteilich sein. Interessanterweise kehrte sich hier das Muster um. Diejenigen, die bei dieser Entscheidung parteilich für den Verwandten waren, wurden als deutlich moralischer und vertrauenswürdiger eingestuft als diejenigen, die sich für eine Hilfe gegenüber dem Fremden entschieden hatten. Diese Ergebnisse lassen sich so interpretieren, dass Menschen eine Parteilichkeit zugunsten von Verwandten nicht nur als tolerierbar, sondern sogar als moralisches Gebot ansehen.

Auch andere Beobachtungen sprechen dafür, dass Verwandtenbevorzugung kulturübergreifend als moralische Norm verankert ist, wodurch man erwarten kann, dass korrespondierende Ungleichbehandlung eine besondere Akzeptanz erfährt. Beispielsweise konnten Curry et al.[101] in einer 60 Gesellschaften umfassenden kulturvergleichenden Studie nachweisen, dass Werte und Verhaltensweisen, die eine Besserbehandlung von Familienmitgliedern beinhalten, uneingeschränkt moralisch positiv bewertet werden und in 78% der untersuchten Gesellschaften auch beobachtet wurden. In einer weiteren kulturvergleichenden Studie in 27 Ländern zeigte sich, dass das Kümmern um die eigene Familie als wichtigste soziale Motivation erlebt wurde, wichtiger beispielsweise als Selbstschutz oder das Streben nach Status.[102]

4.1 Zwischenfazit

Die beschriebenen Befunde verdeutlichen, dass Verwandtschaft eine nachhaltige Auswirkung darauf hat, wie Menschen sich gegenüber anderen verhalten. Verwandtschaft geht in vielen Studien mit einer besonderen Bereitschaft zur Parteilichkeit einher, die von einer größeren allgemeinen Hilfsbereitschaft – auch bei lebenswichtigen Entscheidungen - bis hin zur größeren Toleranz moralischer Verfehlungen oder größerer Opferbereitschaft reicht. Besonders ist daran, dass diese Parteilichkeit nicht nur toleriert wird, sondern sogar als moralisch geboten erlebt wird. Dabei ist

101 *Curry/Mullins/Whitehouse*, Current Anthropology 60(1) 2019, 47-69.
102 *Ko* et al., Perspectives on Psychological Science 15(1) 2020, 173–201.

zu erwarten, dass Verhaltensweisen, die durch Verwandtschaft gefördert werden, vermutlich nicht nur gegenüber erwiesenermaßen Verwandten bevorzugt gezeigt werden. Stattdessen sprechen Beobachtungen dafür, dass auch subtile, vermutlich unbemerkt wirkende Indizien für Verwandtschaft, wie z.B. körperliche Ähnlichkeit zu einem selbst, ähnliche Effekte haben können, wie tatsächliche Verwandtschaft. Neben der oben geschilderten Ähnlichkeit als Indiz, könnten auch andere Faktoren die Wirkung von Verwandtschaft nachahmen, selbst wenn keine biologische Verwandtschaft vorliegt. So haben beispielsweise Lieberman et al.[103] die These aufgestellt, dass auch die Dauer des gemeinsamen Aufwachsens von Kindern als Indizien für Verwandtschaft wirken und entsprechende Verhaltensweisen fördern. Ackerman et al.[104] diskutieren die These, dass enge Freundschaften teilweise solche psychologischen Prozesse aktivieren, die eigentlich bei Verwandtschaftsverhältnissen greifen. Vor diesem Hintergrund kann erwartet werden, dass sich die Parteilichkeit stiftende Kraft der Verwandtschaft auf einen größeren Kreis als die tatsächlich biologisch Verwandten beziehen kann.

5. Zusammenfassung und Ausblick

Verhalten gegenüber anderen Individuen oder Gruppen wird von einer Vielzahl von Faktoren bestimmt, die beispielsweise psychologischer, soziologischer, ökonomischer oder biologischer Natur sind. Die vorliegende Arbeit hat einen kleinen Ausschnitt aus diesem komplexen Wirkungsgefüge betrachtet. Drei psychologische Faktoren, die teils mit biologischen Erklärungsansätzen verzahnt sind, helfen dabei, Bevorzugung und Benachteiligung, Ein- und Ausgrenzung, Vertrauen und Misstrauen, Stereotypisierung und weitere Formen der Ungleichbehandlung anderer besser zu verstehen. Verarbeitungsleichtigkeit und Kategorisierungsprozesse sind universelle psychologische Faktoren, die Urteile und Verhalten auch außerhalb sozialer Beziehungen nachhaltig und teils in automatischer Weise beeinflussen. Die zusammengefassten Theorien und Befunde sprechen dafür, dass Reaktionen auf andere Menschen weitreichend durch deren Vertrautheit beeinflusst werden. Menschen, die einem vertraut erscheinen, z.B. weil sie ein prototypisches Aussehen haben oder einem häufiger begegnet sind, lösen positivere Empfindungen und Bewertungen aus oder

---

103 *Lieberman/Tooby/Cosmides*, Nature 445(7129) 2007, 727–731.
104 *Ackerman* et al., Evolution and Human Behavior 28(5) 2007, 365–374.

resultieren in größerem Vertrauen. Kategorisierungsprozesse gehen damit einher, dass Fremdgruppen homogener erscheinen, stärker verschieden von der Eigengruppe erscheinen und mit größerer Wahrscheinlichkeit anhand von negativen Eigenschaften charakterisiert werden. Das Ergebnis ist eine verstärkte Neigung zu Stereotypisierung, Abgrenzung und negativer Bewertung. Tatsächliche oder „simulierte“ Verwandtschaft hat weitreichende Folgen für Hilfsbereitschaft, Toleranz und weitere positive Verhaltensweisen. Dabei wird diese Parteilichkeit kulturübergreifend von moralischen und sozialen Werten gestützt.

Zusammengenommen begünstigen diese psychologischen Faktoren die Benachteiligung und Stereotypisierung unvertrauter Menschen, Menschen die in Fremdgruppen kategorisiert werden und Menschen, denen Anzeichen für Verwandtschaft fehlen. Die hier vorgelegte Analyse impliziert nicht, dass die dargestellten Faktoren die wichtigsten oder häufigsten sind, wenn es um das Verständnis insbesondere benachteiligender Reaktionen gegenüber anderen geht. Ohne Zweifel spielen Ideologien wie Rassismus, Sexismus oder Nationalismus, segregierte, ungleiche und Wettbewerb auslösende Umwelten[105] oder systemisch diskriminierende Institutionen wesentliche Rollen. Zudem hat die psychologische Forschung viele weitere Einflussfaktoren auf das Verhalten gegenüber anderen identifiziert, so z.B. Selbstwertmotivation[106], Entmenschlichung[107] oder Gerechtigkeitsmotivation.[108] Die im vorliegenden Kapitel beschriebenen psychologischen Faktoren können in vielen Situationen einen eigenen, unabhängigen Effekt auf Verhalten gegenüber anderen haben. Darüber hinaus ist es aber plausibel, dass Vertrautheit, Kategorisierung oder Verwandtenbevorzugung mit anderen Einflussfaktoren zusammenwirken und diese begünstigen. So setzen viele Ideologien starke Kategorisierungen und Stereotypisierungen voraus. Segregierende Umwelten wirken sich zwangsläufig auf Vertrautheit mit abgegrenzten Fremdgruppen aus.

Neben einem besseren Verständnis und Vorhersagbarkeit bevorzugender und benachteiligender Verhaltensweisen gegenüber anderen, können die hier diskutierten Theorien auch Anhaltspunkte für die Entwicklung von Maßnahmen zur Veränderung sozialer Beziehungen und Verhaltensweisen bieten. Beispielsweise gibt es Indizien, dass die absichtlich herbeigeführte Erhöhung von Vertrautheit zum Abbau negativer Beziehungen zwi-

---

105 *Jackson*, The Psychological Record 43(3) 1993, 395-413.

106 *Tajfel/Turner*, in: Austin/Worchel (Hrsg.), The Social Psychology of Intergroup Relations, S. 33-37.

107 *Vaes* et al., Journal of Personality and Social Psychology 85 2003, 1016–1034.

108 *Jost/Banaji/Nosek*, Political Psychology 25(6) 2004, 881-919.

schen Gruppen beitragen kann.[109] Zur Reduktion negativer Auswirkungen von Kategorisierungsprozessen sind verschiedene Interventionstechniken entwickelt und erprobt worden.[110] Frühe und enge Freundschaften könnten als Simulation von Verwandtschaft deren positive Auswirkungen auf Verhalten gegenüber anderen fördern.[111] Für manche dieser Ansätze liegen umfangreiche Daten vor[112], andere, wie z.B. die absichtliche Erhöhung der Vertrautheit, unterliegen noch einer frühen und kritischen empirischen Untersuchung.[113] Man kann zuversichtlich sein, dass zukünftige empirische Forschung den erfolgreich beschrittenen Pfad zu einem umfassenden Verständnis unseres Verhaltens gegenüber anderen weiterführen wird.

Literaturverzeichnis

Abrams, Dominic / *Wetherell*, Margaret / *Cochrane*, Sandra / *Hogg*, Michael A. / *Turner*, John C.
Knowing what to think by knowing who you are: Self-categorization and the nature of norm formation, conformity and group polarization, in: Hogg, M. A. / Abrams, D. (Hrsg.), Intergroup Relations: Essential Readings, Philadelphia 2001, S. 270–288.

Ackerman, Joshua M. / *Kenrick*, Douglas T./ *Schaller*, Mark
Is friendship akin to kinship?, Evolution and Human Behavior 28(5) 2007, 365–374.

Ackerman, Joshua M. / *Shapiro*, Jenessa R. / *Neuberg*, Steven L. / *Kenrick*, Douglas T. / *Becker*, D. Vaughn / *Griskevicius*, Vladas / *Maner*, Jon K. / *Schaller*, Mark
They all look the same to me (unless they're angry) from out-group homogeneity to out-group heterogeneity, Psychological Science 17(10) 2006, 836–840.

Alter, Adam L. / *Oppenheimer*, Daniel M.
Uniting the tribes of fluency to form a metacognitive nation, Personality and Social Psychology Review 13(3) 2009, 219–235.

---

109 *Pettigrew/Tropp*, Journal of Personality and Social Psychology 90(5) 2006, 751–783; *Zebrowitz/White/Wieneke*, Social Cognition 26(3) 2008, 259–275.

110 *Gaertner* et al., Group Dynamics 4(1) 2000, 98–114.

111 *Titzmann/Brenick/Silbereisen*, Journal of Youth and Adolescence, 44(6) 2015, 1318–1331.

112 *Gaertner* et al., Group Dynamics 4(1) 2000, 98–114; *Pettigrew/Tropp*, Journal of Personality and Social Psychology 90(5) 2006, 751–783.

113 *Qian* et al., Developmental Psychology 53(5) 2017, 845–859.

Alves, Hans / *Koch*, Alex / *Unkelbach*, Christian
The "common good" phenomenon: Why similarities are positive and differences are negative, Journal of Experimental Psychology: General 146(4) 2017, 512-528.

Alves, Hans / *Koch*, Alex / *Unkelbach*, Christian
Why good is more alike than bad: Processing implications, Trends in Cognitive Sciences, 21(2) 2017, 69–79.

Alves, Hans / *Koch*, Alex / *Unkelbach*, Christian
A cognitive-ecological explanation of intergroup biases, Psychological Science 29(7) 2018, 1126–1133.

Apicella, Coren L. / *Silk*, Joan B.
The evolution of human cooperation, Current Biology 29(11) 2019, R447–R450.

Barber, Iain / *Wright*, Hazel A.
How strong are familiarity preferences in shoaling fish?, Animal Behaviour 61(5) 2001, 975–979.

Boldry, Jennifer G. / *Gaertner*, Lowell / *Quinn*, Jeff
Measuring the measures: A meta-analytic investigation of the measures of outgroup homogeneity, Group Processes & Intergroup Relations 10(2) 2007, 157–178.

Browning, L. E. / *Patrick*, Samantha C. / *Rollins*, Lee A. / *Griffith*, Simon C. / *Russell*, Andrew F.
Kin selection, not group augmentation, predicts helping in an obligate cooperatively breeding bird, Proceedings of the Royal Society B 279(1743) 2012, 3861–3869.

Carr, Evan W. / *Brady*, Timothy F. / *Winkielman*, Piotr
Are you smiling, or have I seen you before? Familiarity makes faces look happier, Psychological Science 28(8) 2017, 1087–1102.

Carter, Gerald G. / *Farine*, Damien R. / *Wilkinson*, Gerald S.
Social bet-hedging in vampire bats, Biology Letters 13(5) 2017, 20170112.

Clutton-Brock, Tim
Cooperation between non-kin in animal societies, Nature 462(7269) 2009, 51–57.

Corneille, Olivier / *Judd*, Charles M.
Accentuation and sensitization effects in the categorization of multifaceted stimuli, Journal of Personality and Social Psychology 77(5) 1999, 927-941.

Corneille, Olivier / *Klein*, Olivier / *Lambert*, Sophie / *Judd*, Charles M.
On the role of familiarity with units of measurement in categorical accentuation: Tajfel and Wilkes (1963) revisited and replicated, Psychological Science 13(4) 2002, 380–383.

Curry, Oliver / *Mullins*, Daniel / *Whitehouse*, Harvey
Is it good to cooperate? Testing the theory of morality-as-cooperation in 60 societies, Current Anthropology 60(1) 2019, 47-69.

Damon, Fabrice / *Méary*, David / *Quinn*, Paul C. / *Lee*, Kang / *Simpson*, Elizabeth A. / *Paukner*, Annika / *Suomi*, Stephen J. / *Pascalis*, Olivier
Preference for facial averageness: Evidence for a common mechanism in human and macaque infants, Scientific Reports 7(1) 2017, 46303.

DeBruine, Lisa M.
Facial resemblance enhances trust, Proceedings of the Royal Society B 269(1498) 2002, 1307–1312.

Deutsch, R. / *Strack*, F.
Variants of judgment and decision making: The perspective of the reflective-impulsive model, in: Plessner, Henning / Betsch, Cornelia / Betsch, Tilmann (Hrsg.), Intuition in Judgment and Decision Making, New York 2008, S. 39–53.

Deutsch, Roland / *Strack*, Fritz
Building blocks of social behavior: Reflective and impulsive processes, in: Gawronski, Bertram / Payne, Brian (Hrsg.), Handbook of Implicit Social Cognition, New York 2010, S. 62-79.

Devine, Patricia G. / *Sharp*, Lindsay B.
Automaticity and control in stereotyping and prejudice, in: Nelson, Todd D. / Sharp, L.B. (Hrsg.), Handbook of Prejudice, Stereotyping, and Discrimination, New York 2009, S. 61-87.

Dickter, Cheryl L. / *Bartholow*, Bruce D.
Racial ingroup and outgroup attention biases revealed by event-related brain potentials, Social Cognitive and Affective Neuroscience 2(3) 2007, 189–198.

Dunbar, Robin
The social brain hypothesis, Evolutionary Anthropology 6 1998, 178–190.

Eiser, J. Richard
Enhancement of contrast in the absolute judgment of attitude statements, Journal of Personality and Social Psychology 17(1) 1971, 1–10.

Eiser, J. Richard / *Stroebe*, Wolfgang
Categorization and Social Judgment, London / New York 1972.

Eyal, Tal / *Epley*, Nicholas
Exaggerating accessible differences: When gender stereotypes overestimate actual group differences, Personality and Social Psychology Bulletin 43(9) 2017, 1323–1336.

Florack, Arnd / *Koch*, Teresa / *Haasova*, Simona / *Kunz*, Sonja / *Alves*, Hans
The differentiation principle: Why consumers often neglect positive attributes of novel food products, Journal of Consumer Psychology Vol. 31 (4) 2021, 684-705.

Forster, Michael / *Leder*, Helmut / *Ansorge*, Ulrich
Exploring the subjective feeling of fluency, Experimental Psychology 63(1) 2016, 45–58.

Fritsche, Immo / *Jonas*, Eva / *Kessler*, Thomas
Collective reactions to threat: Implications for intergroup conflict and for solving societal crises, Social Issues and Policy Review 5(1) 2011, 101–136.

Gaertner, Samuel L. / *Dovidio*, John F. / *Banker*, Brenda S. / *Houlette*, Missy / *Johnson*, Kelly M. / *McGlynn*, Elizabeth A.
Reducing intergroup conflict: From superordinate goals to decategorization, recategorization, and mutual differentiation, Group Dynamics 4(1) 2000, 98–114.

Gawronski, Bertram / *Cunningham*, William A. / *LeBel*, Etienne P. / *Deutsch*, Roland
Attentional influences on affective priming: Does categorization influence spontaneous evaluations of multiply categorizable objects?, Cognition and Emotion 24 2010, 1008–1025.

Goldstone, Robert L.
Effects of categorization on color perception, Psychological Science 6(5) 1995, 298–304.

Goldstone, Robert L. / *Kersten*, Alan / *Carvalho*, Paulo F.
Categorization and concepts, in: Wixted, John T. (Hrsg.), Stevens' Handbook of Experimental Psychology and Cognitive Neuroscience, New York 2018, S. 1–43.

Griffin, Ashleigh S. / *West*, Stuart A.
Kin selection: Fact and fiction, Trends in Ecology & Evolution, 17(1) 2002, 15–21.

Halberstadt, Jamin
The generality and ultimate origins of the attractiveness of prototypes, Personality and Social Psychology Review 10(2) 2006, 166–183.

Hames, Raymond
Kin selection, in: *Buss*, David M., The Handbook of Evolutionary Psychology, Hoboken 2015, S. 505-523.

Hamilton, William D.
The genetical evolution of social behavior, Journal of Theoretical Biology 7 1964, 1–52.

Han, Shangfeng / *Liu*, Shen / *Gan*, Yetong / *Xu*, Qiang / *Xu*, Pengfei / *Luo*, Yueijia / *Zhang*, Lin
Repeated exposure makes attractive faces more attractive: Neural responses in facial attractiveness judgement, Neuropsychologia 139 2020, 107365.

Huber, David E. / *Clark*, Tedra F. / *Curran*, Tim / *Winkielman*, Piotr
Effects of repetition priming on recognition memory: Testing a perceptual fluency-disfluency model, Journal of Experimental Psychology: Learning, Memory, and Cognition 34(6) 2008, 1305–1324.

Hugenberg, Kurt / *Young*, Steven G. / *Bernstein*, Michael J. / *Sacco*, Donald F.
The categorization-individuation model: An integrative account of the other-race recognition deficit, Psychological Review 117(4) 2010, 1168.

Hughes, Brent L. / *Camp*, Nicholas P. / *Gomez*, Jesse / *Natu*, Vaidehi S. / *Grill-Spector*, Kalanit / *Eberhardt*, Jennifer L.
Neural adaptation to faces reveals racial outgroup homogeneity effects in early perception, Proceedings of the National Academy of Sciences 116(29) 2019, 14532–14537.

Jackson, Jay W.
Realistic group conflict theory: A review and evaluation of the theoretical and empirical literature, The Psychological Record 43(3) 1993, 395-413.

Jenkins, Rob / *Dowsett*, Andrew J. / *Burton*, A. Mike
How many faces do people know? Proceedings of the Royal Society B 285(1888) 2018, 20181319.

Johnson, Kareem J. / *Fredrickson*, Barbara L.
„We all look the same to me“: Positive emotions eliminate the own-race bias in face recognition, Psychological Science 16(11) 2005, 875-881.

Jost, John T. / *Banaji*, Mahzarin R. / *Nosek*, Brian A.
A decade of system justification theory: Accumulated evidence of conscious and unconscious bolstering of the status quo, Political Psychology 25(6) 2004, 881-919.

Judd, Charles M. / *Park*, Bernadette
Out-group homogeneity: Judgments of variability at the individual and group levels, Journal of Personality and Social Psychology 54(5) 1988, 778-788.

Kay, Thomas / *Lehmann*, Laurent / *Keller*, Laurent
Kin selection and altruism, Current Biology 29(11) 2019, R438–R442.

Kelley, Colleen M. / *Lindsay*, D. Stephen
Remembering mistaken for knowing: Ease of retrieval as a basis for confidence in answers to general knowledge questions, Journal of Memory and Language 32(1) 1993, 1–24.

Ko, Ahra / *Pick*, Cari M. / *Kwon*, Jung Y. / *Barlev*, Michael / *Krems*, Jaimie A. / *Varnum*, Michael E. / *Neel*, Rebecca / *Peysha*, Mark / *Boonyasiriwat*, Watcharaporn / *Brandstätter*, Eduard
Family matters: Rethinking the psychology of human social motivation, Perspectives on Psychological Science 15(1) 2020, 173–201.

Krueger, Joachim
On the overestimation of between-group differences, European Review of Social Psychology 3(1) 1992, 31–56.

Krueger, Joachim / *Clement*, Russel W.
Memory-based judgments about multiple categories: A revision and extension of Tajfel's accentuation theory, Journal of Personality and Social Psychology 67(1) 1994, 35-47.

Krueger, Joachim / *Rothbart*, Myron
Contrast and accentuation effects in category learning, Journal of Personality and Social Psychology 59(4) 1990, 651-663.

Kruschke, John K.
Base rates in category learning, Journal of Experimental Psychology: Learning, Memory, and Cognition 22(1) 1996, 3-26.

Kurzban, Robert / *Burton-Chellew*, Maxwell N. / *West*, Stuart A.
The evolution of altruism in humans, Annual Review of Psychology 66(1) 2015, 575–599.

Langergraber, Kevin E. / *Mitani*, John C. / *Vigilant*, Linda
The limited impact of kinship on cooperation in wild chimpanzees, Proceedings of the National Academy of Sciences 104(19) 2007, 7786–7790.

Langlois, Judith H. / *Roggman*, Lori A.
Attractive faces are only average, Psychological Science 1(2) 1990, 115–121.

Leder, Helmut
Familiar and fluent! Style-related processing hypotheses in aesthetic appreciation, Empirical Studies of the Arts 21(2) 2003, 165–175.

Liao, Hsin-I. / *Yeh*, Su-Ling / *Shimojo*, Shinsuke
Novelty vs. familiarity principles in preference decisions: Task-context of past experience matters, Frontiers in Psychology 2 2011, 1-8.

Lieberman, Debra / *Tooby*, John / *Cosmides*, Leda
The architecture of human kin detection, Nature 445(7129) 2007, 727–731.

Linville, Patricia W. / *Fischer*, George W.
Group variability and covariation: Effects on intergroup judgment and behavior, in: *Sedikides*, Constantine, Intergroup Cognition and Intergroup Behavior, Mahwah 1998, S. 123–150.

Linville, Patricia W./ *Fischer*, Gregory W. / *Salovey*, Peter
Perceived distributions of the characteristics of in-group and out-group members: Empirical evidence and a computer simulation, Journal of Personality and Social Psychology 57(2) 1989, 165–188.

Liu, Hesheng / *Agam*, Yigal / *Madsen*, Joseph R. / *Kreiman*, Gabriel
Timing, timing, timing: Fast decoding of object information from intracranial field potentials in human visual cortex, Neuron 62(2) 2009, 281–290.

Logan, Gordon D.
Toward an instance theory of automatization, Psychological Review 95 1988, 492–527.

Madsen, Elaine A. / *Tunney*, Richard J. / *Fieldman*, George / *Plotkin*, Henry C. / *Dunbar*, Robin I. / *Richardson*, J.-M. / *McFarland*, David
Kinship and altruism: A cross-cultural experimental study, British Journal of Psychology 98(2) 2007, 339–359.

Malpass, Roy S. / *Kravitz*, Jerome
Recognition of faces of own and other race, Journal of Personality and Social Psychology 13(4) 1969, 330-334.

McManus, Ryan M. / *Kleiman-Weiner*, Max / *Young*, Liane
What we owe to family: The impact of special obligations on moral judgment, Psychological Science 31(3) 2020, 227–242.

Mervis, Carolyn B. / *Rosch*, Eleanor
Categorization of natural objects, Annual Review of Psychology 32(1) 1981, 89–115.

Mirville, Melanie O. / *Ridley*, Armanda R. / *Samedi*, J. P. M. / *Vecellio*, Veronica / *Ndagijimana*, Felix / *Stoinski*, Tara S. / *Grueter*, Cyril C.
Low familiarity and similar 'group strength' between opponents increase the intensity of intergroup interactions in mountain gorillas (Gorilla beringei beringei), Behavioral Ecology and Sociobiology 72(11) 2018, 178.

Oppenheimer, Daniel
The secret life of fluency, Trends in Cognitive Sciences 12(6) 2008, 237–241.

Ostrom, Thomas M. / *Sedikides*, Constantine
Out-group homogeneity effects in natural and minimal groups, Psychological Bulletin 112(3) 1992, 536–552.

Owen, Kay / *Barnes*, Christopher
The development of categorization in early childhood: A review, Early Child Development and Care 191(1) 2021, 13–20.

Park, Bernadette / *Judd*, Charles M.
Measures and models of perceived group variability, Journal of Personality and Social Psychology 59(2) 1990, 173-191.

Park, Bernadette / *Rothbart*, Myron
Perception of out-group homogeneity and levels of social categorization: Memory for the subordinate attributes of in-group and out-group members, Journal of Personality and Social Psychology 42(6) 1982, 1051-1068.

Park, Junghyun / *Shimojo*, Eiko / *Shimojo*, Sinsuke
Roles of familiarity and novelty in visual preference judgments are segregated across object categories, Proceedings of the National Academy of Sciences 107(33) 2010, 14552–14555.

Pettigrew, Thomas F. / *Tropp*, Linda R.
A meta-analytic test of intergroup contact theory, Journal of Personality and Social Psychology 90(5) 2006, 751–783.

Qian, Miao K. / *Quinn*, Paul C. / *Heyman*, Gail D. / *Pascalis*, Olivier / *Fu*, Genyue / *Lee*, Kang
Perceptual individuation training (but not mere exposure) reduces implicit racial bias in preschool children, Developmental Psychology 53(5) 2017, 845–859.

Reber, Rolf / *Schwarz*, Norbert
Effects of perceptual fluency on judgments of truth, Consciousness and Cognition: An International Journal 8(3) 1999, 338–342.

Reber, Rolf / *Unkelbach*, Christian
The epistemic status of processing fluency as source for judgments of truth, Review of Philosophy and Psychology, 1(4) 2010, 563–581.

Reber, Rolf / *Winkielman*, Piotr / *Schwarz*, Norbert
Effects of perceptual fluency on affective judgments, Psychological Science 9(1) 1998, 45–48.

Rhodes, Gillian
The evolutionary psychology of facial beauty, Annual Review of Psychology 57 2006, 199–226.

Rogers-Carter, Morgan M. / *Djerdjaj*, Anthony / *Culp*, Amelia R. / *Elbaz*, Joshua A. / *Christianson*, John P.
Familiarity modulates social approach toward stressed conspecifics in female rats, PLOS ONE 13(10) 2018, e0200971.

Rosch, Eleanor
Principles of categorization, in: Rosch, Eleanor / Lloyd, Barbara B. (Hrsg.), Cognition and Categorization, Hillsdale 1978, S. 27-48.

Roth, Jenny / *Deutsch*, Roland / *Sherman*, Jeffrey W.
Automatic antecedents of discrimination, European Psychologist 2018, 1–12.

Rubenstein, Adam J. / *Kalakanis*, Lisa / *Langlois*, Judith H.
Infant preferences for attractive faces: A cognitive explanation, Developmental Psychology 35(3) 1999, 848–855.

Rubin, Mark / *Badea*, Constantina
They're all the same!... but for several different reasons: A review of the multi-causal nature of perceived group variability, Current Directions in Psychological Science 21(6) 2012, 367–372.

Schino, Gabriele / *Aureli*, Filippo
The relative roles of kinship and reciprocity in explaining primate altruism, Ecology Letters 13(1) 2010, 45–50.

Schwarz, Norbert
Of fluency, beauty, and truth: Inferences from metacognitive experiences, in: Proust, Joëlle / Fortier, Martin (Hrsg.), Metacognitive Diversity: An Interdisciplinary Approach, Oxford 2018, S. 25-46.

Shilo, Reut / *Weinsdörfer*, Anika / *Rakoczy*, Hannes / *Diesendruck*, Gil
The out-group homogeneity effect across development: A cross-cultural investigation, Child Development, 90(6) 2019, 2104–2117.

Silk, Joan B.
Nepotistic cooperation in non-human primate groups, Philosophical Transactions of the Royal Society B 364(1533) 2009, 3243–3254.

Silva, Rita R. / *Garcia-Marques*, Teresa / *Mello*, Joana
The differential effects of fluency due to repetition and fluency due to color contrast on judgments of truth, Psychological Research 80(5) 2016, 821–837.

Simon, Bernd / *Pettigrew*, Thomas
Social identity and perceived group homogeneity: Evidence for the ingroup homogeneity effect, European Journal of Social Psychology 20 1990, 269–286.

Skewes, Lea / *Fine*, Cordelia / *Haslam*, Nick
Beyond Mars and Venus: The role of gender essentialism in support for gender inequality and backlash, PloS one 13(7) 2018, e0200921.

Sofer, Carmel / *Dotsch*, Ron / *Oikawa*, Masanori / *Oikawa*, Haruka, *Wigboldus*, Daniel H. J. / *Todorov*, Alexander
For your local eyes only: Culture-specific face typicality influences perceptions of trustworthiness, Perception 46(8) 2017, 914–928.

Sofer, Carmel / *Dotsch*, Ron / *Wigboldus*, Daniel H. J. /*Todorov*, Alexander
What is typical is good: The influence of face typicality on perceived trustworthiness, Psychological Science 26(1) 2015, 39–47.

Tajfel, Henri
Quantitative judgement in social perception, British Journal of Psychology 50(1) 1959, 16–29.

Tajfel, Henri / *Turner*, John C.
An integrative theory of intergroup conflict, in: Austin, William G. / Worchel, Stephen (Hrsg.), The Social Psychology of Intergroup Relations, Monterey 1979, S. 33-37.

Tajfel, Henri / *Wilkes*, A. L.
Classification and quantitative judgement, British Journal of Psychology, 54(2) 1963, 101–114.

Titzmann, Peter F. / *Brenick*, Alaina / *Silbereisen*, Rainer K.
Friendships fighting prejudice: A longitudinal perspective on adolescents' cross-group friendships with immigrants, Journal of Youth and Adolescence, 44(6) 2015, 1318–1331.

Todorov, Alexander / *Olivola*, Christopher Y. / *Dotsch*, Ron / *Mende-Siedlecki*, Peter
Social attributions from faces: Determinants, consequences, accuracy, and functional significance, Annual Review of Psychology 66 2015, 519–545.

Tomelleri, Silvia / *Castelli*, Luigi
On the nature of gender categorization: Pervasive but flexible, Social Psychology 43(1) 2012, 14–27.

Trivers, Robert
The evolution of reciprocal altruism, Quarterly Review of Biology 46 1971, 35–57.

Unkelbach, Christian
Reversing the truth effect: Learning the interpretation of processing fluency in judgments of truth, Journal of Experimental Psychology: Learning, Memory, and Cognition 33(1) 2007, 219–230.

Unkelbach, Christian / *Koch*, Alex / *Alves*, Hans
The evaluative information ecology: On the frequency and diversity of "good" and "bad", European Review of Social Psychology 30(1) 2019, 216–270.

Vaes, Jeroen / *Paladino*, Paola M. / *Castelli*, Luigi / *Leyens*, Jacques-Philippe / *Giovanazzi*, Anna
On the behavioral consequences of infrahumanization: The implicit role of uniquely human emotions in intergroup relations, Journal of Personality and Social Psychology 85 2003, 1016–1034.

Westerman, Deanne L. / *Lanska*, Meredith / *Olds*, Justin M.
The effect of processing fluency on impressions of familiarity and liking, Journal of Experimental Psychology: Learning, Memory, and Cognition 41(2) 2015, 426-438.

Wills, Andy J.
Models of categorization, in: Reisberg, Daniel (Hrsg.), Oxford Handbook of Cognitive Psychology, Oxford 2013, S. 346-357.

Winkielman, Piotr / *Halberstadt*, Jamin / *Fazendeiro*, Tedra / *Catty*, Steve
Prototypes are attractive because they are easy on the mind, Psychological Science, 17(9) 2006, 799–806.

Zajonc, Robert B.
Attitudinal effects of mere exposure, Journal of Personality and Social Psychology 9(2, Pt.2) 1968, 1–27.

Zebrowitz, Leslie A. / *Bronstad*, P. Matthew / *Lee*, Hoon K.
The contribution of face familiarity to ingroup favoritism and stereotyping, Social Cognition 25(2) 2007, 306–338.

Zebrowitz, Leslie A. / *White*, Benjamin / *Wieneke*, Kristin
Mere exposure and racial prejudice: Exposure to other-race faces increases liking for strangers of that race, Social Cognition 26(3) 2008, 259–275.

Zell, Ethan / *Strickhouser*, Jason E. / *Lane*, Tyler N. / *Teeter*, Sabrina R.
Mars, Venus, or Earth? Sexism and the exaggeration of psychological gender differences, Sex Roles 75(7) 2016, 287–300.

Autorinnen und Autoren

Deutsch, Roland
Prof. Dr., Universität Würzburg

Lobe, Adrian
Heidelberg

Monsenepwo, Justin
Dr., University of Oxford

Pfahl-Traughber, Armin
Prof. Dr., HS-Bund Brühl

Raphael-Hernandez, Heike
PD Dr., Universität Würzburg

Reinbacher, Tobias
Prof. Dr., Universität Würzburg

Rissing-van Saan, Ruth
Prof. Dr., Richterin am Bundesgerichtshof a. D.

Schmidbauer, Wilhelm
Prof. Dr., Universität Regensburg

Tiz, Enis
Dr., Universität Würzburg

Wagner, Elke
Prof. Dr., Universität Würzburg

Weiner, Mark S.
Prof. Dr., Rutgers Law School

Wetz, Franz Josef
Prof. Dr., PH Schwäbisch Gmünd

FSC
www.fsc.org
MIX
Papier | Fördert
gute Waldnutzung
FSC® C083411

Kolibri 360 GmbH
Ferdinand-Jühlke-Straße 7
99095 Erfurt, Deutschland
produktsicherheit@kolibri360.de